# 基礎経営学

―多様性と持続可能性の視点で考える―

安藤　信雄〔著〕
Nobuo ANDO

現代図書

# はじめに


　本書は、大量生産大量消費社会がつくられていくなかで労働が人間性を失っていく流れをみながら、これから先、労働を人間的にしようとするならば、どのようなあり方が可能なのかを示した書である。そこでは人間を自然の一部として尊重すれば、生産活動においてその能力を発揮できるあり方を示した。

　また同時に、初学者向けに企業活動と自然環境問題について経営学がどのように考えてきたのかを解説したものでもある。数多く出版されている経営学の入門書の中、本書の特徴は、企業活動を生産性と人間の幸福を同時に満たすことを目的として捉え直して、企業経営を検証しているところである。

　そこで人間の幸福とは何かを定義することが必要となるが、これは非常に難しい。それは人によって様々だからだ。そこで本書では人間の幸福を、人間が自然と調和し多様な個性が認められ、人類としての持続可能性を満たすものと設定した。そこでの労働の在り方は企業活動が自然環境のもつ「多様性と持続可能性」を考慮せざるを得ないものとなる。

　以上の視点で執筆したのが本書である。執筆にあたって注意したことは、経営学の初学者にもわかるように専門用語の解説を丁寧に書き込んだことである。また「学問」とは何か、「経営学」と「経済学」の違いは何かなど、素朴な疑問にもかなりの分量で説明を入れた。そうしたのは「経営学」を単に暗記の学問としてほしくなかったからである。

　これまで企業の生産活動を分析する経営学は、生産性を増加させていくことを暗黙裡に設定してきた。それは経済学が経済成長（GDPの増加）を暗黙裡に設定してきたのと同じように、である。

　しかし人間的労働は生産性と対立することが多かった。企業の生産性の今日までの歴史において、生産性を高めれば人間性を犠牲にせざるをえず、人間性を尊重しようとすれば生産性を犠牲にせざるをえないという具合である。本書では経営学の先行研究が、この二つをどのように克服しようとしてきたのかについてのストーリーとして執筆した。もちろんストーリーといっても事実に基

iii

づいたものである。

　地球が生まれてから今日まで、一貫して変わらずに存在している物理に対して、生物は誕生してから変化し続け、争い、競争し今日に至っている。人間も生物としての歴史があり、その一部である企業の生産活動にも歴史がある。よってどのような「経営学」にも物語が潜んでいる。

　今日では仕事においてパソコンやスマホは必需品である。さらに今後は AI やドローンがこの物語に参加して、人間の労働の歴史は変化していく。しかし人間が自然の一部である限り、地球環境との調和、地球上の生き物が生み出す自然環境と人間活動との調和、そしてなによりも人間自身が自然の一部であることの理解は必要不可欠であり続け、企業活動の目的は人間の幸福の追求となりつづけるであろう。


2025 年 2 月 16 日

安藤　信雄

# 目　次

はじめに ................................................................................................ iii

## 第1章　科学としての経営学 ........................................................1

1. 経営学を学ぶということは ..................................................................1
2. 学問とは ........................................................................................1
3. 高校までの学びと大学からの学び ........................................................2
4. 大学以降の教育 ...............................................................................4
5. 学問で使われる科学的手法＝「帰納法と演繹法」 ..................................5
6. 社会科学の特徴 ...............................................................................6
7. 経営学の対象 ..................................................................................7

## 第2章　富の生産力と分業 ............................................................11

1. 富と豊かさとは何か .........................................................................11
2. 集団によって生き残ってきた人類 .......................................................12
3. 「生産力」とは何か .........................................................................14
4. 分業論の起源 ..................................................................................15
5. バベッジの分業論 ...........................................................................16
6. 経済学と経営学の違いについて .........................................................17

## 第3章　生産活動の本質 ...............................................................21

1. 生産の本質としての情報創造と情報移転 .............................................21
2. 生産の2段階説 ...............................................................................24
3. 希少性とは労働能力である ...............................................................27
4. 大量生産の起源：図面による生産活動 ................................................28

## 第4章　利益と費用、収穫逓減の法則 ............................................31

1. 利益について ..................................................................................31
2. 損益分岐点分析（変動費の増え方が一定の場合） ................................34
3. 費用便益モデル（変動費の増え方が変化する場合） ..............................36
4. 費用便益モデルの解説 .....................................................................37
5. 収穫逓減の法則 ..............................................................................39

v

6. 市場での販売価格が変化する場合 .................................................42
7. 可変費用を変化させないためには .................................................43

# 第5章 比較優位論と生産性 .................................................45

1. 比較優位論 .................................................45
2. 社会的分業と工程間分業の社会的意義 .................................................48
3. 分業から生産性へ .................................................50
4. 分業による組織の大規模化と収穫逓減 .................................................51

# 第6章 生産性と作業の合理化、集団の管理 .................................................55

1. 希少性をなくそうとする努力 .................................................55
2. 科学的管理法 .................................................55
3. フォード・システム .................................................61
4. ファヨール .................................................64
5. マックス・ウェーバーの官僚制組織論 .................................................65
6. 官僚制の逆機能 .................................................67
7. 官僚制の逆機能の克服方法に関する研究 .................................................68

# 第7章 標準化 .................................................71

1. 生産力の源泉としての標準化 .................................................71
2. 標準化の誕生と歴史 .................................................74
3. 標準化の起源と互換性の発明 .................................................75
4. 標準化の類型 .................................................78
5. 標準化と市場競争 .................................................81
6. ゲーム市場におけるロック・イン .................................................83

# 第8章 人間の発見（ホーソン実験と統合理論） .................................................89

1. ホーソン実験（Hawthorne experiments） .................................................89
2. メアリー・P・フォレットの「状況の法則による統合」理論 .................................................93
3. ホーソン実験以降の経営学の発展 .................................................95

# 第9章 トヨタ生産方式 .................................................97

1. フォード生産方式からトヨタ生産方式への進化 .................................................97
2. 低成長時代のシステムを目指したトヨタ生産方式 .................................................99
3. 生産における「流れ」 .................................................101

目 次

4. 外圧から生まれた「ジャスト・イン・タイム」.................................101
5. 「ジャスト・イン・タイム」を実現する「かんばん」.........................103
6. 平準化...........................................................................................105
7. 標準作業表の作成...........................................................................106
8. 自働化...........................................................................................107
9. 多能工化.......................................................................................109
10. 「多能工」の本質...........................................................................110
11. チームによる助け合いと相互監視..................................................113
12. QC サークル活動...........................................................................115
13. トヨタにおける「人間性の尊重」..................................................116
14. トヨタ生産方式の課題...................................................................117

第 10 章　トヨタ生産方式の発展型.................................................121
1. セル生産方式................................................................................121
2. 一人生産方式................................................................................123
3. 一人生産方式の問題点と標準化.....................................................127
4. 1 個づくり方式..............................................................................128
5. 科学的管理法から 1 個づくり方式までのまとめ.............................130

第 11 章　モチベーション理論.......................................................133
1. 人間の行動を科学する...................................................................133
2. 5 段階欲求説................................................................................134
3. パーソナリティの発達...................................................................135
4. ERG 理論.......................................................................................136
5. 二要因説.......................................................................................137
6. 達成動機説....................................................................................137
7. X 理論・Y 理論.............................................................................138
8. モチベーション理論の比較............................................................139
9. 過程理論.......................................................................................140
10. 労働の人間化................................................................................142

第 12 章　経営戦略論.....................................................................145
1. 経営戦略の成り立ち......................................................................145
2. 製品－市場ミックス論...................................................................148
3. SWOT 分析....................................................................................150
4. プロダクト・サイクル論................................................................150
5. プロダクト・ポートフォリオ・マネジメント（PPM）...................151

vii

6. 時代の変化と戦略論 .................................................................153
7. 競争戦略論 ................................................................................154
8. 資源ベース理論（Resource-Based View: RBV）.....................155
9. コア・コンピタンスとケイパビリティ ....................................157
10. 戦略論の新しい視点 ...............................................................158
11. ミンツバーグの創発戦略 ........................................................159

# 第13章　イノベーションによる企業成長と経営理論 .............................161
1. イノベーションが注目される時代背景 ....................................161
2. イノベーション ........................................................................162
3. イノベーションの今日的事例 ...................................................163
4. イノベーションとコモディティ化 ............................................165
5. イノベーションの不確実性 ......................................................166
6. イノベーションを促進する SECI モデル ..................................167
7. イノベーションのジレンマ ......................................................169
8. イノベーション後進国となった日本 ........................................169
9. イノベーション時代における企業経営 ....................................170
10. 起業家精神と家庭、学校教育 ...................................................173
11. 新しい時代の経営学 ...............................................................174

# 第14章　人的資源管理論 ...................................................................177
1. 人の管理の歴史的変遷 ............................................................177
2. 主要国の人事管理の特徴 ........................................................178
3. ジョブ型雇用 ...........................................................................179
4. メンバーシップ型雇用 ............................................................180
5. 日本的経営の背景 ....................................................................183
6. ハイブリット型雇用と新・日本的経営 ....................................185
7. 新・日本型経営と人的資源管理論 ............................................187

# 第15章　組織に関する諸理論 .............................................................189
1. 人間による組織の理論（バーナードの組織論）.......................189
2. 人間の合理性の追求としての組織（限定された合理性）.........192
3. 組織デザインに影響する要因....................................................198
4. コンティンジェンシー理論（状況適合理論）...........................198
5. コンティンジェンシー理論への批判 ........................................200

# 目 次

## 第16章 多様性と持続可能性の視点で経営学を考える .........................203

1. 環境問題と企業の生産活動 ..........................................203
2. 公害を解決する方法として考案された外部性の内部化 ...........................205
3. 環境と経済活動の両立 ..............................................207
4. 社会的費用の算定 ..................................................209
5. エントロピー経済学 ................................................212
6. 定常経済論 ........................................................213
7. 自然資源経済 ......................................................216
8. 自然資源を新規に投入しないリサイクルによる経済発展 .....................219
9. 多様性と持続可能性の経営 ..........................................220
10. 自然の再生産機能への生産システムの適合 ................................222
11. 労働者の社会的費用 ................................................225
12. 人間を幸福にする労働とは ..........................................229
13. 人間と自然資本とロボットによる多様性と持続可能性 .......................233

## 資 料 編 ....................................................................239

資料1 生産性 (p.15, p.31) ..........................................239

資料2 (p.60) ........................................................240

## 参考文献 ....................................................................242

## あとがき ....................................................................251

ix

# 第1章　科学としての経営学

## 1. 経営学を学ぶということは

　経営学の学びは、暗記の勉強ではない。体験や経験で得た「現象」をもとに考え仮説を立て、そこから得られた法則を検証して「本質」を解明しようとする知的好奇心を満たす活動である。つまり学問だ。多くの読者は高校まで学んできた政治経済の中の一科目のようなものと考えているかもしれないが、しかし経営学は、社会を研究する社会科学に分類される学問である。よってまず、経営学を学ぶ前に、まだ皆さんには慣れ親しみの少ないかもしれない「学問」について、確認し触れておこう。

## 2. 学問とは

　日本語の大辞典である『広辞苑』では、「学問」について「一定の理論に基づいて体系化された知識と方法。哲学・史学・文学・社会科学・自然科学などの総称」と説明している。

　学問の全体体系は、大掴みにみて三種類の科学に分けられる。

・自然科学：物質の成立、活動の「現象の本質を解明する」

・社会科学：人間集団の成立、活動の「現象の本質を解明する」

・人文科学：文章表現や作家の成立、活動の「現象の本質を解明する」

　本書では、学問の具体的活動は、真理の探究だと考える。この真理の探究とは、具体的には「現象（体感している現実）の背後にある本質を解明する」知的探究活動である。なぜ真理の探究が「現象の本質を解明する」ことなのか。

それは、私たちには目に見えたり感じたりする「現象」しか体感・知覚できない。ところが「現象」は実際には、もっと大きな「本質」的運動や体系の一部分でしかないことがわかってきた。見えたり感じたりできる「現象」を研究しながら、その大元である「本質」へたどり着こうとするのが学問という知的活動である。

　例えば、毎日体験する物理現象である「太陽は、東から上って西へ沈む」について考えてみよう。この現象の本質は「太陽の周りを地球が自転しながら回っている」というものだ。学生の中には、そんなことわかっているし、自分の生活には関係ないと思う人もいるだろう。なるほど確かに学問とは一見それが何になるのか、多くの人には興味のないものも多い。しかし、地球の物理法則の理解が携帯電話やナビシステムを実現し、自動運転も実現しそうだとなると、自分の生活に大いに関係しているのである。

　本質をどのようにして発見するか。それは、経験や目に見える現象を徹底的に観察して、そこから仮説を立て、その仮説を測定して証明していくしか方法がない。突然、神のごとく預言を思いついたとしても、それが本質だと証明できなければならない。この真理の探究である本質の解明から得られた知識は、個人の知的探求活動にとどまらず、人類全体で共有することが可能なものでもある。

　文部科学省は、平成 20 年（2008 年）に「学問」の意義について「学問の意義は、人類の知的認識領域の拡大である。それは、個人の知的好奇心を満たすということを超えて、人類共有の知的財産の拡大を意味している」（文部科学省、平成 20 年）とまとめている。

## 3. 高校までの学びと大学からの学び

　それでは大学以降の研究を、高校までの勉強と比較して具体的に見ることで、経営学の学びの社会的位置づけを確認してみよう。高校と大学での授業科目を比較するとわかりやすいだろう。

　日本では、高校までの教育は、全国どの地域で教育を受けても、一定の水準の教育を受けられるようにするため、政府が学校教育法に基づき、小学校、中

学校、高等学校ごとに教育課程（カリキュラム）を編成する際の基準を定めている。これが「学習指導要領」である。しかし、この法的拘束力が、学校や教師の自主的で創造的な教育を阻害しているという批判も示されてきた。「法的に教育課程の基準を作成するのは国家の責任」とする主張と、「国家基準による教育実践への拘束性を批判して学校や教師の主体性を重視する」とする主張の間で激しい対立があった。以上の歴史の中で、現在では「大綱的基準」とする規定が一般的となっている（田中［編］, 2009, p.5）。よって現在の文部科学省による学習指導要領は「各学校では、この「学習指導要領」や年間の標準授業時数等を踏まえ、地域や学校の実態に応じて、教育課程（カリキュラム）を編成」するとしている。

「学習指導要領は、高等学校教育について一定の水準を確保するために法令に基づいて国が定めた教育課程の基準であるので、各学校の教育課程の編成及び実施に当たっては、これに従わなければならないものである。

前述のとおり、学習指導要領は「基準性」を有することから、全ての生徒に対して指導するものとして学習指導要領に示している内容を確実に指導した上で、生徒の学習状況などその実態等に応じて必要がある場合には、各学校の判断により、学習指導要領に示していない内容を加えて指導することも可能である（第1章総則第2款3（5）ア）」（文部科学省『高等学校学習指導要領（平成30年告示）解説』p.18）としている。

図表 1-1　高校までの教育課程　各学校での学習時間上位5科目

| 小学校（時間数） | 中学校（時間数） | 高校（単位数） |
|---|---|---|
| 国語（1,461） | 国語（385） | 国語（20） |
| 算数（1,011） | 外国語（420） | 外国語（17） |
| 体育（597） | 数学（385） | 数学（16） |
| 理科（405） | 理科（385） | 理科（26） |
| 社会（365） | 社会（350） | 地歴公（19） |

出所：中学までは令和3年「学習指導要領」より．高校は令和4年「学習指導要領」より筆者が作成．

中学で学ぶ科目は（令和3年）「国語、社会、数学、理科、音楽、美術、保健体育、技術家庭、外国語、道徳、総合、特別」となっており、高等学校では（平成21年度）「国語、地理歴史、公民、数学、保健体育、芸術、外国語、理科、家庭、情報、総合」（図表1-1）となっている。

　つまり高校までの学びは、政府が決めた学習指導要領を確実に指導するものであって、その教授された知識への批判的検討はなく、その知識を疑いなく事実として身につける受身的な学習となる。

## 4. 大学以降の教育

　一方、大学での学びはどうだろう。文部科学省によると、大学での教育は「時代の変化や社会の要請に適切に対応した教育研究活動を行う」ものとしている。また大学教育の充実のためには「大学の教員が、自らの教授能力を向上させるために不断の努力を重ねる」ことが重要だとしている。よって、大学での学びは、研究する能力を身につけた教員が研究する能力を学生に教授することといえる。

　では、大学教員に求められる「教授能力」とはどのようなものなのか。大学教員は、ほとんどが大学院で教育を受け論文審査に合格していることが求められている。ではその大学院ではどのような教育が行われているのか。これも日本の文部科学省が次のように規定している。大学院は、「創造性豊かな優れた研究・開発能力を持つ研究者等の養成」、「高度な専門的知識・能力を持つ高度専門職業人の養成」、「確かな教育能力と研究能力を兼ね備えた大学教員の養成」及び「知識基盤社会を多様に支える高度で知的な素養のある人材の養成」という四つの人材養成機能を担っています。高等教育の中でもとりわけ大学院は、知識集約型社会における知の生産、価値創造を先導する高度な人材の育成という、極めて重要な役割を果た」すと示されている。

　つまり大学以降の学習では、創造的な研究・開発能力を身につけた教員から、知識基盤社会の時代変化や社会の要請を解決するための創造性や研究能力を学ぶことになる。

　では具体的に大学で学ぶ科目はどのようになっているだろうか。高校までの

第1章　科学としての経営学

学びは学習指導要領によって規定されているが、大学の学びを規定する学習指導要領はない。つまり、大学では学習指導要領に縛られることなく、ほぼ自由に決めることができる。文部科学省からの補助金制度で誘導される部分はあるが、基本的に自由に創造的に時代の変化や社会の要請に対応するようにカリキュラムが構成される。それも大学教員の研究能力に基づいた教育となる。そして、それは文部省管轄の「科学研究費助成制度」によって大学教員の研究分野を誘導する制度が基本となっている。「科学研究費助成制度」の活用は任意であって、また必ず使わなくてはならないという縛りはない。しかし大学教員の研究分野の一定の目安となるであろう。これが大学のカリキュラムを構成する科目を見るうえで参考となるだろう。「科学研究費」の構成を図表 1-2 に示す。

　私たちはホモ・サピエンスという人類の一種であるが、ホモ・サピエンスは知的探求を積み重ねて、現在の社会を形成してきた。それは、学問による人類共有の知的財産を拡大する活動の歴史でもあるわけである。

図表 1-2　大学での研究分野の分類

| 系 | 分野 |
|---|---|
| 総合系 | 情報学<br>環境学<br>複合領域 |
| 人文社会系 | 総合人文社会<br>人文学<br>社会科学 |
| 理工系 | 総合理工<br>数物系科学<br>化学<br>工学 |
| 生物系 | 生物化学<br>農学<br>医科薬学 |

4 系 13 分野内の 36 分科内に 110 細目がある.

## 5.　学問で使われる科学的手法 ＝「帰納法と演繹法」

　高校までの学びは、簡単に言うと知識の暗記であったろう。それに対し、大学からの学びは、科学的手法で進められる。その代表的なものが帰納法と演繹法である。帰納法は様々な現象から共通する事柄を探し出し、法則を一般化すること（本質の探究）であり、演繹法はすでに一般化された法則を用いて、様々な現象を推論すること（本質の活用）である。

　例えば、「アリストテレスは死んだ。プラトンも死んだ」という事実から、

5

帰納法では「人間は皆、死ぬ」という結論を導き出すことが可能である。逆に、演繹法では、「私は人間だ」という事実から「私は、いつかは死ぬ」という結論を導き出すことができる。

しかし、ある特定の病気にかかると死ぬかどうかを検証するには、多くのデータを集めて検証する必要があるだろう。統計学などによって検証することも必要だ。数値として検証できないものもある。自分がどの薬が効くかどうかを検証するには、まったく同じ自分を二人用意しなければならない。また、なぜ差別が存在するのか、差別をなくすための手法を検証することは、さらに数値で表すことができない部分も多いだろう。その場合は、歴史的経緯や人間の心理的変遷についての事実を積み重ねて仮説を立てることになるだろう。

## 6. 社会科学の特徴

経営学は社会科学に属している。そこでは、個別の人間個人が行う活動の現象から、その本質を解明しようとするものだ。しかし「社会」とは個人ではなく、複数の個人の集団を意味する。よって個人の行動だけでなく人々の間の相互作用も研究の対象となる。また集団によって同じ心理をもったり、同じように行動したりする事実の原因や仕組みを研究することも含んでいる。

経営学では、科学的探究の目的は、なぜ企業が存在し、なぜ・どのように生産活動をするのかという現象の本質を探究することにある。また、企業の経営の本質を、個人の視点で見ると「なぜ人類は、仕事・労働をするのか」を研究することでもある。「仕事・労働」の目的は、お金を稼ぐという現象として現れているが、実はお金が目的ではなく、お金によって得られるであろう「幸福に、豊かに」生きるためというのが本質的な目的ではないかと考えることができる。

しかし、この問題設定は非常に厄介で、かつ曖昧だ。たとえばかつて産業革命が勃興し工業化の先進国であったイギリスでは産業革命以降に貧困が増大し、救貧法が生まれるまでに至った。生産力が増大し物質的豊かさが増大しても貧困はなくならなかった。このような社会状況を背景として、貧困をなくしながら富を増やすにはどうしたらよいのかという課題が分配問題として研究対

象となってくる。これは 1700 年代の「富の研究、富の解明」としてはじまり、経済学、経営学で大きく進歩してきた。にもかかわらず、未だに人類は貧富の差＝貧困の解消には至っておらず、その解決策は困難を極めている。また、人間活動による自然破壊や希少性の克服も未解決だ。まだまだ社会科学においては多くの本質が未解明であり、真理を探究すべき分野は無限に広がっているように見える。それでも人類の幸福を追求するためには、過去の偉人たちが挑戦し解明してきた成果の知識を拠り所として、探究を続けていく必要があるだろう。

　さて、ここまでかなり大きなスケールで「学問」と「経営学」について、大学とその後の人生で人々が学んでほしいものは何かについて述べてきた。次に経営学とは何かについて詳しく考察してみよう。

## 7．経営学の対象

　経営学の起源については、アメリカで発展してきたアメリカ経営学とドイツで発展したドイツ経営学がある（小松, 2016, p.3）。ドイツでは初期の経営研究に対し利潤追求であると批判され、その批判に対してニックリッシュ (Nicklish, H.) を中心に経済性原理による科学としての経営学を樹立しようとする努力が行われた。これは経営経済学として発展していく。一方アメリカではテイラーの科学的管理法が普及し、それを期限として経営学は発展してきた。

　「経営学」は、20 世紀初頭の科学的管理法を起源とすると、その歴史は 100 年ほどであり、アダム・スミスの研究を起源とするとした経済学の歴史が 250 年であることに対して非常に新しい学問領域である。人間集団の生産活動を研究対象とするにあたっては、様々な学問分野の成果が活用されてきた。

　では、経営学が対象とする「経営」とは何か、具体的にどのような現象を対象として、どのようにしてその本質を研究するのだろうか。経営の本質は「他人を通じて自分がしたいことを行うこと」（伊丹・加護野, 2003, p.11）（加護野・吉村, 2006, p.27）とする定義がアメリカの経営学からもたらされ国際的にもっとも有名な定義となっている。だが実はこの問いに答えることは非常に

図表1-3　経営学の体系のイメージ

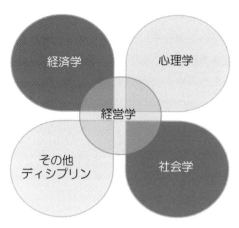

出所：青島矢一・榊原清則（2022）『経営学入門』東洋経済新報社, p.25.

難しい。経営学の教科書は非常に多種多様に出版されているが、経営についての定義を示しているものは非常に少ないし、定義している文献でも、その定義は多種多様である。

　例えば、同じ文献の中でも、経営学について組織の経営プロセスを研究する学問として、それは「組織を統御すること、うまく扱うこと、なんとかすること」を研究する学問だ、としていたり、また「組織で働く人々の行動を導き、彼らの行動が生産的でありかつ成果が上がるようなものにすること」（伊丹, 2023, p.14）と定義していたりする。

　この多種多様さはなぜ起こるのだろうか。その理由を探っていると、その原因が見えてくる。それを理解しておくと「経営」についての定義と経営学についての本質が理解しやすいだろうことに気づいたので紹介しよう。

　青島矢一・榊原清則（2022）によると、学問にはディシプリン（discipline）といって分析方法を研究する分野と、そのディシプリンを活用して何かしらの対象を研究する分野の二つに大別される。経営学は企業の生産活動を対象とした対象学問である。そのイメージは図表1-3のようになる。つまり企業の経営活動を様々なディシプリン学問で研究した束が経営学だということになる。

第 1 章　科学としての経営学

　私は、大学でディシプリンは経済学を学んできた。それを使って様々な経営体を研究してきた。主に中小企業や協同組合などである。ただ中小企業であっても協同組合であっても企業経営に必要な本質は共通している。その部分を抽出して一般化することが本書のオリジナルなところである。本書では経営について、人間が集団の存続を維持するために行う活動であり、その「現象から本質を解明する」（本書の場合、主に経済学的に研究すること）が「経営学」であると考える。企業行動の現象を観察し、仮設を立て測定し証明していく点では経営学でも、他のどの学問でも「科学的手法」は同じである。

　一つ断っておかなければならないことがある。「企業」についてである。企業というと多くの人が株式会社を思い浮かべるだろう。しかし「企業」とは経営活動を行っているあらゆる組織を指す総称である。現在日本では株式会社の数は 200 万～ 300 万社あるといわれている。法人で見ると全法人数の 97 ％以上が株式会社と有限会社である。この圧倒的多数の存在から企業というと株式会社を思い浮かべる人が多くなってもしかたないだろう。行政や非営利事業者は、あえて公的企業とか非営利企業とか公益法人などと名乗って株式会社と区別しようとするが、正式にはあらゆる企業は法人である。また経営学はこの法人以外にも個人事業やサークル組織などあらゆる「組織的」活動を対象としている。ゆえに経営学の教科書には「経営学は、企業のほか病院、学校、政府組織などの組織体の経営や管理を研究対象としている」（経営学検定試験協議会，2013, p.4）と定義しているものもある。

　経済体として企業を見ると、「技術的変換という仕事を行い、それによって付加価値という成果を生み出している」存在であるとの定義もある（伊丹・加護野，2003, p.1）。だがすでに述べてきたように必ずしも付加価値を生み出す経営体ばかりではない。よって本書では経済体としての企業の定義を、財やサービスを集団活動 [注1] で生み出す活動体とだけにとどめておく。

---

（注 1）ここで集団活動という言葉を入れたのは、人間は原則として無人島にて一人で生活するかのごとく活動しているものはいない。よって経営活動は生産活動を集団で行うことが暗黙裡の前提にあるからである。

# 第2章　富の生産力と分業

　経営学を学ぶ前に、多くの学生や高校の教育関係者からも、意外に多く質問されることに、経営学は「経済学や会計学とどのように違うのですか」という問いがある。第1章で述べたように経営学は、企業活動を対象とした複数の経済学などのディシプリンの集合体であるということだ。

　ただ、第1章でみてきたように、経営学と経済学は共通の基礎研究として「価値、価格、賃金、利潤」などの研究を共有している。経済学では、歴史的には人類最大の課題として飢餓の克服があった。生産力の高まった今日では、飢餓は相当克服できているようだ。問題は食料の偏在であり、それは分配の問題である。また価値、価格、賃金などは豊かさを求めるための手段と言えよう。ここでは食料も含めて、それらを豊かさと富として考え、まずはそれらを人類が取得するために経営学と経済学がどのように解決しようとしてきたかを考察しよう。

## 1. 富と豊かさとは何か

　富はどのように生み出されるのだろうか。この研究は、イングランドの神学者アダム・スミス（Smith, Adam）が、1776年に『国富論』で示している。その『国富論』の中身を確認する前に、「富」そのものの定義、富とは何かについて考えておこう。富は、ある人にとっては金貨であり、ある人にとっては銀行の預貯金であり、ある人にとっては不動産であるなどと思っているだろうが、それらがなぜ「富」なのかと問われれば、究極的には個人の主観であるにすぎない。

　そこで個々人にとっての主観的な「富」ではなく、客観的に科学的に「富」

を定義するならば、個人とは無関係に人類が、生物学的に本能的に自分たちの心地よい生存環境を実現するために努力し、行動してきた結果として、今日存在し知覚できる社会行動と物質の体系を「富」と定義することができるだろう。つまり、人間の生物的遺伝構造が、人間に行動の優先順位を本能的にもたらしており、多くの生物学的研究からみれば、それは事実である。例えば、どんなに財貨を増やしたいと考えても、お腹が空けば食料が欲しくなり、味覚によってより美味を求め、身体機能によって新陳代謝がおこなわれ、休息のために睡眠を求める。よって富は、まず最初に各自の欲求の優先順位を満たし、満足を最大化するために必要な物質や環境として人類が蓄積してきた物財、知識、社会制度として、つまり人間の集団行動と物質との体系として形成されている社会の中にあることを、歴史研究が示している。

　言い換えれば、富は人間に心地よさをもたらす総体であるが、それを実感する満足や幸せの感じ方は、個々人によって様々であろうし、それが何によってもたらされるかも個々人や環境によって様々であるのだ。物理的、生物学的には脳内にオキシトシンが分泌された状態であることが、幸せと感じる状態であることは科学的に証明されてきた。そう考えると、個々人がその時々に必要なものの中から、優先順位の高い物資や知識、イベントや祭り等から満足を得るために行動し、同時に家族や社会、職場、サークル等その個人が生活する集団内でみると、集団全体として協力して一定の方向に秩序を作り行動を積み重ねてきた数万年の人類の歴史が、現在を形成していることは、歴史研究で現時点で示されている事実である。個々人の豊かさや幸せの感覚は様々であるが、人類全体にとってどのような方向に向かってきたかということが、歴史学において現在の社会の在り方がどのような経緯で実現されてきたかを科学的に検証することを可能としてきた。

## 2. 集団によって生き残ってきた人類

　歴史書でありながらビジネス書として注目を集めたユヴァル・ノア・ハラリ（Harari, Yuval Noah, 2011）『サピエンス全史』によると、250万年前の地層から最古の石器が発見されたことで、アフリカでホモ（ヒト）属が進化したこと

が分かった。さらに、50万年前にヨーロッパと中東でネアンデルタール人が進化し、30万年前に火が日常的に使われるようになり、20万年前に東アフリカでホモ・サピエンスが進化した。このホモ・サピエンスに7万年前に認知革命が起こり、これが数十万から数百万人、数十億人が言語とルールをもって集団生活することができるようになったことを示している。ハラリの主張で注目できることは、この集団生活が、個々人ではないが人類にとっての幸せを得ようとする行動の結果なのだという仮説である。

　この行動様式が、1万2千年前には食料の大増産を実現する農業革命を起こし、人類全体が永続的な定住環境を整え、5千年前には数千万人規模の最初の大国を形成し、2500年前に硬貨を発明し、500年前に今日の医療や工業の基礎を作った科学革命を起こした。さらに会計技術を駆使して資本主義が台頭し、200年前には産業革命によって技術と資本の蓄積が飛躍的に進み、今日の私たちの生活が実現している。よって今日私たちが生活している社会は、人類として食料を増産し、科学的に工業製品を生産し、医療技術を躍進させた人類の欲求が、人類にとっての幸せであり豊かさであったことを示している。しかし、これは決して個々人の幸せや豊かさと同じではない。個々人にとっては苦痛であり、全く満足できない精神状態であることも多い。しかし、この環境の中でしか私たちはホモ・サピエンスという生物としての生存を維持できないというのが現実であった。

　ハラリは、農業革命、科学革命、産業革命のその根本的原理には「生産力」の増大があるという。つまり食料、医薬品、武器の生産力である。この生産力の大きい種族は、小さい種族を支配し駆逐し、自らの種族内に吸収してしまうことができる。そうして生き残った種族はますます大きく、かつ生産力を増大していくというのだ。ここに歴史学者ハラリが著した書籍がビジネス書としての賞を受賞した理由がある。つまり、生産力とは農業を含む企業活動によって実現しており、それは市場や消費、社会制度によって支えられてきたのである。

　ではこの「生産力」とは何であろうか。そしてそれはどのようにして実現するのだろうか。本章では、これがまず最初の、1番目の問いである。

## 3.「生産力」とは何か

　生産力とは何か。それは経済学において 1776 年のアダム・スミス『国富論』で考察されて以来議論されてきた。デヴィッド・リカード（Ricardo, David, 1852）は『経済学および課税の原理』の第 7 章で比較優位理論による自由貿易の利益を論証した。

　ブリタニカ国際大百科事典によると「生産力（productive force）」とは「一般的には物財を生産しうる力」を意味する。マルクス経済学においては、労働力と生産手段が結合して財貨を生産する能力であり、歴史の推移を説明する基本的概念の一つとされている。　マルクス（Marx, Karl H., 1859）は『経済学批判』では序文で簡単な説明を与えた以外、生産力、生産関係の両者について特に記述しているわけではない。だが、その後の『資本論』（1867）において、それらを詳しく論じている。マルクスは『資本論』において、資本主義における生産力は資本としての生産手段と労働力によって構成された生産要素が一定の方式で結合されて、資本の生産力として現れるとしている[注1]。

　近代経済学では、生産力という用語ではなく「収穫」という用語で示されている。その定義は、一定の費用で財を「収穫」できる能力である。そしてこの「収穫」には、一つ財を増やすために今まで以上の費用がかかるものを「収穫逓減（diminishing returns）」といい、経済学では「収穫逓減の法則」とも呼ばれる。財の生産を一つ増やすのに必要な費用が今までと同じであると「収穫一定」、財の生産を一つ増やすのに必要な費用が今までよりも少ないと「収穫逓増」と定義している。

　以上の様々な説をまとめると「生産力とは、一人の人間が同じ時間で生産できる量」のことと言える。例えば 10 人で 100 台の車を作れる会社と、同じ 10 人で 200 台作れる会社では、後者の方が生産力は 2 倍だと表せる。

　では、なぜ同じ人数の生産力に違いが生じてくるのか？　それを考察したのがアダム・スミス『国富論』である。彼の考察では、生産力は「分業」によって増大するとしている。その部分を次に紹介しよう。

## 4. 分業論の起源

　1700 年代後半から 1800 年代にかけてイギリスで産業革命が起こり、イギリスでは物質財生産が飛躍的に増大した。歴史の教科書ではまだ経済学という学問領域が存在していない時代に、後に経済学の起点とみなされることになる研究としてアダム・スミス（1776）『国富論』がある。その冒頭の第 1 章は「分業」、第 2 章は「分業の起源」第 3 章は「市場の大きさによる分業への制約」である。第 1 章「分業」では、裁縫用の針 = ピンを生産する工場で労働の在り方を考察し、そのピン工場では、職人が一人で働いても 1 日に 1 本も作れないが、10 人で分業すれば 48,000 本以上を生産できる。「一人あたりにすれば、一日に四千八百本を製造できる」（Smith, 1776, 邦訳, p.8）。この驚くべき生産性（巻末・資料 1 参照）の増大が見られたのは、分業によるものだと指摘した。では、分業が生産力を増大する仕組みはどのようになっているのか。スミスによれば、三つの要因によって分業が生産力を増大させる。一つめは、分業によって分解された作業は、より単純化されるので、短時間で技能を獲得し、かつ向上する。二つめは複数の作業を一人で担う時に生じる作業間の移動による時間を節約できる。三つめは単純化された作業とその反復は機械化が容易であるから、その労働は人間よりも生産力の高い機械に置き換えることができる。これらをさらに一歩深く考察すると、すべて共通の一つの要因に集約できる。一つめは能力獲得の「時間の節減」であり、二つめは、移動の「時間の節減」であり、三つめは、機械化による「時間の節減」である。さらに考えを進めると、一つめの能力獲得の時間の短縮は、作業の細分化によってその仕事に必要な知識の量を減らすことによる。今日的にはコンピュータによる自動化によって、より少ない知識で作業が可能となる。二つめの移動もいずれ機械化できる。例えば 1900 年代にベルト・コンベアなどが発明されたように。そして三つめの機械化は人間労働を不要とする。三つに共通する要因は、人間労働の「時間節減」であり、究極的には人間労働を不要とする完全自動化である。これが分業による生産力増大の仕組みの基本である。だがその時、機械の保守点検と改良という新たな仕事が発生する。

スミスは、この分業が起こった起源として、「知恵のある人がこうすれば全員が豊かになれると考え、計画したからではな」く、人間には本能として「ものを交換しあう性質があり、その結果、ごくゆっくりではあるが、必然的に分業に進んできた」と考えていた。スミスによれば、分業の起源は本能に由来する。

　だが今日の進化論にみられる科学の知見によれば、人間の本能は種の起源から備わってきたものではなく、何百万年という歴史の中での環境変化への適応によって備わってきたものである。よって進化論の視点から、もう一歩さらに深く分業の起源についてみることができるのではないか。例えば、先程のハラリ（2011）によると、人類は自らの幸福を追求するために、食料として多くの他の生物を食いつぶし絶滅させてきたのだが、同時に、ホモ・サピエンス同士での争いでも、生産力を高めることのできた種族がより多くの食料を増産することができ、それに合わせて人口を増やし、数の力で闘争・戦争という暴力による領土と資源の獲得を優位に進めることができた。つまり生産力の増大競争を優位に進めた種族が他の種族を支配するか滅ぼすことによって、その種族の能力が「本能」として受け継がれてきたと仮説を立てることができる。

　分業が生産力の増大をもたらし、その生産力が自然資源の枯渇と地球環境の激変をもたらしているとすれば、分業とその結果としての生産力のコントロールは、スミスの言う人間の「本能」をコントロールし、環境との調和可能で持続可能な「本能」へと作り変える必要を示唆していると言わざるを得ないだろう。人間社会が直面している課題は、分業の進展と増大する生産力のコントロールであり、それは理性による「本能」のコントロールへと行きつくが、人類がその手段を具備するにはどうしたらよいのかという課題に直面しているのである。

## 5．バベッジの分業論

　ではスミスの考察以降、この分業の研究はどのように進んできただろうか。バベッジ（Babbage, C., 1832）は『機械と製造業に関する経済（On the Economy of Machinery and Manufactures）』において、分業が高度な熟練や知識

を必要とする労働の人件費の削減効果があることについて言及している。村田
和博（2010）はバベッジ（1832）の Chapter 19（pp.105-116）を考察し「生産
工程ごとに必要になる労働者の技術度が異なるため、高賃金で雇用しなければ
ならない高い技術を持つ労働者に、彼にしかできない仕事に専念させることが
できれば生産費を低減することが可能になるということである」（p.31）と述
べている。高度な知識を必要とする（よって高賃金な）労働と、低い知識しか
必要でない（よって低賃金な）労働を分けることで、高賃金な労働者に低い知
識の労働をさせずにすむので人件費を削減できることを指摘している。具体的
には、高度な知識を必要とするパイロットが客室乗務員と仕事を分業すること
で、高給なパイロットの数を必要最小限に節減することができる。同様に医師
がおこなう治療を看護師と分業することで、高給な医師の数を必要最小限に節
減することができる。人件費で計算してみよう。50 人の患者を治療するのに
日給 10 万円の医師が 10 人勤務しているとしよう。その時、人件費は 1 日 100
万円となる。だが日給 2 万円の看護師を 6 人雇い医師を 4 人とし、医師でな
くともできる仕事を看護師が行えば、削減できた時間で、医師は高度な治療処
置をおこなえる。労働人数は 10 人で同じであるが、人件費は医師 40 万円と
看護師 12 万円で 1 日合計 52 万円となり、人件費をほぼ半減できる。バベッ
ジの分業論は労働に必要な知識の程度によって、仕事を分業化させることで、
人件費を削減できる点を指摘したことがスミスと異なっている。

　スミスの分業論が市場分析へと向かい後の経済学の起点となったのに対し、
バベッジの分業論は、職務の配分という、職務管理という今日の経営学の経営
管理論、経営組織論の視点が示されている（井原, 2008, pp.66-76）。

　バベッジ以降、分業について社会学ではデュルケーム（Durkheim, Émile,
1893）『社会分業論』など各分野で大きな貢献をなす研究が続いた。

## 6．経済学と経営学の違いについて

　後に、経営経済学の分野に連なる研究としてモックスターの、精神と経済の
関係に関する研究がある。モックスター（Moxter, nA., 1957）は「欲求と願望
から生ずる人間の目的を満たすための希少的手段の処理の中に成立する人間行

為の切断面」（邦訳, p.87）と表現している。

　モックスターは、ドイツ経営学において、経営学と経済学は、企業経営の私的な経済目標を達成する私的経済学ともいえる経営経済学と、国家の経済目標を達成する手段としての国民経済学という異なった目標から手段の方法を認識しようとする、認識目標の違いがあるとしている。しかし、一つの学問が目標によって異なる結論をもつということは、経済現象には二つの異なった本質が存在するという、科学的分析ではありえない主観的分析、つまり目標によって異なるような非科学的な研究となる。

　そこには、田中照純（1998）が指摘するように、経営学と経済学は共通の「客観的な事実や現象のうちに内在する本質（法則）」を「認識する」としたところに、認識区分によって客観的なものの見方がすでに失われているとする。このように研究者の立場や認識目標の相違による学問区分が、認識主体の主観性を払拭できない問い方の弱点となっている。これに対し、マルクス経済学の視点から経営を分析する批判的経営学では研究対象の違いによる区分を提唱することで、この弱点を克服している。

　だが田中は、そこにも次のような弱点が存在するという。個別資本の運動と社会総資本の両者は、部分と全体の関係をなしていると考えられるので、それらの関係を単に量的側面からのみとらえるなら、そこでは両者の相違性を強調する根拠は薄弱となる。なぜなら部分と全体を質的特性によって区分しえないからである。そこで、田中は、個別資本の運動と社会総資本の運動との質的相違性として、経営学を個別資本の活動の「生産、販売、財務、労務などの諸活動の組織や管理について研究対象とし、経済学を社会総資本の運動によってもたらされる物価の形成と変動、国民所得の増減、産業部門の連関性、景気循環や恐慌などの諸現象を研究対象とする。このように質的に異なる研究対象をもつならば、その限りにおいて経営学と経済学は自律的な学問として併存しあう関係にある」と示した。同時に両者とも「人間社会の経済的構造を研究するという共通性をもち、互いに影響を与えあう。また、価値、価格、賃金、利潤、そして資本などの基本的概念を共有し、その上にそれぞれの学問にだけ固有の研究対象が現れる。それは相互に自律的な独立の学問でありながら、同時に基

## 第 2 章　富の生産力と分業

図表 2-1　経営学と経済学の関係

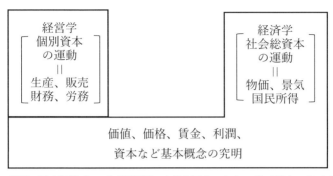

出所：田中照純（1998）『経営学の方法と歴史』ミネルヴァ書房, p.84 より.

礎部分を共有し、また互いに依存し作用しあうものと考えられる」（pp.79-84）（図表 2-1）として整理できる。

　田中の考えは、同時に青島・榊原（2022）の指摘する対象学問としての経営学の内部でディシプリンとして経済学が機能しているという関係と融合的に見ることができよう。


(注1) マルクスは『資本論』（邦訳『資本論（二）』岩波書店）において以下のように表現している。
　　「単純な協業と同じく、工場手工業においても、機能しつつある労働体は、資本の一存在形態である。多数の個別的部分労働者から組立てられた社会的生産機構は、資本家のものになっている。それゆえ、労働の結合から生ずる生産力は、資本の生産力として現われる。本来の工場手工業は、以前は独立していた労働者を、資本の指揮と規律とに服せしめるのみではなく、そのうえに労働者そのもののあいだの等級制的編成を作り出す。単純な協業は、個々人の労働様式を大体において変化させないが、工場手工業は、それを根底から変革して、個別労働力の根本を捉える。それは生産的衝動と素質の総体を抑圧することによって、労働者の局部的熟練を温室的に助長して、彼を不具にし、奇形物とする」(p.309-310)。
　　「工場手工業的分業は、手工業的活動の分解、労働用具の特殊化、部分労働者の形成、一つの全体機構における彼らの配列と結合によって、社会的生産過程の質的編成と量的均衡を、したがって社会的労働の一定の組織を作り出し、またそれと同時に、労働の新たな社会的な生産力を発展させる」(p.316)。

# 第3章　生産活動の本質

## 1．生産の本質としての情報創造と情報移転

　生産については、国内総生産（Gross Domestic Product: 以下 GDP と言う）が多くの人に知られている。GDP は1国内で生み出された付加価値の総和である。これについてはすでに多くの学生が高校の教科書で目にしたことだろう。GDP は、企業（個人事業者も含む）が新たに生み出した生産物である。しかし、これが果たして豊かさの指標として有効であるかどうかは、議論があるところだ。なぜならば人間は経済的交換活動や貨幣の量で豊かさを測れないとする主張も多い。この GDP に代わって幸福についてのアンケート等で豊かさを測定しようとする研究もある。だが、現在唯一客観的数値として国際比較ができる国内の豊かさの指標は、まだ GDP だけである。

　GDP が示す付加価値は、材料を仕入れて、財やサービスを生産し販売したときの付加価値であり、売上から材料費を差し引いた金額で示される。小売業者であるコンビニエンスストアではパンを 100 万円売上げるとしよう。コンビニエンスストアにおいては製パン業者から仕入れた価格 80 万円を差し引いた分が付加価値であり、GDP での計算対象となる。図表 3-1 で示した各段階での付加価値の総和は 100 万円となる。

　各段階での付加価値を生み出しているのが生産活動だ。生産活動では、投入される原材料以外の部分を生産要素という。生産要素は生産用具や販売用具の摩耗分（会計学では減価償却という）と労働者による労働によって構成されている。

　しかし GDP は付加価値生産の結果を表しているに過ぎない。生産活動はどのようになされているのか。この生産活動の本質について議論している経営学

図表 3-1　国内総生産 (GDP) の概念図

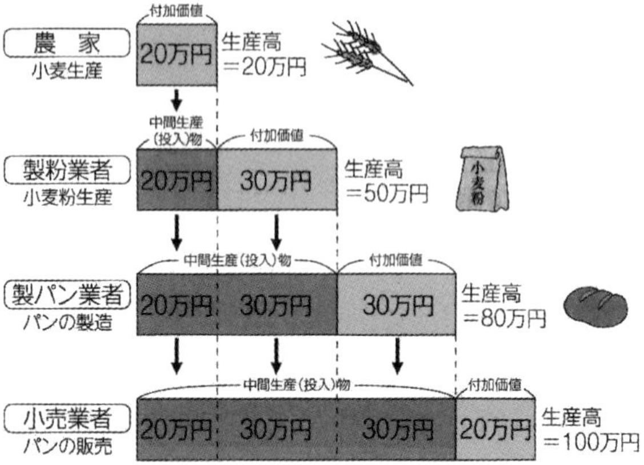

出所：『新政治経済資料（三訂版）』(2021) 実教出版, p.220.

の教科書を見かけることは、ほとんどない。経営学では企業の生産活動を研究することを前提としている。そこでは、企業や企業で働く人の組織の本質については、企業形態論や組織論などで議論が進んできた。しかし、一方の生産活動の本質についてはほとんど議論が進んでこなかったといえよう。生産活動の基本原理に言及せずに企業の経営を論ずることは、生産活動の現象を記述することにとどまり、それは多くの事例の紹介を並べるにとどまり、その本質への帰納法的アプローチが示されないことになる。よって農業、製造業、サービス業、さらに今日的には情報産業を個別に論ずる経営学は多く見られるが、その個別事例から一般的な法則を見出そうとするところまで到達してこなかった。

　本書では、その課題を克服するために、経営学の基礎を整理するにあたって、20 世紀後半から発展してきた新しい分野である情報学の発展を取り入れて、まず生産活動の本質に言及し、その情報の視点から生産活動を定義することから始めよう。

　藤本隆宏（1993）によると生産活動の本質は、消費者の課題を解決するための製品を作り出すことにある。製品開発活動は、人々の課題について認識し、それを解決する製品を作り出すことである。その「認識する」ことを「情報処理」とし、その解決方法を作り出すことを「情報創造」とする、二つの

第3章　生産活動の本質

図表 3-2　開発－生産－消費の情報システム

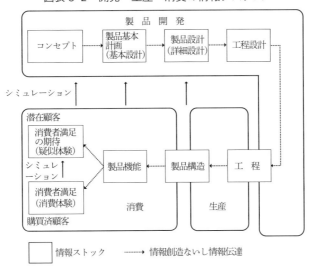

出所：藤本隆宏（1993）「経営組織と新製品開発」, p.230.

大きな情報の流れで整理している。さらに藤本（2001）によると、製造とは、ある素材を有効な機能をもつ材に変換する過程である。素材が物的な変形を受けて最終的な製品に変換されることを「生産」という。この生産において行われる「情報処理」と「情報創造」を合わせて「製品設計情報」とし、これらをまとめて「情報創造システム」ととらえている。

　つまり今日の標準的な生産活動は、製品設計情報に基づいて素材を変形する活動であり、均質に同一製品を大量に生産する「大量生産とは、出来上がった「製品設計情報」を、工程から製品へ繰り返し転写する」生産方式である（藤本, 1993）（藤本・安本［編］, 2000）（藤本・武石・青島［編］, 2001）。生産活動の本質に関するこの考察をまとめると、工場での生産は、研究開発部門での「情報創造活動」で生まれた製品設計情報を、製造工程で製品に繰り返し転写する、「情報転写活動」である（図表3-2参照）。「生産」とは製造工程のみならず製品開発や購買をも含む価値創造プロセスとみなされている。このように考えていくと「世の中のすべての産業は、広義の情報産業だ」（藤本, 2001）といえる。

23

藤本のこの情報に関する考察は、主に現代の大量生産方式を導入した製造業での考察だが、知識創造過程を研究するナレッジマネジメントの分野でも暗黙知と形式知という概念を使用して、研究開発者間で情報伝達や共有を生み出す生産活動においても共通している（詳細は 13 章）。つまり一つひとつを手作りで行う職人的な生産活動でも「情報創造」と「情報転写」によって成り立っていると言えるのである。

　このように情報処理は、生産活動を物質材の生産に限定することなく、人間が行うすべての生産活動でおこなわれている共通の活動である。鉱業・農業等のいわゆる一次産業における生産活動および非物質財の生産活動であるサービス産業や、コンピュータのプログラム生産における生産活動に共通する本質的活動としてこの仮説モデルを示すことができるだろう。

　そこで藤本らの先行研究は、物質財を対象とした活動を想定しているが、それをさらに生産活動全体に一般化したモデルとして、次に生産の 2 段階説として示す。

## 2．生産の 2 段階説

　生産活動とは、まず第 1 段階として原材料に転写する情報源であるマスター情報財（製品設計情報、楽譜、原盤、プログラム・ソースコードなど）を研究開発する創造的生産活動と、マスター情報財を転写する（「大量生産工程」や情報ダウンロード等の装置など）での生産活動の 2 段階に分かれている。

　佐々木宏夫（1991）は、情報財には生産段階と複製段階の 2 段階があることを指摘した。第 1 段階は、研究、開発、執筆などによって知識が創造される段階、第 2 段階はこの知識の複製を作成する段階である。第 2 段階での製造工程に必要とされる単位あたりの費用は第 1 段階と比べると無視できるくらい安く、第 1 段階の費用は固定費として第 2 段階へ投入される。そのため総費用を生産量で割って得られる平均費用曲線は右下がりであり続けると考えて、情報財は「費用低減産業」＝「収穫逓増」産業であるとみなした（佐々木, 1991, p.218）。しかし厳密な意味での収穫逓増は、限界費用が生産増とともに減少していくことであることから収穫逓増という点には疑問が残る。むしろク

ルーグマン（Krugman, Paul）の言う拡散効果[注1]（spread effect）と考える方が妥当である。

　第1段階の研究開発活動における費用については、ボールドリンとレビン（Boldrin and Levin, 2009）の研究開発の費用に関する研究では、新製品のアイデアや知識創造は、開発費投入の後に「完成」するのではなく、継続的な開発費の投入によって試行錯誤的に構築されていくのだという。これは、アプリ開発を想定するとわかりやすい。アプリは初期バージョンを投入し、その後随時バージョンアップが行われ「完成」し、高機能化していく。さらなる高機能はさらなる高度知能を必要とし、その知識は希少性を強めていくといえる。よって研究開発は「収穫逓減」とならざるを得ないだろう。

　大量生産方式は「「製品設計情報」を、工程から製品へ繰り返し転写する」生産方式であった。よって財の第1段階での生産である情報生産において発生する費用は、第2段階での「繰り返し転写」する回数で割った費用が最終段階での完成品に転嫁されていく。この点は次の第4章で考察することにする。

　まず第1段階での情報財の費用の性質について詳しく分析しておこう。本書では、第1段階を情報創造型生産 ICP（Information Creative Product）と呼び、第2段階を情報転写型生産 ITP（Information Transcription Product）と呼んで区別して論ずる。また同一内容の情報が異なる媒体に乗り移る場合を「転写」とし、ある資源が他から情報を受信・吸収することによって、同一メディア上で情報内容が異なるものに変化する場合を「変形」としている。つまり情報転写－「パタンの媒体間複写」であり、原材料の変形を伴うものである。

　従来の物財生産活動とみなされてきた生産工程は、製品図面も含めた情報生産活動と標準作業と機械による情報転写活動が、合体し、複合した活動である。図表3-3は、従来の産業組織論が想定する「収穫逓減の法則」（4章以降で解説）をもった生産概念である。

　だが、今まで見てきたように生産工程は、収穫逓減的な ICP（研究開発部門）と拡散効果のある ITP（情報転写部門）に分けられる。その二つが同一企業内に存在している場合（図表3-3）、その産業の平均総費用は収穫逓減的と拡散効果的が相殺しあうため費用構造を分析しにくい。もし ITP での生産要素に収

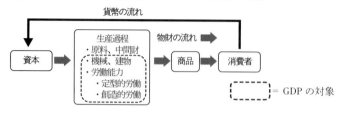

図表 3-3　従来の生産概念の中での生産要素と生産

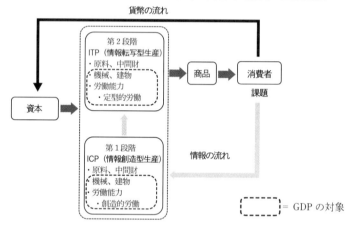

図表 3-4　ICP と ITP における物質財と情報財の関係を考慮した生産概念

出所：安藤信雄（2019）「情報創造型生産の費用収入モデルによる高収益中小企業の考察」『中小企業季報』大阪大学中小企業・経営研究所, p.10.

穫逓減的な希少性のある人的能力が多く必要であるとなると、ICP（研究開発）に投下した費用も収穫逓減的となる。そのため、ICP と ITP の費用はより急激な収穫逓減性をもつことになり、大量生産によって費用回収することが困難となる。逆に、ITP での拡散効果が大きいほど、ICP への資金投下を増やすことができる。だが、図表 3-3 では、ICP と ITP それぞれの生産要素費用と数量の関係を分析できない。

そこで、ICP と ITP を別々にした生産概念を図表 3-4 に示す。物質財の生産でも、サービスの生産でも、ほとんどの場合まず市場のニーズを調査し、課題を解決する製品開発が社内のシーズによって創造的に生産される。これは ICP

第 3 章　生産活動の本質

である。ここでは ITP の実行可能性も含めて擦り合わせが行われる。最終的に量産化可能な ICP が出来上がると、それを ITP へ引き渡す。

　もし開発部門 ICP と製造部門 ITP の間に内部市場が形成されていたとすると、ICP は ITP へ内部販売されると考えることもできる。よって ICP で発生した費用は、ITP へ販売されることで回収されるので ICP に販売価格が設定されるとしよう。一方 ITP は ICP から購入した情報財を生産へ投入する。この ITP 内で ICP はどのような性質の費用となるだろうか。情報財は複写元を減損させない「複写可能性」があるので ITP 内では生産量によって ICP の総費用が変化することはない。つまり固定費として生産へ転嫁されるのである。

　情報転写活動は、原材料に設計情報を転写し原料のパタンを価値の高いパタンへ変形させる生産活動と定義できる。翻せば、この情報転写＝「パタンの媒体間移動」が行われていない時間は、価値が生み出されていないことになる。よって生産管理においては、この情報転写をしていない間に発生する費用をいかに削減するかがコストダウンの基本となる。

　このように生産活動を二つの生産段階で示せば、それぞれを産業組織論の概念モデルで分析できるようになる。生産活動を情報財の創造活動と物質財への情報の転写活動として分けることで、それぞれでの費用と収入を分析することができる。

## 3．希少性とは労働能力である

　ICP でもっとも重要な生産要素とは労働能力であろう。生産要素の希少性は、「利用の容易さ（入手のしやすさ）」であって、その量の絶対量的希少性ではない。例えば我々の社会では水素は宇宙で最も豊富に存在する元素でありながら、水よりは高額である。一方、水素を組成分とする飲料水、特に淡水は生命の維持に非常に貴重な存在であるにもかかわらず水素より安い。つまり、物質の希少性で決定される価格としての生産要素費用は、利用しやすい状態であるかどうかの反映なのである。この物質の絶対量とは区別すべき性質である「利用の容易さ」の希少性は、情報概念でみるとそのパタンをもつ物質財の希少性とも言える。

労働でいえば、その情報や知識をもつ労働能力の希少性である。原料でいえば、自然界に存在する利用可能な物質財の殆どが不均一なため、「利用の容易さ」状態の原料は相対的に希少である。そこで、原材料としての生産要素の市場価格の上昇を防ぐには（つまり限界費用が正となり、上昇しないようにするには）、不均一な自然物質を人間の労働能力を投入して均一にする必要がある。よって最終的に、すべての生産要素の希少性は人間労働能力の希少性に依存する。産業組織論で示される生産要素市場からの調達価格は、原材料の「利用しやすさ」のために投入された人間労働能力の量の希少性で費用の収穫逓減の性質が決まる（安藤, 2006）（安藤, 2017）。収穫逓減の法則については第4章で解説する。

　他方、固定費用による生産は、その装置の最大の生産限度量までは、限界費用はゼロである。よって1単位産出財当たりが回収すべき費用は、固定費用÷産出量となり、数量の変化とともに0の漸近線に向かう分数関数となる。これは費用の拡散効果と呼ばれている。この効果を有効に活用することが、収穫逓減的に増大する研究開発費用を回収するために重要となる。

　最初にこの関係を発見したのは16世紀フランスにおける図面による生産だといわれている。よって次に図面による生産の何が人間労働の希少性を減らすのかを分析してみよう。

## 4. 大量生産の起源：図面による生産活動

　大量生産方式による第1段階の生産活動である情報創造活動（ICP）の代表例は、図面の作成である。この今日では当たり前である図面は、人類の生産活動の歴史から見ると最近の出来事であって、18世紀の中頃にフランスにおいて互換性部品による兵器の開発と大量生産の試みの中で発明されたものである。（その詳細は「第7章 標準化」で考察することとする。）それは今日の大量生産の基本となる流れ作業、セル生産方式へと帰結していくのである。それは今日の大量生産の基本となる流れ作業、セル生産方式へと帰結していくのである。

　図面による生産活動は、「人間による生産活動」と「機械による生産」の二種類の工程によって構成される。前者の「人間による生産活動」は、さらに「人

第 3 章　生産活動の本質

図表 3-5　人間と機械による生産活動

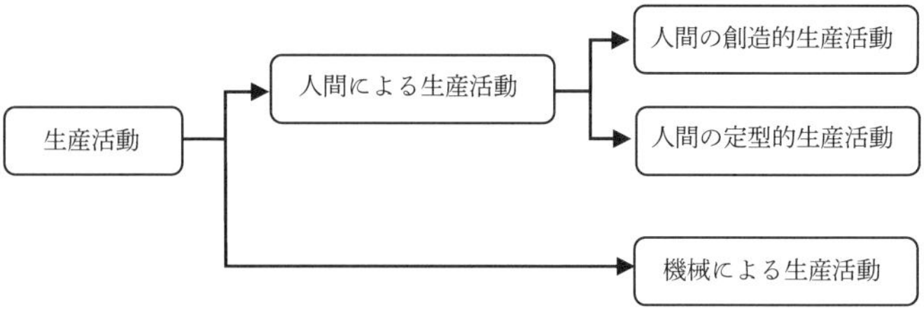

```
生産活動 ──▶ 人間による生産活動 ──▶ 人間の創造的生産活動
                              ──▶ 人間の定型的生産活動
          ──────────────────▶ 機械による生産活動
```

出所：筆者作成

間の定型的生産活動」と「人間の創造的生産活動」の二つに分かれる（図表
3-5）。人間に定型的な反復作業を強いる場合、動作の均一化や規格化によって
作業を標準化したり、マニュアルを作成してその記述に動作を従属させたりす
る。ここでは、この定型的労働を「人間の標準化」と呼ぼう。このように、生
産活動は人間による生産と機械による生産の二つの側面へと向かっていった。

　まず人間の標準化について考えてみる。自然物である人間は本来、個性的で
あり機械のように均一的ではない。その人間が多数集まって作業を分担し大量
生産をしようとすると、工程間での生産スピードに差が生まれる。これでは生
産時間と生産量を計画的に予測することができない。ある工程では製造途中の
仕掛品が滞留し、後の工程では仕掛品が不足するという現象が起きる。生産計
画は不確実となり、製品にかかった 1 個当たりの人件費も変動して不確実とな
る。

　すでに見てきたように、アダム・スミスの『国富論』は 18 世紀にイギリス
で産業革命が起き、工業力が国の富を増大させる要因を分業にあると考えた。
その分業は、生産量を増大させるために、その生産された製品が売りつくされ
る市場が必要であることも指摘した。アダム・スミスの『国富論』を、労働の
過程として研究したのがリカードやマルクスであるが、その後、経済学として
発展したのは新古典派経済学としてアダム・スミスの市場原理を物理学的にと
らえようとする近代経済学であった。一方、生産の本質を製造工程での不確実
性の問題として解決しようとしたのが科学的管理法や工程管理論であり、それ
が今日の経営学へと受け継がれてきた。

29

この経営学の基礎となった科学的管理法については第 6 章で考察する。

（注 1）拡散効果とは、生産費用が固定費のみの場合、生産量の増加によって費用は反比例
　　　に減少する効果のことである（Krugman, 2013, 邦訳 , p.427）。式で表すと固定費を $a$、
　　　生産数量を $x$ とした時の平均費用を $y$ とすると、$y = \dfrac{a}{x}$ となるからである。

# 第4章 利益と費用、収穫逓減の法則

## 1．利益について

　アダム・スミスは生産された財の量が豊かさを保証する富であるとみなした。そして工場について考察し富を生み出すのが「生産力」であるとみなし、国を豊かにするには「生産力」を増大させる必要がるとの結論を示した。彼はその「生産力」の増大は「分業」によって生み出されると考えるに至ったのである。

　生産力の増大という視点から今日の企業活動を考察してみると、企業は必ずしも生産力の増大を目的としているようにはみえない。むしろ企業は利益をより多くすることを目的とし、生産力を増やそうとしているようにみえる。また、今日ではアダム・スミスが指摘した「生産力」を「生産性」（巻末・資料1参照）と呼び、より詳細に定義されるようになってきた。生産性には、生産活動に投入された生産要素それぞれから見た産出量の比率をそれぞれ貨幣量で示したもので、資本生産性、労働生産性、全要素生産性がある。

　さてこの「生産性」は「投入された生産要素の総額」に対する「生み出された財の総額」であるが、「投入された生産要素の総額」は、会計学でも経済学でも費用といい、「生み出された財の総額」は、会計学では売上、経済学では収人という。また企業は必ずしもそうではないが多くの場合、生産量をひたすら増大させるのではなく、利益を最大にしようとしているように見える。では、この生産性と利益の関係はどのように定義できるだろうか。

　まず費用と利益の関係からみていこう。数式で表すと以下のようになる。

売上－費用＝利益

　この式は売上から費用を引いたものが利益になるという関係を表している。だがここには時間の順序は示されていない。そこでこれらの関係を時間順に並べてみると（－費用）＋売上＝利益　となる。この式は次のことを示している。まず費用が発生する。この段階で売上は見込みであり、まだ確実にはわからない。よって利益も不確実である。また、費用が増えても売上がその費用の増加分以上に増えれば利益は増えていく。逆に、いくら費用を減らしても売上がそれ以下に減少すれば利益は減り、場合によってはマイナスとなる。そこで利益を増やそうとする企業はいかに費用を減らし売上を増やすかを目指して活動せざるを得ないのである。

　費用と売上の金額は、どちらについても需要と供給の関係によって決定されることが経済学によって示されている。詳細はお持ちの経済学のテキストに詳しく示されていると思われるので、ここでは簡潔に説明しておく。需要とは必要とする量（英語では Demand で直訳すると「求める、欲する」）であり、供給は（英語では Supply で直訳すると「与える、供給する」）である。需要は消費量、購入量であり、供給は生産量、販売量である。

　この需要量に対して供給量が少ないと市場での販売価格は上昇し、売上も上昇する。その逆に供給量が多くなると、販売価格が下降して売上も減少する。よって企業が最終的に求めるものが利益だとすると、この需要と供給によって変動する売上により、利益も変動することとなる。今日の経済学（近代経済学）の理論では、自由で競争的な市場での取引によって、この価格と生産量（販売量）が自ずと、自然に決定されると考えられており、厚生経済学でち密に理論化されてきた。つまり近代経済学によると、コンビニ、スーパー、デパート、今ではインターネット通販等で販売されている価格は、この需要量と供給量の結果なのである。例えば新型コロナウイルス感染が蔓延する前は、マスクの価格は 1 枚 5 円ほどであったがパンデミックがおこると 1 枚 300 ～ 400 円と 60 ～ 80 倍になったのは、供給量が同じか、または政府が補助金を出して生産量を 5 倍ほど増やしたのに需要が 300 ～ 400 倍増えた結果だというこ

# 第 4 章 利益と費用、収穫逓減の法則

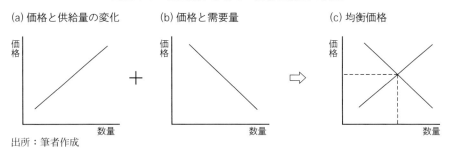

図表 4-1　自由競争市場での価格と数量の決定

出所：筆者作成

とだ。

　このように需要も供給も変動し、費用も売上も変動する中で、冒頭の豊かさをどのように考えるのか、実は様々な主張や仮設があり人間の心のもちようだとか心理学が影響しているなど非常に多くの研究があるが、興味のある人はそれぞれの方面を探究してもらうこととして、ここでは経営学の基礎として議論を絞ろう。あらゆる学問に共通していることだが、様々な条件を科学的に測定するときは、まずすべての条件を一定として、変化する対象を一つ（これを独立変数という）に絞り、あるパラメータ（独立変数）の変化から影響を受ける対象（従属変数）にどれだけ変化量がみられるかを測定する手法をとる。

　では、以下に厚生経済学での市場価格の決定メカニズムについて簡単に解説する。

　図表 4-1（a）が示しているのは、販売価格が上昇すると生産性の低い企業でも利益が出せるので供給量は増加するということだ。一方図表 4-1（b）が示していることは、価格が低くなると所得の少ない人でも購入できるので需要が増加する。図表 4-1（c）は（a）と（b）を合わせて考えた図で、需要線と供給線の交点が需要も供給も同時に実現するときの価格と数量を点線で示している。これが、近代経済学（厚生経済学）の基本中の基本となる自由競争市場での価格決定メカニズムと言われるものだ。

　しかしこの理論には多くの前提条件がある。まず供給される財は、全く同じもので、どの企業が生産した財でも同じものであること。また購入者はどの企業がいくらで販売しているかをすべて理解しその中から選ぶことができるとす

る。このようにあちらこちらで販売されている財の内容が同じものだという情報、アクセスできるすべてのお店での販売価格の情報を購入者がすべて知っているとしており、情報収集力が完全である状態の場合が想定されている。このような状態を完全情報の状態という。この点は、かなり多くの研究者から非現実的だと批判されている。しかし、理論上は、この状態は最も資源の無駄遣いがなく効率的であるということも多くの研究者は認めている。

## 2．損益分岐点分析（変動費の増え方が一定の場合）

　以上が近代経済学での販売価格のメカニズムだが、会計学では損益分岐点分析によって、企業が市場で販売できる価格が確実な時の生産量と利益を理論的に理解し、生産量や設備投資を計画することが有効だと主張している。それを図表 4-2「損益分岐点モデル」で示す。

　図表 4-2 は一見複雑そうに見えるが、一つひとつは非常に簡単な線の組み合わせでできている。この図表 4-2 には二つの前提条件がある。生産財の販売価格は一定であること、また一つの財の生産にかかる費用も一定で決まって

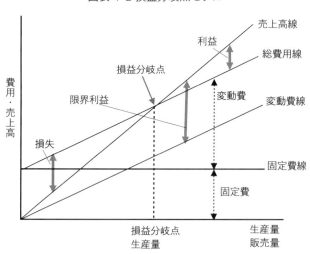

図表 4-2 損益分岐点モデル

出所：筆者作成

いることである。縦軸は「費用・売上高」で金額を表している。横軸は「生産量・販売量」で財の数量を表している。

　まず売上について「売上高線」を見てみよう。生産販売量が増えると、販売価格は一定なので、売上高は直線的に増えていく。簡単な例で考えれば解りやすい。1個100円のガムを1個売れば売上高は100円、2個売れば売上高は200円、3個売れば……というように一定の増え方をしていく。全く売れなかったら0個で0円、それが左下の縦横軸の交点0になる。

　では次に費用だ。費用には2種類ある。一つは変動費、もう一つは固定費だ。変動費とは何だろう。例えば仕入れ値は変動費だ。あなたがコンビニのワンオペ店長だったとしよう。ガム一つの仕入価格が70円だとすると、一つ仕入れると70円、二つだと140円、三つだと……というように一定の増え方で変動していく。仕入れなかったら0個で0円、それが左下の縦横軸の交点0になる。もう一つは固定費だ。コンビニでいえば家賃、什器備品のレンタル料などだ。これは売れようが売れまいが一定の金額を支払わなければならない。よって「生産量・販売量」にかかわらず一定になる線が「固定費線」となる。

　次に利益について考えてみよう。固定費と変動費の合計が総費用となる。図に示すと縦軸と固定費線の接点Fから総費用線が右上に伸びていく。この総費用線は図表4-2の変動費線と平行線になる。前例のガムでいうと1個売れると100円売上が増え、変動費は70円費用が増える。この販売量の1単位の変化による売上の差額30円を限界利益という。限界利益を売上高で割ったものを限界利益率（Marginal Profit Ratio）といい、これは売上が1単位増えることで増える利益を表し、ガムの例では30％となる。さて、ここまでは売上と変動費の関係をみてきた。加えて固定費についても考えてみよう。固定費は売れても売れなくてもかかる家賃や什器備品のレンタル料などである。もし什器備品のレンタル料が30万円だとしたら、コンビニのワンオペ店長だとガムの30円の利益から払わなければならない。よって30万÷30円＝1万個を売上げれば変動費と固定費の合計である総費用を引いた利益がゼロとなる。もし総費用が30万円であるとガム1万個の売上が損益分岐点で、これ以上売れると1個売れるごとに30円の利益が増え、1万個より少ないと30円の乗数が損失と

なる。損失と利益の分かれ目が損益分岐点だ。

　この損益分岐点による分析は、CVP 分析（Cost-Volume-Profit Analysis）といい、費用（Cost）、生産量（Volume）の変動が会社の利益（Profit）に及ぼす影響を測定するもので、以下の式で計算できる。少し難しそうだが、表計算ソフトなどを使えば簡単だ。

　販売価格 $p$、変動費 $v$、販売量 $x$、固定費総額 $F$ とすると

$$営業利益 \quad (R) = (p-v)x - F$$

$$営業利益 \quad (R) = 0 \quad の時の$$

$$販売量 \quad x = \frac{F}{(p-v)} = 損益分岐点$$

となる。この損益分岐点の特徴は変動費の変動が一定であるということだ。変動が一定とは $p$ が一定であるということ、販売数が増えると変化するがその変化量は一定であるという意味である。ガムの例でいえば 1 個当たりの限界利益は 30 円と一定である。しかし現実は変動費も仕入れ数量によって一定ではなく、変化することが多い。変動費が一定の事業は個人商店や小売店業に多く見られる。CVP 分析は、管理会計で発展してきた分析手法であり、変動費が一定でない事業でも、ざっくり計算したいときには簡単な手法としてよく用いられる。しかし大規模生産での製造業や規模が大きくなる長期的分析では、1 個当たりの生産販売量の変動費の変化（つまりガムの例でいうと仕入れ数によって 1 個当たりの仕入れ値が変化する）が大きくなってくる。また現実社会でよくみられる「規模の経済」については分析できない。規模の経済とは、生産量が増えていくと 1 個当たりの価格が減少する現象のことである。

## 3. 費用便益モデル（変動費の増え方が変化する場合）

　より現実的なモデルは、変動費の増え方が変化するモデルである。このモデルは費用便益モデルといわれ、近代経済学の産業組織論という研究領域で発達してきた。これは厚生経済学で決定される市場価格を前提として、多数の企業が生産量を増やしたり、新しい企業が参入してきたりすることを分析する分野で、これを企業行動分析といっている。そこでは、変動費の増え方が変化する

という少し複雑な費用の変化を表す。前節の損益分岐点分析では、限界利益率がプラス（正）ならば販売量を増やせば増やすだけどんどん利益が増えるという考えになる。しかし実際には生産量が増えていく場合、市場にものがあふれて市場価格が下がっていき、同時に生産量の増加に伴い生産要素がより多く必要となるので、生産要素市場では価格が上昇していく。このような状態を分析する場合、CVP分析では扱えないが、近代経済学の産業組織論で育てられてきた費用便益モデルは生産量と生産要素の価格変動を分析できる。損益分岐点分析が生産・販売量の変化に対する売上、費用、利益の総額を図に表すのに対し、費用便益モデルは生産・販売量の変化に対する1個当たりの売上、費用、利益を図に表すところが違う。

## 4．費用便益モデルの解説

　ここで費用便益モデルについて解説する。生産に人間が介在して産出量を2倍としたい場合、生産に投入する生産要素も2倍必要となるように思えるだろう。だが実際は2倍の生産要素を投入しても生産量は2倍よりも少なくなる。この現象を「収穫逓減（しゅうかくていげん）の法則」という。

　この現象がなぜ起こるのかの答えを先に示すと生産性にかかわる生産要素が不ぞろいな場合に投入量を2倍（3倍、4倍……）としても産出量は2倍（3倍、4倍……）よりも少なくなってしまうからだ。この現象がなぜ起こるのかを簡単な図を使ってみていこう。

　まず「生産要素の能力が不ぞろい」の場合、一番わかりやすい「能力が不ぞろいな要素」とは、労働力（人間）のことである。人間は、同じ能力の人はまずいない十人十色、千差万別である。これを図に示すと図表4-3となる。

　例えば、生産財1個当たりの人件費が増加していく原因は、収穫逓減の法則が働くからだ。そこで、収穫逓減について詳しく考えてみよう。例えばオリンピックの開催に向けて国際会議の英語同時通訳を10人雇いたい企業があったとしよう。同時通訳は通訳の中でも職人的芸術家レベルの能力を必要とする希少な存在だ。まして10人となると、人によってその程度は様々となるだろう。このように資源が「有限」で希少性がある場合、一般的な法則として生産性は

図表 4-3　個人能力差のない場合とある場合の比較

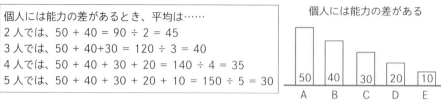

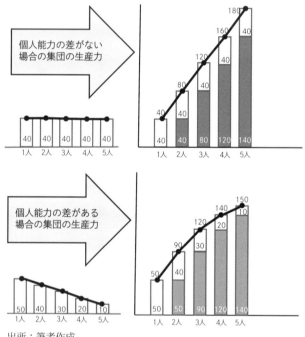

出所：筆者作成

逓減する。

　これを一般的にいうと労働者をどこに配属するかの決定権が経営者にあるならば、経営者はある複数の労働者の中からその生産労働に対して一番生産能力が高い人を採用（配属）できることになる。生産量を2倍にしたい場合、生産要素である労働者を2人にする必要がある。そこで経営者は、今度は残りの労働者の中から次に生産能力の高い、つまり全体では2番目に生産労働能力が高い労働者を配置することが最も合理的である。生産量を3倍にしたい場合に

は3番目に労働能力が高い労働者を配置するといった具合に労働者の数を増やしていくことになる。すると一人当たりの平均生産性は減少していく（図表4-3）。これを収穫逓減の法則、または限界収入逓減の法則という。

これはコンピュータソフトウエアの大規模プロジェクトで人員を増加しても思うように開発時間を短縮できないという現象としても現れた。フレデリック・P・ブルックス・Jr.（Brooks Jr., Frederick P.）がこの現象を説明した『人月の神話』（1996）という本を出版し、多くのプロジェクトで開発日程に失敗するのは「人」を増やせば「月日」を短縮できるという「人」と「月」を交換可能とする誤った考えがあるからだ、と指摘している。クルーグマンは、これは労働の限界生産物の逓減をよく表している現象だとして紹介している（Krugman and Wells, 2013, 邦訳, p.421）。

## 5. 収穫逓減の法則

まず収穫逓減の発生メカニズムを整理しておきたい。生産要素として代表的なものには、生産手段としての機械装置や工場などの固定費用と可変費用である「労働能力」がある。

産業組織論モデルの生産要素費用は、厚生経済学が想定している市場メカニズムで決定される生産要素価格が根拠となる。費用便益モデルが示す限界費用は、市場を通じて調達される生産要素の希少性に起因するため、生産量にともなって必要量が増減する生産要素の市場価格は、相対的な（需要から見た供給の）希少性によって決定される。希少性は、財や能力を入手するためにどれだけの人間労働（多くの場合その時間）がかかるかの程度を示している。よって生産量の変化によって人間の労働量を投入する量が増えるほど収穫逓減の法則が顕著に表れてくる。それは収穫逓減の曲線の傾き、つまり微分によって得られる導関数をみればよい。それを図に示すと図表4-4のようになる。この導関数による変化が可変費用の変化であり、それを生産量で割ったもの、これを平均可変費用という。

図表4-4を使って簡単に解説しよう。(a) は収穫逓減の法則を労働投入量と生産量の関係で表している。(b) は (a) の導関数であり、労働投入量の変化

図表 4-4　生産要素の投入量に対する収穫の変化

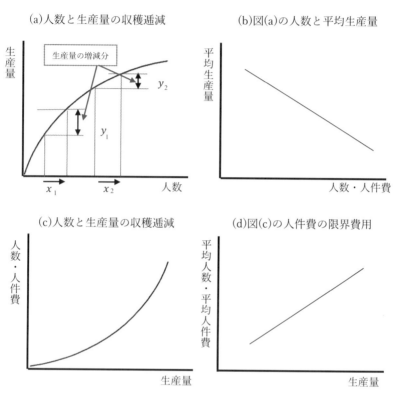

出所：筆者作成

に対する1投入量当たりの生産量である平均生産量の変化を表している。投入量を増やすと平均生産量は減少していく。これは1単位の労働にたいする生産量が減少していくことを表しており、逆に言えば1単位の生産量を増やすために必要な労働投入量が増えていくことになる。労働投入量は可変であるから、可変費用が増えていくことになる。(a) と (b) を各々縦横軸を逆転してみると (c) と (d) のようになり、生産量と投入量の関係は生産量の増加によって平均人件費である (d) では限界費用が上昇していくことがよくわかる。

以上のような可変費用と生産量、固定費用など生産全体の変化を示したのが図表 4-5 の費用便益モデルである。表の見方を簡単に解説すると、まず図

図表 4-5　費用便益モデル

| 生産量 | FC | VC | AFC | AVC | TC | ATC | MC |
|---|---|---|---|---|---|---|---|
| 0 | 300 | ---- | ---- | ---- | 300 | ---- | ---- |
| 1 | 300 | 30 | 300 | 30 | 330 | 330 | 30 |
| 2 | 300 | 80 | 150 | 40 | 380 | 190 | 50 |
| 3 | 300 | 150 | 100 | 50 | 450 | 150 | 70 |
| 4 | 300 | 240 | 75 | 60 | 540 | 135 | 90 |
| 5 | 300 | 350 | 60 | 70 | 650 | 130 | 110 |
| 6 | 300 | 480 | 50 | 80 | 780 | 130 | 130 |
| 7 | 300 | 630 | 43 | 90 | 930 | 133 | 150 |
| 8 | 300 | 800 | 38 | 100 | 1100 | 138 | 170 |
| 9 | 300 | 990 | 33 | 110 | 1290 | 143 | 190 |
| 10 | 300 | 1200 | 30 | 120 | 1500 | 150 | 210 |

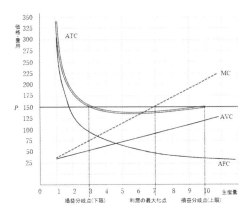

出所：Mankiw, N Gregoly (2004) *Principles of Economics*, Third Edition, 邦訳 p.368 を参考に筆者作成.

表 4-5 の左側の表で生産量は産出される財の量を示す。FC は固定費用（Fixed Cost）を示す。VC は可変費用（Variable Cost）を示す。TC は総費用（Total Cost）を示し FC ＋ VC である。AFC は平均固定費用（Average Fixed Cost）を示し、FC ÷ 数量である。AVC は平均可変費用（Average Variable Cost）を示し VC ÷ 数量を表す。ATC は平均総費用（Average Total Cost）を表し TC ÷ 生産量を表す。MC は限界費用（Marginal Cost）を表しており、これは生産量が 1 単位変化したときの TC の変化量である。例えば生産量が 1 の時の TC は 330 であり、2 の時のそれは 380 である。よって生産量を 1 からに 2 へ変化させたときの TC の変化は 50（＝ 380 － 330）となる。

この表の AFC, AVC, ATC, MC をグラフとして表したのが図表 4-5 の右にあるグラフである。このグラフでは $p$ 150 の値で横に線が引かれているが、これは 1 個当たりの販売価格を表している。よって ATC と $p$ との差が利益（損失）を表している。

このように可変費用が変化することによってある生産量までは ATC は（この図の場合 5 生産量までは）減少していくが、ある生産量を以上になると（この図の場合 6 以上では）増加していき、さらにある生産量では（この図の場合

10 以上では）販売価格 p を上回ってしまう。ATC が p を超えている生産量では、生産活動は赤字となる。この図の場合 3 と 10 の間で黒字であり、利益の最大化点は p と MC の交点となる。

## 6. 市場での販売価格が変化する場合

　まず、生産販売した財の市場価格が一定の場合について考える。図表 4-5 のグラフの縦線は価格を表している。いま市場価格 p はここでは 150 で一定として考えると、p が 150 の横線となる。よって、この横線と p と ATC の差が 1 個当たりの損益を表している。ちなみに生産量が増えるにしたがって可変費用が増える時のこの可変費用の増え方、つまり生産量を 1 個増減させたときの費用の変化を限界費用（MC）といい、この図では生産量の増加とともに増えている場合を示している。

　この図が示していることは MC と p の交点で利益が最大化する。さらに生産量がある一定量よりも少なすぎても多すぎても利益は出ない。これは図中に「損益分岐点（下限）」「損益分岐点（上限）」として表記されている。この下限より左と上限より右の生産量では利益が出ず、よってその生産販売量になると企業は倒産するか撤退することになる。

　ではここに市場での販売価格が変化する場合を考えてみよう。例えば他の企業が参入してきて市場での販売量が増加し市場価格が減少するとどうなるだろうか。供給量の増加を需要量が受け入れるには、図表 4-1（p.33）の（b）需要線に沿って 1 個当たりの販売価格が減少するので、図表 4-5「費用便益モデル」の横線 p が下の方へ移動していくことになる。そして、利益の最大化点である MC と p の交点も p が下がるにしたがって左下へ下がっていく。やがて ATC の最低値まで下がるとこの企業では生産から利益を得ることはできなくなる。そこでは ATC の最低点で p と MC が交わることになる。さらに価格が低下するとその企業は赤字となりその製品生産から撤退する。

　これは市場で競争している製品を生産する企業は、販売価格の引き下げ競争によってすべての企業はみな利益がゼロにまで下がっていくことを示す。よって市場競争では経済成長は実現できないことを示している。しかし実際の資本

主義経済では経済の成長は実現してきた。現実とモデルの乖離はなぜ起こるのか。このことへ有力な解答を示したのがシュンペーターのイノベーション仮説である。シュンペーターは企業が生産要素の組合せを変化させることで利益のでる新しい経済活動へと社会的変革を起こすというのだ。彼はイノベーションを生産要素の新結合と呼び、それは従来の生活を一変し社会の仕組みを根本から変えてしまう創造的破壊を伴う変革を生み出すと考えた。イノベーションを技術革新と訳す書物が多いが、社会変化を伴うものなのである。事例としてスマートフォンを考えてみるとわかるだろう。2010年頃から急激に普及したスマートフォンは単なる技術革新ではなく人々の生活の在り方を一変し、通信から金融、写真から動画配信など社会制度の在り方を変革してしまったよい例である。イノベーションについては第13章で考察する。

　ここまで収穫逓減の法則の下での利益と企業行動についての研究を紹介してきた。収穫逓減は可変費用が上昇することによって起こる。よって経営学ではこの可変費用を上昇させない研究がおこなわれてきた。第6章でこれを経営分析に使ってみる。

## 7. 可変費用を変化させないためには

　図表4-5のような費用便益モデルの図をつかって、利潤をさらに増やす方法がないかどうか検討することができる。それは上昇していくAVCの線を横に平たくしていくことである。これはVCを一定にすることであり、人間労働を均質化させること、だれがやっても同じ時間で同じ結果がでるように人間労働を機械のように一定の動きとして訓練することである。

　その最も効果的方法が図面の作成である、テイラーが示した「科学的管理法」でありウェーバーが示した人間労働のマニュアル化である。さらに単純化された人間労働の機械への置き換えであり、今日ではデジタル化によるコンピュータ処理による生産である。「科学的管理法」や官僚制組織については第6章で考察する。

　生産性を高める理論としては、費用便益モデルと同時にもう一つ分業論から発生した比較優位論がある。生産力の増大、生産性については費用便益モデル

と比較優位モデルの二つを理解しておく必要がある。よって第5章では「科学的管理法」や官僚制組織を考察する前に、比較優位論についてまず考察しておこう。

# 第5章　比較優位論と生産性

　本章では、投入する生産要素の数量を増やすときに発生する収穫逓減の法則とは別に、分業そのものが生産性に影響を与えるプラスの効果とマイナスの効果を比較優位論で検討する。

　まず比較優位論とはなにか、それが生産性にどのように影響を与えるか解説する。すでにみたアダム・スミスの分業論は、後にデヴィッド・リカード（Ricard, David）によって理論的に発展させられた。リカードはスミスの『国富論』を読み、1817年『経済学および課税の原理』で自由貿易の効率性を主張した。「比較優位論（comparative advantage）」は、国家間での分業によってどちらの国も生産性を高めることを証明している。この理論は、その後200年以上たった今日においても自由貿易が生産性を高める根拠として使われており、TPP（Trans-Pacific Partnership Agreement）やFTA（Free Trade Agreement）の理論的根拠となっている。さらに、この理論が適用できるのは国家貿易に限ったものではなく、地域、企業、個人などあらゆる分業で使える理論であり、経済学でも、後に経営学でも中心的理論となっていく。この比較優位論を簡潔に理解しておこう。

## 1．比較優位論

　前章で、収穫逓減の法則における一財生産に対する生産要素の能力が生産性に与える影響について考察し、それは生産要素の能力の差異が生産性を低下させるものであった。

　比較優位論では、複数の財に対する生産要素の能力の差異が生産性に与える影響について考察する。そこでは生産要素の能力の差異が生産性を高めること

ができることを理解する。

　では比較優位論を理解するために簡単な事例を使って解説する。

　二人でも二企業でも二国家でも同じことだが、ここでは能力の差がある二人の労働者がそれぞれ異なった能力をもって二つの財を生産する例で考察する。

　生産する財をハンバーガーとピザとする。二人の労働者をAとBとする。Aはハンバーガーだと1日8時間で24個、ピザだと32枚も作れるとする。Aはハンバーガー作りよりもピザ作りの方が得意で8枚ほど多く作れるということだ。一方Bはハンバーガーだと16個でピザだと12枚作れる。逆にBはハンバーガー作りの方が得意で4個ほど多く作ることができるということになる。これを表にまとめると図表5-1となり、右が各自が各財の生産に8時間かけたときに生産できる量であり、左が1時間かけたときに生産できる量である。Aはハンバーガー生産に8時間費やしたら24個生産でき、その時ピザの生産量は0枚である。Aがハンバーガー作りに7時間費やすと21個生産でき、その時ピザには1時間費やすことができるからピザの生産量は4枚である。さらにハンバーガー生産に6時間かけると18個でピザ生産には2時間費やせるのでピザは8枚生産できるということになる。Bについても同様に考えることができる。

　これを表にすると図表5-2となる。この図表5-2をグラフに表すと図表5-3となる。ここでAにハンバーガー17個とピザ13枚の注文が、一方Bにはハンバーガー9個とピザ7枚注文が来たとしよう。この注文数はAもBも生産不可能領域にあたる。つまりそれぞれは注文数を作り切れない。注文に生産力が追い付かないのである。

図表5-1　2生産要素2財の能力表

| | 1時間で生産できる量 | | 8時間で生産できる量 | |
|---|---|---|---|---|
| | ハンバーガー | ピザ | ハンバーガー | ピザ |
| A | 3 | 4 | 24 | 32 |
| B | 2 | 1.5 | 16 | 12 |

第 5 章　比較優位論と生産性

図表 5-2　A と B の生産時間と生産量の組み合せ表

| A の生産時間と生産量 ||
|---|---|
| ハンバーガー | ピザ |
| 1 時間に 3 個 | 1 時間に 4 枚 |
| 0 時間（　 0 個） | 8 時間（3 2 枚） |
| 1 時間（　 3 個） | 7 時間（2 8 枚） |
| 2 時間（　 6 個） | 6 時間（2 4 枚） |
| 3 時間（　 9 個） | 5 時間（2 0 枚） |
| 4 時間（1 2 個） | 4 時間（1 6 枚） |
| 5 時間（1 5 個） | 3 時間（1 2 枚） |
| 6 時間（1 8 個） | 2 時間（　 8 枚） |
| 7 時間（2 1 個） | 1 時間（　 4 枚） |
| 8 時間（2 4 個） | 0 時間（　 0 枚） |

| B の生産時間と生産量 ||
|---|---|
| ハンバーガー | ピザ |
| 1 時間に 3 個 | 1 時間に 4 枚 |
| 0 時間（　 0 個） | 8 時間（1 2 枚） |
| 1 時間（　 2 個） | 7 時間（10.5 枚） |
| 2 時間（　 4 個） | 6 時間（　 9 枚） |
| 3 時間（　 6 個） | 5 時間（7.5 枚） |
| 4 時間（　 8 個） | 4 時間（　 6 枚） |
| 5 時間（1 0 個） | 3 時間（4.5 枚） |
| 6 時間（1 2 個） | 2 時間（　 3 枚） |
| 7 時間（1 4 個） | 1 時間（1.5 枚） |
| 8 時間（1 6 個） | 0 時間（　 0 枚） |

出所：筆者作成

図表 5-3　A と B の生産可能性フロンティア

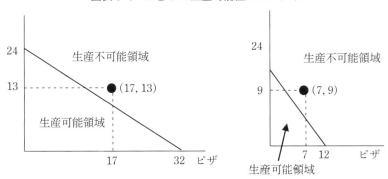

「生産可能領域」と「生産不可能領域」の境を「生産可能性フロンティア」という．
●は注文数の組み合わせ．
出所：Mankiw, N Gregoly (2004) *Principles of Economics*, Third Edition, 邦訳 p.73 を参考に筆者作成．

　しかしここで A と B が協力するとこの生産量を実現できる。例えば、A が 8 時間のうち 2 時間をハンバーガー作りに費やすとハンバーガーを 6 個作れ、また 6 時間をピザ作りに費やすとピザを 24 枚作れる。一方 B は 8 時間すべてをハンバーガー作りに費やしハンバーガーを 16 個（よってピザは 0 枚）作る

ことが生産可能だ。それぞれ表を見て実現可能な数字であることを確認してほしい。この生産量の合計は、ハンバーガー 22 個とピザ 24 枚となる。よって二人が協力して生産し交換すれば、8 時間で A はハンバーガー 13 個とピザ 17 枚を、B はハンバーガー 9 個とピザ 7 枚を作ることができるのである。

　この仕組みは、それぞれがハンバーガーとピザの生産量を比較してより多く作れる生産に集中すると実現できることを示している。この集中するということを「特化」という。比較して優位な生産に特化すれば、個別に生産するよりも生産性が増大するということだ。よってこれを「比較優位論」という。比較優位論は分業が生産性を増大させる理論的根拠だが、その応用が企業間での分業、国家間での貿易を推し進めることが社会全体で生産力が増大することの理論的根拠ともなっていて、今日の社会秩序や国際貿易の制度設計に応用されている。

　さて、この理屈が理解できたら結論はもうわかりやすい。8 時間では、A はハンバーガー 13 個とピザ 17 枚は生産不可能だということがわかる。同様に、8 時間では、B はハンバーガー 9 個とピザ 7 枚は生産不可能だということもわかる。図の●点で表した生産の組み合わせだ。生産可能性フロンティアを超えてしまっている。しかし、もし A と B が得意なものをより多く作って、必要な分を交換し合うとしたら、両者とも生産不可能エリアの生産量を実現できる。両者は各自の生産性を高めてはいないが、協力することで組織的に生産性を高めることができることを示している。

## 2．社会的分業と工程間分業の社会的意義

　さて、分業によって生産を特化するとその生産から生まれた材を交換する仕組みも必要となる。それを市場での売買によって交換することを社会的分業といい、企業内で生産工程を分割することを工程間分業という。

　この分業によって生産性を増大させるには、比較優位論が示すように得意な仕事に「特化」することが必要だが、より重要なことは、比較優位だということだ。もう一度 A と B の生産可能性フロンティアをみてほしい。A はハンバーガーよりもピザ作りが得意だが、実はハンバーガーもピザも B より生産量は

多い。8時間でAはハンバーガー24であるのに対し、Bは16。ピザではAが32であるのに対してBは12である。よってAはハンバーガーとピザのどちらもBより数字としては優位だ。

生産者間を比較してどちらが優位かを絶対数で示すことを絶対優位という。これに対し比較優位は、生産者自身としてどちらが優位かを比較したものだ。よってAはBよりハンバーガーもピザも絶対優位であり、Bはその逆の絶対劣位（ぜったいれつい＝絶対優位の逆）にある。これはいったい何を意味しているだろうか？

例えば、君は英語が得意で数学が不得意だったとしよう。もし学校で君の友達が、どちらも君より劣っているが、その友達は君とは逆に英語が不得意で数学が得意だったとしよう。そうならば、君はその友達と仲良くして、英語と数学を比較優位で分業した方が宿題をこなす量は増える、つまり比較優位によって生産性が良くなるということだ。このことは国家にも民族にもあらゆることに応用できる。得意不得意があれば、その絶対数がどうであろうと、仲良くして協力した方が生産性は高まるということ、つまり豊かになれるということだ。

今回の理論では二人が二財を作ることを考察した。実際の社会では何十億という人がいて、それぞれ特徴をもっている。また数えきれないほどの種類の仕事がある。もし、国や人種、性別の間で争っていたら人類は豊かになれないということだ。つまり、戦争や差別、いじめ、排除などで対立したら、お互いが損をするということだ。これは世界平和が何故物質的豊かさを保証できるのかという理論でもあり、またいじめがいじめる側にも不利益をもたらすことを示している。いじめ撲滅の理論的根拠でもある。もちろん職業差別も人類の損となる。つまり「比較優位論」とは優劣を測り比べる理論なのではないということ、人それぞれの得意を生かす理論であるということ、一人ひとりの特徴を尊重しあい、障がいがあっても能力に差があっても、その特徴を生かし、協力し合うことでお互いが豊かになれるということを、理論的に示しているということなのである。

収穫逓減の法則では、多種多様な能力が生産性を低下させていった。これは

ある生産において全員が均一な能力を必要とする労働の場合は、労働者の能力が不均一であると収穫逓減の法則によって収益が影響を受けるので、対策として労働能力が均一となるような仕組みが効果的であり、人間能力の統制が必要となる。例えば工場などで行われているような、分業で単純化された均一な作業によって大量に生産する方式がそれにあたる。

　一方、全員が異なる様々な能力をもっていた方がより生産力が高まる場合がある。それは新製品や新しいサービス開発など、答えがあらかじめ決まっておらずどのような労働能力が必要とされるのかわからないような場合、様々なアイデアがそれぞれのアイデアを補い、まだ考えられたことのなかった製品を生み出していくような場合である。

## 3.　分業から生産性へ

　当初、経営学は生産性（Productivity）を高めるための方法を中心に、生産性の増減の内部メカニズムに焦点を絞って研究が発展してきたといってもよいだろう。経済学は、生産性の増減が社会全体にどのような影響を及ぼすかを主に扱って発展してきた。よって経営学と経済学は別々に発展してきたが、生産性と利潤のところでは、同じ課題を別の角度から研究している。そこで本節ではまず、経営学よりも200年も歴史が古い経済学で、生産性はどのように扱われているか検討し、次に経営学での研究をみてみよう。前節までは比較優位論で分業が生産性を高めるメカニズムを考察したが、次に比較優位論を使えない場合、どのように生産性を高めたらよいかを考察する。

　比較優位論が使えない場合とはどのような時かというと、たとえばコンビニエンスストアの店舗内での仕事を考えてみる。レジでの精算業務、陳列棚の整理と棚入れ作業、床掃除や窓吹きなど様々な仕事があるが、様々な仕事を分業し、仕事の数だけ人を雇うとかなりの人数が必要となり人件費が増加してしまう。限られた人数で行う場合、一人が複数か全部の仕事をこなせる方が費用対効果が高い。また、自動車企業の自動車組立工場でも、様々な車種へ様々なシートを取り付けるために非常に多くの作業の組み合わせが必要となるが、分業の数だけ社員を雇用するというのは、雇う側にとっても雇われる側にとって

も非現実的である。そこで一定の人数で得手不得手関係なく様々な仕事をこなさなければならない場合は、どのように生産性を高めたらよいかという問題が浮上する。

　国や産業では、たとえば自動車を作る企業、食糧生産をする企業、テレビを作る企業など、社会的分業で比較優位論の効果がみられるが、一つの企業内の様々な仕事を、限られた人数でこなさなければならない場合、細かく分業し、それに十分な人数を雇うというのは非現実的なので、比較優位効果があまり期待できない。また、あまり細かく分業できないが大量生産をするために同じ仕事を多人数でおこなったりしなければならない場合も同様である。さらに変化の激しい今日、イノベーションや社会変化により当初の職種はなくなり別の仕事に置き換わるということはよくあるが、その都度、従業員を解雇するわけにはいかないだろう。今までとは異なる仕事を、今までの従業員で取り組むとなると、得手不得手で分業するという比較優位論が適用できない場合のために別の方法が必要となる。

## 4.　分業による組織の大規模化と収穫逓減

　一般論として「資源は有限」だとする主張を否定する人はないだろう。問題は「有限」というときの数だ。人類が海水を必要とする以上に、海には海水が豊富にある。これは宇宙規模からみれば有限だが、人類の必要からみれば「無限」とも考えられる。同様に、社員を採用したいある企業からみて、世界中に求職者は無限のようにいるが、わが社が求める能力をもった人となると、かなり有限となるだろう。もしそれが特殊な技術を必要とするのだったらどうだろう。君のまわりに次のような能力をもった人はどのくらいいるだろうか？「数ミクロン単位でカンナをかけられる大工」「日本刀を作れる鍛冶屋」「店を出せば行列ができるシェフ」「株式予想をする AI をつくれるプログラマー」。こんな匠が友人にいる学生はゼロに近いだろう。特定の能力をもった人は「有限」であり希少であることが多い。しかし企業はこの「有限」な人材を多く必要とする場合がある。

　比較優位論でみてきたように工程を分割し専門化すると、その作業に熟知し

図表 5-4　工程分割と生産数

| No. | 工程1 | 工程2 | 工程3 | 工程4 | 工程5 | 工程6 | 人数 | 分業数 | 生産量 | 平均＝生産量/人 |
|---|---|---|---|---|---|---|---|---|---|---|
| 1 | 1人 | | | | | | 1人 | 1 | 1個 | 1個 |
| 2 | 1人 | | | 1人 | | | 2人 | 2 | 20個 | 10個 |
| 3 | 1人 | | 1人 | | 1人 | | 3人 | 3 | 60個 | 20個 |
| 4 | 1人 | 1人 | 1人 | 1人 | 1人 | 1人 | 6人 | 6 | 180個 | 30個 |
| 5 | 2人 | 2人 | 2人 | 2人 | 2人 | 2人 | 12人 | 6 | 300個 | 25個 |
| 6 | 3人 | 3人 | 3人 | 3人 | 3人 | 3人 | 18人 | 6 | 360個 | 20個 |

1個当たりの人件費

| No. | 人数 | 人件費 一人10万円 | 生産量 | 平均人件費 人件費÷生産量 |
|---|---|---|---|---|
| 1 | 1人 | 10万円 | 1個 | 100,000円 |
| 2 | 2人 | 20万円 | 20個 | 10,000円 |
| 3 | 3人 | 30万円 | 60個 | 5,000円 |
| 4 | 6人 | 60万円 | 180個 | 3,333円 |
| 5 | 12人 | 120万円 | 300個 | 4,000円 |
| 6 | 18人 | 180万円 | 360個 | 5,000円 |

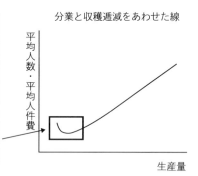

出所：筆者作成

　た熟練職人である匠が生まれて生産性は高まる。しかし工程がもうこれ以上細分化できないほどに分割されると、それ以上の生産量の増加は、各工程で熟練を必要とする同じ作業をする人数を増やすことで実現せざるをないことになる。そうすると、そこでは収穫逓減の法則が現れることになる。以上をまとめたものが図表 5-4 である。

　図表 5-4 では No.1 行目から 4 行目までが比較優位効果を表している。そこでは、分業の専門性の効果と比較優位の効果によって一人当たりの生産性が飛躍的に増加している場合を表している。工程が分割されずにすべてを一人が行うとすると、スミスのピン工場のように1日1個しかできないだろう。だが工程を2分割すると1工程当たりの生産量が10倍に、つまり一人当たりの生

第 5 章　比較優位論と生産性

産量が 10 倍になったわけである。さらに 3 分割すると 1 工程当たりの生産量
が 20 倍、4 分割すると 1 工程当たりの生産量が 30 倍に増える場合を表してい
る。ここまでが分業による専門性と比較優位の効果を表している。

　次に No.5 から 6 は、工程が分割できないほど細分化されてしまった場合を
表している。その場合生産量を増やそうとすると、各工程では熟練職人の専門
性が必要とされているため、収穫逓減の法則が影響して一人当たりの生産量が
減少する。No.5 は 1 工程当たりを 2 人へと増やし生産量を 300 個に増やした
場合であり、25 個 /1 人となる。No.6 は 1 工程当たりを 3 人へと増やしたこと
で、20 個 /1 人へと減少し、生産量を 360 個に増やせるとしている。

　以上は専門性と比較優位の性質、収穫逓減の性質をそれぞれ数字で表した架
空の思考実験だ。そこでの 1 個当たりの人件費を計算すると下表の「1 個当た
りの人件費」となる。それをグラフに著したのが「分業と収穫逓減を合わせた
線」となる。その線は生産量の増加のために工程分割が可能である場合は生産
費用を削減できる。これを「規模の経済」効果という。もし生産量の増加に
よって工程分割が可能ではない場合は、生産費用の増加となる。これを「規模
の不経済」という。ある財・サービスの生産において「規模の経済」と「規模
の不経済」を分ける基準は、その生産に必要な工程の分割可能性と、各工程に
必要とされる専門性、熟練度とそれに必要な人数に依存するのである。

　以上は、比較優位と収穫逓減の法則が生産性に与える影響を理解しやすくす
るために、間接部門の肥大化については省略している。実際には、組織の大規
模化に伴って指示系統である管理職部分と、人事部や財務部等の間接部門の人
員が増大していく。

# 第6章　生産性と作業の合理化、集団の管理

## 1. 希少性をなくそうとする努力

　前章まで、産業組織論の費用便益モデルが示す可変費用の上昇は、投入要素の希少性によって発生することをみてきた。生産要素としての労働力が希少性を示すのは、その熟練労働能力の希少性に起因する。生産要素は主に労働力と生産設備の二つがあるが、生産設備もその部品も労働力によって生産されると考えると、とどの詰まり生産要素は労働力に還元されるので、生産要素の希少性は労働力の希少性に起因する。逆に言えば、労働力の希少性がなくなれば可変費用は上昇せず、よって限界費用の傾きはゼロとなる。この効果を費用便益モデル（図表4-5）に書き込んで図表6-1「労働力における希少性の減少による限界費用」に示す。

　この図を見ればわかるように、もし労働力の希少性が減少していけば $AVC_2$ と $MC_2$ はフラットへと近づき、$ATC_2$ も AFC の傾きに近づいていく。これが意味していることは、希少性が減少すれば、$ATC_2$ は $p$ を上回らなくなり損益分岐点（上限）が無限大に近づいていくということだ。つまり生産すればするほど利益は増大していくことになる。生産費用が固定費用だけで構成されており、生産量が増えるにつれて、より多くの生産物が固定費用を分担し合う効果を拡散効果（spread effect）という（Krugman and Wells, 2013, p.427）。

## 2. 科学的管理法

　限界費用が増加するのは可変費用が増加するからである。可変費用の主なものは人に対する賃金、人件費であり、それが増加するのは収穫逓減の法則が働

図表 6-1　労働力における希少性の減少による限界費用

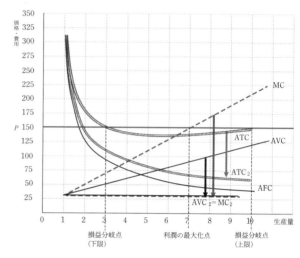

出所：筆者作成

いているからであることはすでに見てきた。よって労働の生産性を上昇させないためには労働の均一化が必要となる。これを解決したのはフレデリック・W・テイラー（Taylor, Frederick Winslow, 1856-1915）である。彼は機械技師から経営コンサルタントに転身した人だ。

　当時のアメリカで経営者が抱えていた最大の問題は、労使対立であった。テイラーは労使対立の原因は、使用者である経営者が労働生産性を測る基準を作れないことにあり、一方、労働者は生産量の増加に対して経営者が賃金を切り下げようとしていることに不信をもっているからだと考えた。彼は生産量を増やすために投入する人件費の生産性を一定にすることで、この相互不信を解消できるのではないかと考えた。そのために経営者と労働者から独立した客観的な賃金基準の測定方法を提唱し、彼はそれを「科学的管理法」と名付けた。

　科学的管理法の発明過程を見てみよう。当時の企

F・W・テイラー

業は今日の企業と違って、多くは内部請負制度という雇用形態であった（中川，1993, p.32）。内部請負制度とは、特定の生産活動を親方と呼ばれる熟練労働者に発注し、親方は、弟子やアルバイトを雇い経営者の工場内で請け負った注文を生産するという形態であった。よってどのような生産活動をするかは、親方が決め、経営者は口出しできない。このような親方による恣意的な管理は成行（なりゆき）管理（Drifting Management）となっており、これでは生産性は親方の心情に左右されることになる（西本，2006, p.47）。

経営者にとっては、この生産した製品のために親方へ支払う発注費用は、次工程へのコスト（費用）となるため、完成品のコストを下げるには、親方への発注料金を下げるか、同じ金額でより多くを生産してもらうかしかない。そこで経営者はいろいろと理由をつけて人件費を下げるか、同じ人件費でもより多くを生産させようとした。

例えば一定時間内で生産できる量を増やし、弟子やアルバイトの時給が一定ならば、今まで支払う人件費で生産量は増せるはずだと主張する。つまり1個当たりの単価を安くできるはずだということだ。一方、人件費を増やしたい親方は、生産量を増やすなら人件費も増やしてほしいと反論する。生産量を増やしたいなら弟子とアルバイトを増やさなければならないというわけだ。

ところが、弟子やアルバイトの熟練が進むと一定時間で生産できる量が増えていき、それほど労働者を増やさなくてもよくなる。そうなると経営者は、同じ人件費で生産量を増やせるだろうと要求してくる。このような駆け引きが続き、やがて労働者が熟練してもみんなで示し合わせてサボるようにすることで、人件費に対し生産増加をさせないようにし始めた。経営者が見回りに来たときは一生懸命働くが、いなくなるとサボるという調子で、それもみんなで決めごとを作ってサボる。サボらない奴は仲間外れにして圧力をかけるということを行っていた。これをテイラーは「組織的怠業」と呼んだ。

テイラーが提唱した「科学的管理」は、この親方支配をなくし、恣意的な管理方法に代わって人を課業（タスク：task）という仕事で管理することであった。タスクによる管理とは「公平な一日の作業量（a fair day's work）」を決定する管理方法である（西本，2006, p.47）。成行管理から課業（タスク）管理へ

変えることで労働者にとっても経営者にとっても、誰から見ても客観的で明瞭な作業量を確定し、それを実現する標準的な時間と動作を設定したのである。タスクとは具体的には、ストップウォッチで時間を管理して生産させる等の方法である。また同時に生産量が増加したら増加分に応じて賃金も増やすとし、労使双方に生産量の増加のインセンティブが渡るようにした。

このようにすることでテイラーは労働者にとっても経営者にとっても良い結果になると主張した。しかしこれに抵抗したのは親方である。職場での労働内容の決定権を奪われることを危惧した親方たちの組織である全米労働組合が、ストップウォッチで労働を解析するなど「人間を機械のように扱う」としてテイラーを裁判所に訴えた。しかしテイラーの主張は全米に知れ渡り多くの経営者が「科学的管理法」を採用するようになり、内部請負制度は消滅していく。

今でも工場における生産ラインの労働の基本は、この「科学的管理法」である。もう少し具体的に詳しくみるとテイラーは「一流労働者」の作業方法を「唯一最善の方法（one best way)」とする。この一流とは、「人並外れた労働能力」というのではなく、作業に対する「適正と意欲」を兼ね備えた労働者を意味している。労働者の適性に合った仕事を見出し、彼らが一流の労働者になるよう動機づけ支援することを管理者の職務とした。また「作業のペースについては必ず、適任者が何年もそのペースで仕事を続けても、体を壊さず、より大きな幸せと豊かさを手にできるように決めなくてはいけない。科学的管理法とはまさに、このような作業プランを立てて実行するためにある」（Taylor, 1911, 有賀裕子, 邦訳, p.48）としている。このように設定された作業量と作業動作を「課業（task)」とし、ストップウォッチを用いた厳密な「時間研究」によってマニュアル化していった。その様子を図表6-2「テイラーの時間研究」に示す。

テイラーの「科学的管理法」は単なる作業分析とそのマニュアル化による「課業管理」にとどまらない。この分析とマニュアル作りを経営者でもなく労働者でもない第三者がどちらの利害にもくみせず、客観的な時間基準で最も効率的に管理を行う「計画部」の設立によって実施を担保しようとした。「計画機能と執行機能を明確に分離する」ことがその特徴である（日本経営協会,

## 第 6 章　生産性と作業の合理化、集団の管理

図表 6-2　テイラーの時間研究

出所：Taylor, F.W. (1911), 上野陽一［訳編］. 上は「時計本」164 頁, 下は「時間研究用紙」165 頁.

2015, p.131)。テイラーは親方のように一人の職長が多数の労働者に対し指示・命令を出す従来の「万能的職長制度」に代えて、課業の専門家としての「職能的職長制度」を提唱した。

このテイラーの科学的管理には、「構想と執行を分離」し、労働から人間性や喜びを奪い、人間を機械のように扱う原点となったという批判から、その後の近代的労務管理の礎を築いたという賞賛まで、様々な研究による様々な見解がある。テイラーの「科学的管理法」は精神革命を意味するという研究もある。以下に引用しよう。

図表 6-3　テイラーの科学的管理法を紹介する日本の新聞

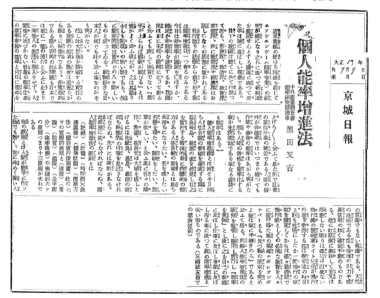

出所：黒田又吉「個人能率増進法」『京城日報』（大正 13 年 9 月 9 日）．提供：神戸大学付属図書館, 神戸大学新聞記事文庫　文化　第 2 巻　記事番号 34　京城日報 1024.09.09（大正 13）https://hdl.handle.net/20.500.14094/0100286973（アクセス日 2024 年 11 月 19 日）

　テイラーによれば、科学的管理は単なる能率向上の仕組みではなく、その本質は労使双方の精神革命を意味していたのである。「科学的管理の原理」として①真の科学の発展、②労働者の科学的選択、③労働者の科学的教育と啓発、④経営者と労働者の間の親密・友好的協力、があげられる。
　テイラーの思想の根底には次の三つの価値理念が存在している。第一は「労使協調」に基づき「高賃金・低労務費」を同時に実現することである。第二は「科学主義」に基づき、徹底した分析と再構成により 'One Best Way' を追求することである。第三は「業績主義」に基づき、個人の努力や成果に対して報酬を与えることである（日本経営協会, 2015, pp.132-133）。
　テイラーの主な文献には次のようなものがある。『出来高払い制私案』(1895)、『Shop Management（工場管理）』(1903)、『科学的管理法の原理』(1911)。また、日本でも新聞でテイラーが紹介され（「京城日報」(図表 6-3,

巻末・資料2に全文掲載)、日本の工場生産にも影響を与えたことが窺える(当時の日本での捉え方に興味のある人は読んでみてください)。

今日ではテイラーの「科学的管理法」の限界も指摘されている。主に三つに要約すると、一つめは作業自体を分析対象としており経営管理全般にわたって体系化された分析にはなっていないこと。これは後にみるファヨール(1916)『産業並びに一般の管理』の方が優れていた。二つめは単純労働の効率化に限定されているという点である。複雑な作業や知的作業、創造的作業は対象としていない点である。三つめは、テイラーの方法は「分解・分析の理論」であり、人々を組織として統合する「統合化・システム化」が希薄である点である(日本経営協会, 2015, p.133)。

## 3. フォード・システム

テイラーと同じ1900年頃、テイラーの科学的管理をさらに全社的システムへと発展させた経営者が現れた。ヘンリー・フォード(Ford, Henry, 1863-1947)である。彼は1903年にフォード自動車会社を設立し、1906年社長に就任後、大量生産を志向して1910年ベルトコンベア・システムを導入した初めての生産方式を実現した。

フォードは農家に生まれ、幼少期に当時農家の重要な動力源であった馬の世話をきらう一方、懐中時計の分解など機械いじりに興味を示していた。農家を継がず発明家エジソンの会社に入社して技術者となった後、レーシングカー作りに熱中する。

その当時、カール・ベンツが自動車を発明していたが、自動車は富裕層にしか手に入らない高価なものだった。フォードは馬に代わる乗り物として自動車に興味があり、機械いじりの素養を生かして自動車レースで優勝する。それをきっかけに自動車会社フォード・モーターを立ち上げた。フォードは出資者たちの反対を押し切って、富裕層向けではなく大衆向けの安価な自動車開発に熱中し、最終的には生

H・フォード

産工程で費用を安くする必要性に行き着いた。

フォードの生産方式の特徴は、標準化された個々の作業をベルト・コンベアによって連結した点にある。しかし、このベルト・コンベア方式による生産は、テイラー・システムの単なる連結を目的とする以上に多くの意味をもつ。

フォード工場の様子
出所：Rykoff Collection (1920s) "Postcard of Ford Motor Company's River Rouge Plant" より．

フォードによると「私の理解する標準化とは、一つの良く売れる製品を作ることでもなく、それに集中することでもない。それは、大衆に最も適した製品は何か、そして、それをいかにして生産するか、そのために計画を真剣に慎重に練ることである。その標準化された生産方式は、その過程で自然と開発されるものだ」(Ford, 1922, p.75) という。このように、フォードにとって標準化とは、作業そのものを闇雲に標準化することではない。標準化とは、目的を達成するための最良の手法を確立することを意味する。さらに彼は「今日の標準は改善に対しての障害になるものではなく、明日の（将来の）発展の基礎となる必要な素地なのだ」という。「標準を制約として考えるならば進歩は停止してしまう」(Ford, 1922, pp.414-419) と考え、日々標準を改善し、徹底したコストダウンを実行していく。

フォードが想定していた市場と目的とした製品はそれを購入する消費者が、「常に支払う金に見合うものが何であるかについて敏感」である市場であり、大衆消費財として自動車を求める市場であった。

フォードの生産工場での作業を①単一製品の量産、②工場の専門化、③部品の互換性、④製造の正確性、⑤専用機械の使用とし、移動式組立方式は、①最少の移動距離から②滑走台による部品の運搬、そして③ベルト・コンベアの使用へと結実した。このように作業の細分化と標準化、ベルト・コンベアによる

第 6 章　生産性と作業の合理化、集団の管理

図表 6-4　テイラー・システムとフォード・システムの比較

| | テーラー・システム | フォード・システム |
|---|---|---|
| 共通点 | ・無技能な不熟練労働。<br>・労働力は互換可能なので，労働者はパワーを持たない。<br>・労働者は製品の一部にしか関与しないので，疎外感が持たされ，労働者の満足度が低い。<br>・労働者の作業を単純動作に分解し，合理的でムダのない規格化＝マニュアル化する。 | |
| 相異点 | ・小規模工場の少量生産。<br>・人間が主役であり，一度分解した単純動作を「合理的な労働」に再合成し，それを規格化し，標準労働とする。<br>・職能的職長制度に基づき，課業管理システムにおける個々の課業の確定を問題にした。<br>・労働者個々の出来高賃金や報奨制度が労働能率維持に有効である。 | ・大規模工場での大量生産。<br>・機械が主役であり，単純作業に分散した動作を担当させた労働者をコンベアで結合する。<br>・ライン・アンド・スタッフ組織を基礎とした生産ライン管理システムにおける連続作業工程が中心である。<br>・コンベア組み立て工程なので，個々の労働者の能率測定ではなく，集団出来高報奨制度である。 |

出所：趙偉（2005）「作業組織論と作業組織の変遷」，岸田民樹［編］（2005）『現代経営組織論』有斐閣，p.100 より．

流れ作業へと行き着き、その生産方式は、今日の自動車工場をはじめとした様々な製造業の流れ作業の基礎となっている。フォードは、製品を安く作る方法を追求し、当時発売していた 8 車種（A、B、C、F、N、R、S、K 型）を T 型という 1 車種だけにし、標準作業の徹底を追求したが、その作業は単調で高速であったため多くの労働者が欠勤するようになった。そこでフォードは他の一般的工場労働者よりも高額の給料を提示して、欠勤や退職を防ごうとした。その高額な賃金は、T 型車が購入できるほどの所得だったという。よって雇用した多くの労働者が T 型車を購入し、その売り上げからさらに賃金を上げることができるようになった。このように単純労働とベルト・コンベアによる流れ作業によって賃金の上昇、消費財の購入、さらに賃金の上昇という循環を作り出した。これによって単なる自動車の生産方式を超えて、労働者の所得を増やすことで労働者の消費額を増やして安価な大量生産品の販売拡大を実現し、それがさらに労働者の所得を増やすという経済システムの実現へとつながった。フォードのこの生産方式と大衆消費財の販売量と売上を拡大するという考え方は、フォーディズムといわれるようになる。

テイラーの科学的管理法とフォード生産方式を比較すると図表 6-4 のようになる（趙, 2005）。テイラーの科学的管理法は欧米のみならず、当時の日本へも普及し始めた。

## 4. ファヨール

テイラーの科学的管理やフォードの大量生産システムが登場するよりも半世紀ほど前には、効率的な集団の管理が発表されていた。その代表的研究がファヨールとウェーバーである。これらを見ることで集団を体系的に管理する発想が広まり始めたことを見てみよう。

経営全般に関する管理原則を体系化しようとしたのは、フランスの鉱山技師アンリ・ファヨール（Fayol, Henri, 1841-1925）である。ファヨールはテイラーと同時代に活躍したのだが、彼の文献は当初フランス語で書かれたためアメリカではほとんど知られていなかった（井原, 2008, p.107）。ファヨールは管理を遂行する能力は、技術的能力と同様、学校において習得可能であると考え、その理論の確立を目指し『産業並びに一般の管理』(1916) を著し、企業に不可欠な活動要素として以下の六つを示した（岸田・田中, 2009, pp.29-55）。

H・ファヨール

① 技術活動（生産、製造、加工）
② 商業活動（購買、販売、交換）
③ 財務活動（資本の調達とその最適運用）
④ 保全活動（財産と人員の保護）
⑤ 会計活動（在庫調整、貸借対照表、原価計算、統計）
⑥ 管理活動（予測、組織化、命令、調整、統制）

ファヨールは、上記①～⑤を物に関する活動として示し、⑥の管理活動がもっぱら人間を対象にしており、全般的計画を立て、努力を調整し、各活動を

調和させているので、①〜⑤の個別活動と⑥の管理活動は質的に異なっているとしている。彼は誰もが①これからを予測し、②仕事を順序だてて組織化し、③わかりやすく支持し、④関連の仕事と調整し、⑤その結果を統制していけば、管理がうまくなるとし、管理の理論家と方法を普及する管理教育に力を入れた。

テイラーの職能職長制が課業別に管理され専門化して分化する横の分業であるのに対し、ファヨールの管理論は、増大する職能担当者に命令の一元化で管理する縦の分業を強調し、課業による分権化を上下関係の統制下において管理する必要があるとした。この横と縦の分業は全ての複雑な組織の「原型」としてその後の組織の2大原則となる（岸田・田中, 2009, p51）。今日、横の分業を基礎にしたものをファンクショナル組織と呼び、縦の分業を基礎としたものをライン組織という。ライン権限とスタッフ権限の分離による併存を意図したのが、ライン・アンド・スタッフ（Line and Staff）組織であり、これは「命令の一元制」と「高度な専門化」を同時に効率的に利用しようとし、組織の大規模化への対応を可能とした組織形態である（岸田・田中, 2009, p49）。

ファヨールの切り開いた経営管理の科学的研究はその後「管理過程論」として発展していくが、多様なアプローチが混在していき、様々な学派間での相互理解が不可能な「意味論のジャングル」に陥っていく（日本経営協会, 2015, p195）。

## 5. マックス・ウェーバーの官僚制組織論

マックス・ウェーバー（Weber, Max, 1864-1920）はドイツの政治・社会学者であり、彼はアメリカを訪れ、その経済発展をみて大規模企業の組織と管理のための合理的な基礎の確立の必要性を感じとった。そして宗教活動と経済活動の研究を通じて、文明の歴史的発展を明らかにしようとし『プロテスタンティズムの倫理と資本主義の精神（Die protestantische Ethik und der 'Geist' des Kapitalismus)』（1920）を書いた。彼は、小規模企業の起業による世襲制的管理から、大規模な課業の専門家による管理が実現するのは基本に官僚制があるとみた。

ウェーバーの官僚制論の基本は、テイラーの科学的管理やファヨールの組織的統制のように「構想と実行」を分離できるのは「実行」者が「構想」者に従うからであり、その原理は支配であると考えた。ウェーバーは権力（power）と権限（authority）を区別する。権力は人々の抵抗を押し切って服従を強制する能力であり、権限は命令を受けたものがその命令を正当なものと考えて自発的に従う状態である。

M・ウェーバー

権限による支配には、三つの形態がある。
① カリスマ的支配：これは個人のもつ超自然的、超人間的特性によって、その支配を正当化するものである。預言者や救世主などによる宗教や政治的指導者などがある。
② 伝統的支配：これは先例と習慣によって確立した支配である。家族内の長老者や男系イエ制度、封建的形態など継承した身分に基づいて権限を有し、その力は慣習の定着度合いによる。
③ 合法的支配：これは、特定の目的を達成する形式が、この目的を最大限に遂行するために合理的であるという「形式合理性」に基づいて法を制定して支配するものである。

このなかで③合法的支配が、近代社会の支配秩序であり、その特徴は特定の人間への服従ではなく、法への服従であることから「非人格的秩序」という。これにより、①規則に基づく職務運営ができ、②権限が分配され、③上下関係が明確になり、④合理的な専門性を適用できるよう訓練し、⑤公私を分離して、⑥職位を特定の人間が占有することを否定し、⑦審議、提案、決定、命令は文書によって明確化され、⑧合理的な専業化を行うという特徴をもつことになる。これを官僚制組織（bureaucracy）といい、命令の一元化と合わせるとピラミッド構造の階層性（hierarchy）組織となる。これは社長を頂点とし、部長、課長、係長などの今日の一般的な企業組織でみられる形態である。とくに公務員や大企業の形式合理主義はこの原理を採用している。

また、ウェーバーは官僚組織の根底にある人間観を、規則人であり、個性を

無視した「人間機械」または「生命のある機械」として表現している。「まさに人間が機械となって、一切の感情や主観的判断を排除して職務を遂行することにより、職務が公平・合理的・効率的に遂行されるのである」（日本経営協会, 2015, p.136）。

## 6. 官僚制の逆機能

ウェーバーの官僚制は合理的で効率的であるだけでなく、それとはまったく逆の結果をもたらす場合もみられた。岸田民樹（2009）によるとロバート・K・マートン（Merton, Robert K., 1910-2003）は官僚制のもたらす逆機能を明らかにした。

第一は官僚制の原理が「訓練された無能力」あるいは「職業的精神異常」を生み出すという指摘である。「訓練された無能力」とは、いままでの状況で効果が認められた訓練と技量が、環境が変化し別の状況に変わると役に立たなかったり、欠陥や盲点が見られたりする事態のことである。訓練された技量では対応しきれない状況でも今まで通りにしようとして柔軟性に欠けたり適応能力を失ったりする。特定の専門性に特化する訓練のおかげで、環境の変化によって通用しない行為を、専門家ではない人から見ても明らかにおかしいと感じられるような行為を、疑問をもたず実行してしまうのである。「職業的精神異常」とは毎日決まりきった仕事を繰り返していると特定の癖が発達して異常行動を起こすことをいう。

第二は同調過剰による目標の置換がある。例えば、特定の仕事を効率的に進める目的で合理的な手段を規則化しているのに、規則を守ることを目的化してしまい、状況が変化しても規則を守ることに固執し、融通の利かない杓子定規の態度に終始し、迅速な適応能力に欠けてしまうことをいう。これは規則を守っていれば責任を追及されることはないので、規則が規定する最低レベルに仕事の質が固定化してしまうのである（日本経営協会, 2015, p.136）。こうして個人は、創意や貢献意欲を失い、組織が非効率となる。これは、個人の成長を阻害し自分で考えたり、調べて学習したりという成長を抑制してしまう。結果として組織を変革することができなくなってしまう。

また、大規模な官僚制組織ではセクショナリズムや繁文縟礼（はんぶんじょくれい）が発生する。セクショナリズムとは、組織全体を見ずに部門の利益を優先する排他主義のことで、縦割り行政や派閥・縄張り争いにみられる。繁文縟礼とは、外部に対して膨大な書類の作成や面倒な手続きを要求するもので、しばしば行政が申請書類に膨大な書類の作成を要求することなどに言われる。英語では red-tapism（膨大な公文書を束ねて保存するために使われる赤い紐から、レッドテープイズム）という。

## 7. 官僚制の逆機能の克服方法に関する研究

　アルヴィン・W・グルドナー（Gouldner, Allvin W., 1920-80）は、ウェーバーの官僚制には、専門知識による支配と、規律による支配の二面性があることを指摘し、「両面神組織（ヤーヌス, Janus-faced organization）であるという。また、組織はその目的から個々人を統制する「合理的モデル」と組織を構成する個人の結果として組織が存続できるとする「自然体系モデル」の二つの側面があり、組織は常にこの二面性を持ち両者の誤謬が官僚制の逆機能をもたらすとする。

　ピーター・M・ブラウ（Blau, Peter M., 1918-2002）は、組織を問題解決の手段としてとらえ、官僚制は、目的を効果的に達成するための手段となる。よって構造よりも機能が優先される。この視点で見ると官僚制の逆機能とは、本来の目的達成に反対する方向に様々な諸条件を変化させようとする行為である。調整過剰などの逆機能は、組織の成員個々人に変化に対応できないことへの心理的不安定性をもたらし、責任回避による規則への従属を強める。こうした不安定な成員個々人を変えるには、官僚制の権限階層とは別の仲間的人間関係および権威の上下関係のない平等な人間関係の中で、自由に民主的に議論することによって仲間のきずなを強め、官僚制組織の逆機能を取り除くことが必要となる。よって官僚的組織の中では職務権限の業務命令とは別に、平等主義的社会的価値観を持つインフォーマルな（正式な職務関係ではない）仲間集団の形成が必要であり、官僚制組織内部におけるダイナミックな自発的調整を可能とする。

第 6 章　生産性と作業の合理化、集団の管理

　ブラウは官僚制の逆機能を乗り切るには、部門や職能を横断するチームを形成し、協力関係を導入することが必要だとしている。多数の部門に分割された小規模組織の利点を確保しつつ、公式のシステムだけでなく、プロジェクトチームやタスクフォースなどによって柔軟性を得て分権化され権限委譲がすすめられた組織構造をつくる。一方で官僚制的な基準や組織行動も重視し、インフォーマルな仲間集団と共存させることで新しい資源の獲得が重視されるようになり、組織は環境との関係を新たに作り出し「再活性化」していくことができるのである（桑田・田尾, 2010, p.276）。

　このように効率性の研究は、「非人格的な働き方」から「集団的統制のある働き方」へと進んできた。ここでは、テイラー、フォードからウェーバーにみられるように人間の機械化、人間の機械への従属が進み、それが自発的に考えることのできない働き方を生み、人間を「組織の歯車」化する方向へと進んだといえよう。

　そのことが状況の変化に対応できない組織活動を生み出し、非効率で目的に対して有効でない官僚制の逆機能を生み出していることも指摘されてきた。結果、その中で人間的で民主的で平等な仲間集団による自由で創造的な考えの育成を必要とすることが注目されるようになったといえよう。

# 第7章 標準化

## 1. 生産力の源泉としての標準化

「標準化」は生産性の歴史の隠れた主役である。「標準化」は、単に生産「量」を増大させるだけではなく、生産「力」を増大させることでもある。生産力が増大すれば、市場経済以前の石器時代では鏃の改良によって狩りの収獲量を増やし、農耕時代ではより多くの農作物を生産でき、人口の増大と飢餓の克服を実現できた。今日では少ない農業生産者で多くの国民の必要量を生産でき、新たな財の生産に人口を振り向けることができる。そして新たな産業で標準化が起こり生産力が増大すれば、その産業が必要とする人口を削減でき、さらに新たな産業を勃興できる。この生産力には「一人当たり」の生産量の増大という「一人当たり」という条件が付かなければならない。

そして市場経済の今日では、この「一人当たり」という言葉は「1費用当たり」という経済用語に変換できる。つまり人間とは費用であって人間労働の支出は費用の支出となる。生産性は1単位の人間労働が、つまり1単位費用が、より多くの生産量を実現することを示す指標である。とどのつまり人間以外には費用は発生しないので、如何にして人間の労働を人間以外の生産要素で代替していくかが生産力の増大となり、生産性の向上にとって重要となる。

コンピュータのない時代には、人間の労働を人間以外で代替するには高いハードルを越えなければならなかった。そのハードルとは「考える能力」であった。人間と同等以上の「考える能力」を備えた代替生産要素はコンピュータやAIの登場以前には存在しなかった。厳密にいうと今日のAIでも完全に人間の「考える能力」を代替できていないようである。おそらく人間の「考え

る能力」の結果であるアイデアや創造力は少なくとも現時点では、機械に代替できず人間にしかできないものである。よって非常に長い年月の後には、アイデアや創造は人間がおこない、そのアイデアや創造の結果を物質、非物質の財によって大量生産するのは機械がおこなうという時代が到来するだろう。その時人間は、機械のように単純な労働を反復する「労働力」であることを求められることはなく、自由で創造的な活動を行うことが求められるだろう。その時代が到来するまでの長い間は、機械に置き換えられた仕事に従事していた人々の失業者数と、創造的な活動を必要とする新たに勃興する産業に必要とされる人間の能力を満たす人数とのバランスを取りながら人間の労働の機械への代替が徐々に進んでいき、創造的労働に従事する人々が多数を占める社会に到達していくことだろう。

　しかし、その長い道のりの過程で起こる様々な出来事を予言する能力は筆者にはない。さらに人間の想像力を AI が代替できるかどうかの可能性についての議論も、ここでは一旦置いておかなければならない。現時点で予測できることは、せいぜい人間の「考える能力」には及ばない機械が人間労働を代替していくための条件とプロセスを検討し、さらにその先の変革を伴った社会の在り方の入り口を示すことにある。

　人間の「考える能力」への代替は、まず熟練労働者のような高度な考える能力をもつ人間の労働を、それ以外のそれほど高度に考える能力をもたない人間への代替から始まった。例えば、アダム・スミスの分業論に出てくるピン工場で分業労働に従事している労働者たちは、ピン生産職人の能力には到底及ばないが、ピン生産職人のおこなう労働の一部だけに特化すれば未熟練労働者にも短時間に生産能力を獲得できることが描写されている。アダム・スミスはこの時間の短縮が生産力増大の源泉であると指摘した。そのからくりは次のように説明されている。第一に労働能力の獲得時間の短縮、第二に移動道具の持ち替えなどで生じるロス時間の短縮、そして第三に労働の単純化と機械による置き換えである。

　スミスの指摘をよくよく見ると結局人間が労働する時間をいかに短くするかということになる。そこでは労働する時間を短くするだけでなく、労働する

能力を獲得する時間も短縮することが必要であることを指摘している。例えば1日80本のピンを生産できる熟練職人を1人育成するのと同じ時間と費用で、同じ80本を生産するのに熟練職人の10分の1の工程しか担うことができない未熟練の職人を1,000人育成できれば、前者が1日80本生産できるのに対し、後者は8,000本（80本÷10工程×1,000人）生産できるので、生産性は100倍になる。

　他方、労働力の価格が自由競争市場で決定されているとすると、未熟練の職人1,000人よりも熟練職人1人の方が、圧倒的に希少性が高いため、未熟練職人は熟練職人の10分の1以下の報酬で求人募集したとしても、条件に合う労働者の多くの応募により定員を満たすことが見込めるだろう。

　以上に加えて未熟練職人の労働は熟練労働者の労働よりも「考える能力」が少なくて済むため、定形的機械運動に置き換えることが容易である。これがアダム・スミスの分業論の第三のメリットであり、機械に置き換えれば必要な人間労働がさらに少なくて済み、その分費用を抑えることができるからだ。しかし、そこでは作業をする上で必要な「考える能力」をなくし、機械で置き換えることができるようにしておくことが必要だ。それで標準化という手法が有効となってくる。標準化とは生産要素である人間労働であるにしろ投入される材料であるにしろ、それらが均一であるということである。そうすれば機械が加工する「対象」、つまり材料が変化しないので単純作業の連続的な機械生産が可能となる。逆に生産対象である材料が変化しないということは、その材料に変化を加える生産手段である機械も同じものが使える。つまり専用の機械を導入すればそれですべての材料を処理することが可能となるということだ。

　均一化された材料をカートリッジに入れて機械に装着しておけば、機械内で自動挿入されて、人間はその場を離れることさえもできるようになる。1人で複数の機械へのカートリッジ装着を担当することもできるし、さらにカートリッジ装着も機械化できれば無人の自動工程も実現する。生産において「考える能力」を減じるということは、その労働に従事する人間能力の希少性を減らすことができ、ひいては人間労働そのものを不要とすることができる。その結果、資本主義市場競争の世界では、人件費を大幅に減らし、価格競争を優位に

進めることができるのである。

この標準化は、資本主義の市場競争によって急速に普及したが、もともとその発明は市場競争によってもたらされたものではなかった。過酷な市場競争よりもさらに過酷な軍事生産の現場で生死をかけた生産力増大の必要性に駆られて生み出されたものだった。それだけ標準化には生活様式に対する国家レベルでの軍事力の増強の必要性からもたらされた強制力が必要であった。この強制力なくして自然発生的な発明の累積で標準化に到達したかは疑問である。それはちょうどインターネットが市場競争によって普及してきたが、その発祥は軍事情報技術の必要性から発明されたのと同様なのである。インターネットが情報パタンの標準化である電気信号であるビットを単位としていることはすでに理解されているところだろう。よって自由市場経済は生産力増大のけん引力として有用であったとは言え、出発点であったという議論はなりたたない。そのことを理解するために標準化の歴史を振り返っておくことは有効だろう。

## 2. 標準化の誕生と歴史

ガイヤー（Gaillard, J., 1934）によれば、「標準とは測定の基準または単位、物体、動作、手順、方式、常用方式、能力、機能（職能）、作業性能（性能）、方策、配置、状態、義務、権限、責任、行動、心構え（態度）、概念または構想のある特性を定義し、指定しまたは明細書きして、ある期間通用させるために、言葉、文書または他の図示方式により、または模型、見本または他の具体的表現方法により設定する規定（組織的記述）である」（Gaillard, 1934）。このように、あらゆるものを明示的な表現で規定したものが標準であり、それを集団内での共通な基準とすることが標準化である。

より重要なことは、「経営工学で標準化が重視される理由は、技術標準によって安定した品質の製品の生産を確保し、互換性を高め、これに関連して補修時のサービスの向上をはかることができ、技術の進歩と蓄積に、またその製品を使用する人々の利便に貢献できること」にある（古川・他, 1989, p.6）。

工学的な側面だけでなく、人間が家族、企業、地域、国家など、ある集団で様々な行為を行う場合、その集団内には「取り決め」や「目安」があり、これ

が標準化である。この標準化を場合によっては法律などの強制力をもって実行することで、治安や生産性の向上をもたらすこともある。これによって、確実性・安全性・生産性が実現し、知識や技術進歩の蓄積が可能となる。近年では国際標準化機構 ISO（International Organization for Standardization）による持続的な地球環境維持のための標準化などが取り決められ、企業評価のひとつとして重要性を増している。

　また別の側面では、村社会における明文化されてはいないが風習・慣習なども標準化の一種である。農作業や集団生活の維持から災害時の相互扶助にいたる様々な面で標準化がその役割を果たし、社会的合議や対応を迅速化し、社会保障制度的な役割も果たしている。ボランタリー経済では、この点が注目されている。

　このように、社会のあらゆる面で標準化が行われており、標準はその対象によって基準・規格・規範・仕様等と呼ばれる。ゆえに、標準化は人間社会のあらゆる面でみられ、その役割の研究は広範囲に及ぶ。本章での標準化の考察は、とくに経済活動に限定し、生産性の問題を中心として扱う。

## 3. 標準化の起源と互換性の発明

### 3-1　大量生産における標準化の起源：互換性の発明

　標準化の歴史については橋本毅彦（2002）の研究が詳細を明らかにしている。橋本の研究の概要をみながら標準化の起源を考察する。標準化された部品による製造の歴史は、記録によれば、1720 年代ごろ芽生え始めている。ケン・アルダー（Alder, Ken, 1997）によると、スイスの発明家クリストフ・ポルム（Polhem, Christophe）が互換性部品で木製の時計を製造していた。また、同時代のフランスにおいて 1727 年には、発明職人ギョーム・デシャン（Deschamps, Guillaume）が互換性部品による銃の発火装置の製造を考案し、戦争大臣が、兵器の標準化に興味を持っていた軍人ヴァリエール（Vallie're）に製造実験を命じた。ヴァリエールの下でデシャンは、部品を互換性のあるものとして製作し、660 個の互換性のある発火装置の製造に成功した。しかし、コストが 5 倍以上かかったため、装置の互換性に興味を示したものの部品にまで互換性を持

たせる必要を感じなかったヴァリエールによって却下された。

　その後、1756 ～ 1763 年のプロイセンのフリードリッヒ II 世とフランス・オーストリア連合軍との戦争でフランス軍は、プロイセンの機動力のある作戦で大敗を喫した。それ以降、部隊の機動性が要求されるようになり、軽量な大砲の製作が必要とされた。しかし、軽量大砲は壊れやすいため、速やかな修理を目的に大砲の部品に互換性を持たせることが試みられた。「砲車が互換性を必要とした」のだった（橋本, 2002, p.32）。命を受けた軍人グリボーヴァル（Gribeauvalist）の試みで、互換性部品の製作には、その前提として正確な設計図の作成、正確なゲージと工作機器の製作が不可欠であり、かつ、精密性が今まで以上に要求されたため、部品製造に今まで以上の時間がかかった。ところが、いざ組み立てる段階では、ヤスリ掛けによる微調整が必要なくなり、トータルでの時間は大幅に短縮された。

　グリボーヴァルは、この互換性部品による兵器製造をマスケット（musket）銃の製造にも適用しようと考えた。古くから武器の製造職人と製造工場が存在する町サンテチェンヌ（Saint-Etienne）で、グリボーヴァルの下、オレノ・ブラン（Blanc）の指揮によりマスケットの銃身を互換性部品で作る試みが行われた。しかし、互換性部品の製造工程は、従来の職人たちの仕事のやり方をまったく変えなければならず、結局は職人たちの反発によってこの計画は頓挫することとなる。グリボーヴァルの死後、ブランがパリへ戻り、互換性部品によるマスケット銃の大量生産を実現する。パリでは技術を持たない一般市民 5,000 人が動員され、30 の工場で日産 1,000 挺の製造が計画されたのである。

　このブランの互換性部品による銃製造は、当時のアメリカ合衆国大使トマス・ジェファーソンにより本国に伝えられ、試行錯誤の結果、実現していく。橋本毅彦（2002）によれば、当時アメリカ政府の互換性部品へのこだわりは、修理がしやすい便利さからくる軍事上の目的であったという。「互換性技術、標準部品の製造技術が、市場経済の中からよりも、まずはコストを度外視した軍事技術の中から生み出された」（p.46）のである。

　今日では当たり前である互換性部品は、手工業の時代では数個の同じ部品を作るには互換性のない銃をつくるよりも時間とコストを必要とした。まして数

第7章　標準化

千、数万個もの互換性部品による製品製造は、機械なしでは不可能である。このため互換性部品製作の必要性が工作機械を発展させていく。1823年には銃身切削工程が「手作業だと1時間、機械だと1分」となり、1853年では「各作業は1分から数分、全工程は30分足らずで終了する」までになる。「工作機械は、作業工程の分業を則すもの」であった。これにより、分業体制という制度の進展へと発展していく。当初、軍事的観点からコスト度外視で進められた互換性部品による製品製造は、時間の短縮によるコスト削減という市場経済の原動力へと変換していく。互換性部品の出発点は、価格メカニズムではなく品質の利便性の観点から追求されていたといえよう。

　このようにして、互換性部品の品質均一性の要求が工作機械の発展を促進し、機械による時間短縮が分業体制を促進する。その後、銃生産はミシン生産へ応用され、そして自転車生産、自動車生産へと移っていった。そして、前章で考察した流れ作業へと帰結していくのである。

## 3-2　互換性の発明と標準化による大量生産の展開

　橋本（2002）によれば、「互換性」とは、同じモデルに対応する部品が自由に交換できることである。この互換性が、異なるモデルに対応する部品でも自由に交換できることを「標準化」という。このように単一の製品ではなく、複数の製品にも使用できる互換性を標準化と定義している。

　ところが、この標準化は産業界の取引に大きな影響を与えた。例えば、ある企業がネジの統一規格を採用すると、そのネジに関係する部品や製品を供給する企業も規格に合わせた製品を製造することが求められる。このことから規格による標準化の決定は、企業間、産業間に利害関係の対立をもたらすことになる。

　この問題を解決するために、1840年代のアメリカでは、規格採用にあたっては、強制ではなく勧告の形をとり、委員会や業界との対立関係に対しては企業で組織される協同組合が仲立ちの役割を果たした。ネジとパイプの標準化にあたっては、「機械学会の結論は、委員会報告と主旨を説明するという形で、錬鉄製パイプ・ボイラー協同組合、鋳鉄製品製造組合などのパイプ自体を製造す

る業者協同組合と関連部品を製造する業者組合に送られ」、パイプ製造組合が、ブリックス規格を採用した上で、「強制ではなくあくまで勧告が規定された」。

　単品ではなく、機械系システムとして複数の機械や作業が関連しあう場合は、特に標準化のメリットが強く感じられる。橋本（2002）によれば標準化にふさわしい対象は、「第一は複数の部品の間で組み合わせがなされるような部品、第二は購買される製品で等級づけがなされるもの、第三は活動の規則のようなもの」であったとし、いずれも物や人がネットワークを形成して活動を営む際の整合性を保証することが大きなポイントとして認識されることを指摘している。

　標準化と互換性は、一般的には混同されることが多いが、今日のように、多様な製品構成が生み出されているなかでは、何を中心にして、何を部品とみるかという視点の違いから「互換性」と「標準化」という言葉が区別されている。例えば、パソコンからみればソフトは部品であり、互換性のある CD にて配布される必要がある。しかし、ソフトからみればパソコンは部品であり、どのパソコンでも動くことが「互換性」である。IBM 互換性パソコンとは、IBM パソコンで動くソフトが他社製パソコンでも動く場合に、その他社製パソコンは IBM 互換機といわれる。

　また、パソコンを制御する OS からみれば、ソフトウェアは部品であり、例えば、Microsoft Windows XP でも Microsoft Windows 11 でも動作するソフトは標準化されたソフトになり、逆に、ソフトから OS を部品とみれば OS は互換性があることになる。また、ワープロソフトで使用している部品としてのアイコン機能が表計算ソフトという異なったシステムでも同様に機能すれば、ソフトからみてアイコンが標準化されているとみる。このように、今日では多様な製品が多様な組み合わせ目的を達成する場合、その目的からみて、手段が互換性であり、別の目的に同じ手段が使えることを標準化いうことができる。

## 4. 標準化の類型

　名和小太郎（1990）によると、標準化は古代に使われていた物の単位からはじまり前節でみてきたように量産技術にまで至って生まれ、1950 ～ 70 年代

第 7 章　標準化

図表 7-1　標準化プロセスによる類型

| | 正統型 | 企業主導型 | ユーザー主導型 |
|---|---|---|---|
| 標準化組織 | 国連の専門機関 | 任意団体 | 任意団体 |
| メンバー | 国の代表 | 企業（群） | ユーザー |
| メンバーシップ | 開放的 | 閉鎖的 | 開放的 |
| 対象 | ハードウェア | ハードウェア／ソフトウェア | ソフトウェア |
| 手順 | 透明 | 不透明 | 透明 |
| 合意／導入 | 合意先行 | 並行 | 導入先行 |
| リード・タイム | 長い | 短い | なし |
| 標準保有 | 標準化組織 | 企業（群） | 公有 |
| 知的所有 | 公開／有償 | 秘匿／有償 | 公開／放棄 |
| 決定法 | 投票 | 市場競争 | 反対なし |

出所：名和小太郎（2000）『変わりゆく情報基盤：走る技術・追う制度』関西大学出版部, p.158.

には品質管理技術としての標準化、1980年代には市場開発技術としての標準化へと進み、1990年代以降は社会基盤として標準化が行われるようになった。

1990年代以降の標準化は三つのタイプに分けられる。

① 公的な標準化（正統型）：「合意」→「開発」→「導入」

② 企業主導型の標準化：「開発」→「導入」→「競争」

③ ユーザー主導型の標準化：「開発」→「導入」→「合意」

である。図表 7-1 は三つの類型をまとめたものである。

「①公的な標準化」は国際電気標準会議（IEC）や電気通信標準化部門（ITU）などの国際的な標準化機関が強制力を持って規格を統一するやり方である。これは市場環境が急速に変化すると国際標準化機構の決定を待っていては市場競争に追いつけなくなり、うまく機能しなくなっていく。そこで「②企業主導型の標準化」が普及し始める。これは社会的な合意よりも企業での技術力によって標準化を形成するものである。そして公的標準化機構とは別に、市場原理によって事実上の標準として形成されるプロセスをとるようになる。この事実上の標準をデ・ファクト・スタンダート（de facto standard）と呼び、公的機関が設定した標準化をデ・ジュリ・スタンダート（de jure standard）という。

山田英夫（1997）によれば、企業の標準化戦略は、当初「結果的事実上の標準」であったが1990年代後半には「戦略的事実上の標準」、それは、コンソーシアム型デ・ファクト・スタンダードといわれ、その形成へシフトし始めている。その理由の第一は、当初IBMのような市場を独占していた企業が決定した標準がデ・ファクト・スタンダードとなっていたが、各社の技術力が拮抗してきたため、1社では標準が決められなくなり、企業同士が連携を組む必要が出てきたことである。第二は、自社の技術がデ・ファクト・スタンダードとならなかった場合、市場からの撤退時に、それまでに投資した開発費用が埋没費用（sunk cost）となると同時にデ・ファクト・スタンダードへの転換によるスイッチング・コスト（switching cost）がかかるためである。第三は、技術開発期間を短縮するためには、1企業単独で行うよりも、複数企業による共同開発が有利になることである。

　「③ユーザー主導型の標準化」は、名和（1990）によると、ユーザー型標準化プロセスといわれる特徴であり、標準を使用するユーザーが使用時に遭遇する問題をその使用者の立場から解決案を提示し、それをオープンに公開して共有化し、商品製品開発の無料の共有資源として維持していこうとする形態である。

　例えば、インターネットでやり取りされるアプリには、シェア・ウエアという配布形態がある。このアプリの作者は現在、数千人といわれ、売上は数十億円と推定されている。このシェア・ウエアは、気に入らなければ料金を支払わなくともよい。通常の経済行為からはかなり逸脱している経済システムである。このシェア・ウエアの料金は、単なる完成ソフト商品の代金ではなく、ユーザーからの要望や提案によって改良され、機能が追加されて進化する。この進化のプロセスにユーザーが、作者と一緒になって参加する「編集料」という見方ができる。ゆえに、ソフトをコピーしたユーザーが必ずしも料金を支払うとは限らない。

　そのため多くの作者、つまり生産者は、ユーザーが送金しないことを気にしていない。生産者が気にしていることは、要望・提案・感謝の言葉・励ましの言葉を送ってもらえることである。感謝・要望・提案のあるユーザーは必ず送

金をし、消費者はソフトが進化する過程に自発的に参加している。ここでは、「生産者」と「消費者」の間で説明のつかない「取引」が存在しており、金子郁容・松岡正剛・下河辺淳・他（1998）は、このような経済を「つながり」を目的とした生産—消費の関係として捉え、「継続的な関係を保つに値する相手を選別するしくみ」として、きわめて効率的で合理的な方法と捉えている。

このようなユーザーの製品開発への自発的な参加とつながりがインターネットを通じて形成されはじめており、その経済を「ボランタリー経済」という新しい概念で規定し、シェア・ウエアと呼ばれるフリーソフトは、その一形態であると考えるようになった。このような「つながり」「参加」を目的とした生産と消費の関係は、インターネット以外の福祉産業・NPO組織などの多くの場所でもみられ、それを「相互編集市場」と呼んでいる。この市場規模は1994年では、GDPの約20%であり、100兆円から200兆円規模に達していると見積もられた。

このユーザー主導型は、ボランティア型ともいわれ、インターネットの初期開発者が抱いていたソフトウェア共有の理念を残したものであり、この理念は標準化に組み込まれた知的所有権を公開し共有すべしという原則を具体化している。

## 5. 標準化と市場競争

市場において多数派となった標準は容易には変更できない。なぜなら、標準の変更には、スイッチング・コストがかかるからである。今までの古い標準への投資は使いものにならなくなるため、埋没費用も発生する。ユーザーの視点からみるとすでに普及している標準に合わせて様々なシステムを構築している場合、標準の変更はシステム全体に波及し、システムの再構築の必要がせまられ、多大なコストがかかることとなる。

特定の標準が市場に普及すると、多くの消費者は標準的な製品を選択することで、他のユーザーからその使い方や情報を得られることから、標準化された製品を購入するほうが有利となる。また、機種変更に伴う負担（スイッチング・コスト）によって他の標準への移行が困難となり、一つの標準が市場を

独占する一人勝ち（winner-takes-all）が発生し、それが持続し、ロック・イン（lock in）となる。例えばスマホを買い替えるとき Android から iPhone へ買い替えると、それまで購入していたアプリなどが使えなくなり iPhone 対応のアプリを購入し直さなくなるなどが良い例であろう。

　まだ標準が定まっていないある新製品が発表されたとき、同時期にライバルも別の標準を開発しているかもしれない。複数の標準が同時期に市場に出た場合はどうなるだろうか。消費者は、どちらの標準が社会的厚生で最適かはまだわからない。ゆえに、消費者は社会的に普及する標準を事前に知りたいと思うだろう。そこで、標準の発生の初期段階で、どの標準が最適となるかのプロセスを理解する必要がある。

　複数の標準から、あるひとつの標準が選択されるプロセスは歴史偶然的（historical small event）である。タイプライターのキー配列が「QWERTY」型[注1] となった経緯が一つの歴史偶然的な出来事によって決定されていったのがその例である。1867 年 10 月、タイプライターの発明家の 1 人、クリストファー・ショールズ（Sholes, Christopher Latham）が彼の仲間とともにタイプライターの試作品を完成させた。ところが、実験の結果、タイプバーが絡まり使いものにならなかった。原因は、タイプ速度が速すぎてタイプバーが戻りきらないうちに、次のタイプバーが打たれてしまうためであった。そこで、わざとタイプ速度が遅くなるように打ちにくいキー配列にしたのが QWERTY であった。これがレミントン社に持ち込まれ大量生産となる。

　レミントン社は、タイピスト学校を開き QWERTY 配列でオペレーターを教育する。レミントン社のタイプライターはヨーロッパにも輸出され、世界中に広まる。これらの出来事がタイプライターのキー配列の標準を普及させたのである。

　実は QWERTY 配列よりも、効率的な配列は存在する。1932 年、アウグスト・ドボラク（Dvorak, August）によって、もっと効率的なキー配列、ドボラク配列が考案された。その配列は彼の名にちなんでドボラク配列といわれ、この配列は QWERTY 配列よりも 70% も効率的にキーを多く打つことができる（キーの QWERTY 配列とドボラク配列を示したのが図表 7-2 である）。しかし、

第7章　標準化

図表 7-2　QWERTY 配列（上）とドボラク配列（下）

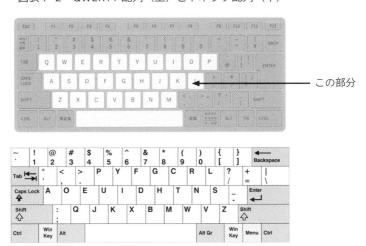

コンピュータの時代となり、タイプバーなど存在しない今日でもキー配列の標準は QWERTY である。

この出来事からでもわかるとおり、QWERTY 配列は最も効率的な配列ではないにもかかわらず、歴史偶然的によって普及したのである。いかに非効率な標準でも一度普及すると、オペレーターの教育の問題なども含めて、変更するのが困難となる。このような、初期の段階で様々な要因による歴史偶然的によって標準化が行われる。ポール・デービット（David, Poul）はこれを、標準化形成プロセスの重要な要因として経路依存性（path dependence）と定義した。

## 6. ゲーム市場におけるロック・イン

一度市場でデ・ファクト・スタンダードが形成されると、特定の商品が市場を独占するロック・イン（Lock-in）現象が現れる。このデ・ファクト・スタンダードの形成の例を、今度は家庭用ゲーム機に関する田中辰雄（2001）の実証分析でみてみよう。

田中（2001）によると、まずユーザーの選好は、遊べるゲームソフトの種類が多いほどユーザーの効用が増すと考え、ゲームソフトとゲーム機の間に正

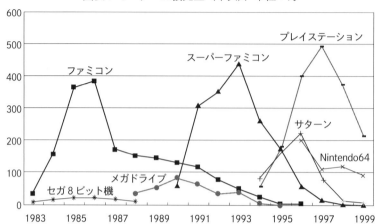

図表 7-3　ゲーム機売上（年次）、単位：万

出所：『月刊トイジャーナル』、『情報メディア白書』より作成．田中辰雄（2001）「ネットワーク外部性の実証方法について」『公正取引』No.606, 4, 公正取引協会．p.33.

のフィードバック（positive feedback）が生じていると考えた。ユーザーはゲームタイトル数が多いゲーム機を買い、一方、ゲームソフト開発会社は、市場シェアの大きなゲーム機用のゲームソフトを開発する。

　図表 7-3 は、ゲーム機の年間販売台数である。ここでは、一人勝ちの山が三つ示されている。第一の山は、1986 年を頂点とするファミコンである。これは、CPU の処理単位が 8 ビット世代のファミコンである。第二の山は、1993 年を頂点とするスーパーファミコンであり、CPU の処理単位が 16 ビットへ向上し、より複雑で高画質が高速に処理できる世代である。第三の山は、1997 年を頂点とするプレイステーションであり、CPU が 32 ビットで、さらに複雑で高画質が高速に処理できる世代である。

　ロック・インについてみると、一つの世代内で一度圧倒的シェアを獲得した製品が、同性能のライバル製品に逆転されたことはない。世代内においてロック・インがあることが立証されている。

　ファミコンとスーパーファミコンは任天堂の製品であるが、プレイステーションはソニーの製品である。最初の二つの山は、任天堂がロック・インを

## 第 7 章 標準化

図表 7-4 家庭用テレビゲームのハードとソフトの関係

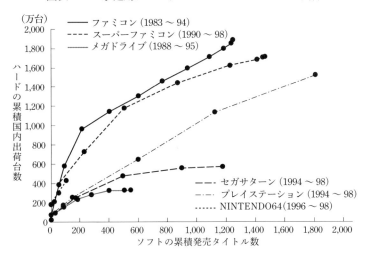

出所：ハードについては『月刊トイジャーナル』各年，矢野経済研究所（1993）『マーケットシェア事典 '93』84 頁，電通総研（1994）『情報メディア白書 '94』90 頁．ソフトについてはアンビット（2000）『広辞苑 2000 年春版』毎日コミュニケーションズ．

新宅純二郎（2000）「先端技術産業における競争戦略」新宅純二郎・許斐義信・柴田高［編］『デファクト・スタンダードの本質』有斐閣，p.89 より．

持っていたが、三つ目の山は、ソニーが一人勝ちしていることから、世代をまたがってロック・インは起こっていない。このことから、一つの世代内ではロック・インが認められるが、世代の切り替わりでロック・インが解除されていることがわかる。

次に、正のフィードバックと世代別ロック・インの関係についてみてみよう。新宅純二郎（2000）が、家庭用ゲーム機とソフトの関係をまとめている。それをゲーム機の出荷台数とソフトの累積発売タイトル数の相関関係としてまとめてグラフにしたのが図表 7-4 である。

図表 7-3 に示した製品初期の世代内ロック・インを制覇した任天堂のファミコンとスーパーファミコンは、ソフトの累積発売タイトル数においても群を抜いていることがわかる。これは、早期に立ち上がり、成功した企業が、持続的、かつ決定的な有利性を持つという既得基盤（installed base）の法則があて

はまる。任天堂は、自社製ソフトはハードを牽引する人気ゲームを少数の開発にとどめ、サード・パーティのソフトが後から追随してくる戦略をとっていた。

　一方、新規に参入したSCE（ソニー・コンピュータエンタテインメント）は、自社製ソフトは開発しないが、「プレイステーション」を発売する際に、製品アーキテクチャーを公開するオープン化戦略を取り、サード・パーティにソフトの数を急速に増やすことを促進した（新宅, 2000）。プレイステーションのグラフの点と点の密度がソフトタイトル数の側に大きく間隔が開いているのは、ソフトのタイトル数の急速な拡大を示している（図表7-4）。

　図表7-3と図表7-4を比較すると、ひとつの傾向が浮かび上がる。1980年代の、第一の山のファミコン一人勝ち時代は、ファミコンが家庭用ゲーム機の代名詞となったほどであり、ファミコンというハードが、家庭用ゲーム機のデ・ファクト・スタンダードであった。タイトル数は比較的少ないにもかかわらず、ハードは飛ぶように売れている。

　第二の山であるスーパーファミコンの時代においても、ほぼ同じ傾向がみられる。しかし、第三世代に突入すると、ソニーが任天堂から市場を奪っているが、このときのソフトの累積タイトル数はプレイステーションが圧倒的に数を誇っている。それに対して、任天堂は従来の戦略のまま、ソフトよりもハードによって市場を牽引しようとしていることがわかる。

　家庭用ゲーム機には、メーカー間だけでなく、ハードの世代間にもソフトの互換性はない。つまり、消費者がハードを選べば、遊べるソフトが限定される。ソフトを選べば、ハードが決定される。ハードの性能にあまり大差がないとすれば、消費者はソフトの種類が豊富なハードを選択していると考えられる。新製品のスタートアップ時での小差が経路依存性によってシェア率の差を拡大させ一人勝ちが出現する。ソニーは初期の段階で、周辺企業の力を借りるため、アーキテクチャーをオープン化してライバルとの差をつけ、クリティカル・マス（Critical Mass）[注2]を突破してロック・インすることに成功し、世代間競争に勝利したという図式が浮かび上がっているのである。

　デ・ファクト・スタンダードを利用した製品ライフサイクル別の戦略につい

ては、山田英夫（1997）の指摘を要約すると、4点となる。①開発期、②導入期、③成長期、④成熟期で、それぞれ異なった目標が効果的である。

　①開発期には、「デ・ファクトとして創る」ことが最大の目標となる。開発が自社独力で可能となる場合もあれば、自社の技術では困難な場合や開発期間が短期間のため、他社との協調が必要となる場合もある。

　②導入期には、製品が市場に登場したばかりで、市場がまだ認知していない状態である。この状態では、売上の伸びは緩慢である。もし、クリティカル・マスを突破できなければ、「使われない規格」となり消滅することにもなりかねない。この段階では、まだデ・ファクト・スタンダードとはなっていない。ここで、クリティカル・マスを突破してデ・ファクト・スタンダードとなるには、技術の優位性ではなく、ユーザーのニーズをつかむ必要がある。

　ユーザーは、規格を買うのではなく、目的を達成するために製品を購入する。要するに、ユーザーは効用を買うのである。そこで、その規格でなければ実現できないソフトが付加されなければならない。ゲーム機市場でいえば、ユーザーの効用はゲームソフトから得られるのである。山田（1997）は、このような他の規格に対して優位を形成する武器となるソフトを「キラー・アプリケーション」と呼ぶ。導入期においては、いかにして、この「キラー・アプリケーション」を開発するかが最大のポイントとなる。

　③の成長期とは、クリティカル・マスを突破して市場が自動的に拡大する状態を指す。この段階では、企業にとっては「デ・ファクトでいかに儲けるか」が最大の目標となる。つまり、デ・ファクト・スタンダード戦略にとっては、この成長期が唯一の収益拡大のチャンスであり、極端にいえば、それ以前は、投資の時期といえる。この時点で投資を回収し利益を確保することが重要となる。

　④成熟期においては、「デ・ファクトをいかにつなぐか」がポイントとなる。「つなぐ」というのは、旧規格との互換性とユーザーの利便性を重視した囲い込みと、取り残した需要の確保を優先するか、それとも革新的技術で競合規格に対抗するかのトレード・オフに直面する時期でもある。山田（1997）は、このトレード・オフの戦術として主に四点を上げている。

すなわち、①時間、②現行規格の拡張、③旧規格と新規格との間の規格間互換性「ブリッジ」の付加、④ユーザーが付いてこられない急激な規格変更を避けるために、現行規格に成熟していない次世代規格を一部とりいれておくというものである。①の時間稼ぎはあまり固執しすぎると、他社の革新的規格に次世代のデ・ファクト・スタンダードを奪われる可能性がある。②から④は、革新的な次世代技術への移行を前提とした妥協的戦術であるが、むしろユーザーの利便性を優先的に考える姿勢がみられメーカーへの継続的な信頼がつくられる。

　このような戦術は、技術の革新性や製品の用途、他の製品との補完性など、様々な要因との関係も考慮される必要がある。

　デ・ファクト・スタンダード戦略は当初は市場を「囲い込む」戦略として位置づけられていたが、新製品のスタート・アップの時点で、周辺補完財企業も巻き込んでロケット・スタートアップとするために、あえて特許対象であるアーキテクチャー（仕組、構造）をオープン化する戦略に転換するようになっていく。IBM も当初の大型コンピュータ主流の時代には囲い込み型戦略であったが、市場ニーズがパソコン時代になると、オープン・アーキテクチャー戦略へと転換して、デ・ファクト・スタンダードを獲得している。

　（本章は拙稿（2003）『スタンダーディゼーションと企業間ネットワークに関する研究』明治大学、博士論文の一部を抜粋し、加筆修正した。）


（注 1）　タイプライターの左指ホームポジッション上段の並びが、左から順に“QWERTY”
　　　　であることからこう呼ばれる。
（注 2）　クリティカル・マス（Critical Mass）とは、エベレット・ロジャース（Rogers,
　　　　Everett M., 2003）によって提唱された普及現象。普及とは「時間の経過の中で社会シ
　　　　ステムの成員間に伝達される過程」（p.361）である。クリティカル・マスとは、一定
　　　　の普及率まで達すると、その後、普及促進努力がほとんどなくても、その社会のうち
　　　　に浸透し続けるようになる普及率のことである。イノベーションの普及の段階とし
　　　　て、第一に、個人が自由意思に基づいて任意的にイノベーションを採用する段階があ
　　　　る。その後、多くの社会システムの場合そのイノベーションの採用率が 16％に至った
　　　　時にクリティカル・マスが生じる、というデータによる根拠が示されている。（Rogers,
　　　　2003, p.200）

# 第 8 章　人間の発見
（ホーソン実験と統合理論）

## 1. ホーソン実験（Hawthorne experiments）

　テイラー、ウェバーそしてフォードの主張が注目され、人間の機械化が生産力の増加の有力な手法として広まっていた 1920 年代は、第一次世界大戦が終了し、ヨーロッパ諸国は戦争による破壊と失業で疲弊していた。一方、アメリカは戦渦に巻き込まれずにすんだだけでなく、大戦時に好調だった軍事産業に代わってフォーディズム（p.63 参照）による大衆消費型産業が拡大し「狂乱の 20 年代（the Roaring 20s）」と言われる好景気に沸いていた。

　市場からの増産要求と生産性の向上のため、人間を効率的に働かせる手法の研究は、アメリカでは国家規模で研究する必要に迫られていたといえよう。1924 年アメリカ国立科学アカデミーで、作業環境が人間の労働に与える影響についての研究が始まった。これは、具体的には「照明と作業能率との関係」の実験計画から始まった。それは、作業効率を高める環境要因をつきとめることを目的としたものであった。実験場所として選ばれたのが当時の大企業であったアメリカン・テレホン・アンド・テレグラフ社（The American Telephone & Telegraph Company）、現代のアメリカ最大手の電話会社「AT&T」の子会社で、電気機器の

ホーソン工場の様子
出所：「リレー組立試験室の女性たち、1930 年頃」Western Electric Company Hawthorne Studies Collection, Baker Library, Harvard Business School. より提供

開発と製造を行なっていたウェスタン・エレクトリック社のイリノイ州シセロにあったホーソン工場であった。AT&T といえば、現代の日本でいえば NTT 西日本と NTT 東日本を合わせたほどの大会社で、その子会社の工場で実験したようなものである。工場の従業員は 2 万 5,000 人の規模で、電気機器、電気部品を製造していた（岸田・田中, 2009, pp.80-83）。

　1920 年代は、テイラーの科学的管理法やフォード生産方式が普及し、大衆消費社会が到来し大衆消費財の生産と雇用増加が好循環として拡大再生産を生み出し、大企業が登場し始めた時期である。ホーソン工場も科学的管理法やフォード・システムによって生産性の向上を図っていたが、好景気を背景に親会社からの大量の注文があり、それをさばく必要性が生じていた。そこで、人間機械化による作業能率・生産能率をさらに上げるため、動作研究に加えて作業環境を明らかにする必要性があった。

　まずは作業場の照明と作業能率の相関関係を調べることから始まった。調査チームは、二つの作業集団を照明設備の同じ二つの部屋で、それぞれの集団を作業させた。一つの部屋は照明が一定に保たれ、他方の部屋は照明度の変更が周期的に変えられた。測定結果に影響を及ぼすと考えられる他の要因（温度、湿度など）は、両室とも同じに設定されていた。実験前には、照明により作業集団の生産高は変化するものと仮定されていたが、結果は二つの集団の生産高は同程度に増加していた。月明り程度の暗さになると作業が困難になって影響が出たが、それ以外では依然として生産高は増加をし続けた（岸田・田中, 2009, p.81）。照明が一定の部屋と一定の変化をする部屋でも、従来よりも作業能率が高くなることが計測された。

　よって調査チームは、労働者の作業能率に影響を与える要因を照明以外に求めざるを得なかった。1 日当たりの作業時間、1 週当たりの作業時間、休息時間、賃金の支払い方法等が労働者の作業能率に影響を与える要因として照明実験と同様に綿密な実験計画のもとで調べられていった。その結果、すべての要因で変化前よりも変化後も能率は上昇し、驚いたことに要因を変化前に戻しても能率は上昇し続けた。実験は 1927 ～ 1932 年の 6 年間に全 13 回おこなわれたが、実験の中で調査結果は、作業環境や作業条件と作業能率との間に明白

第8章　人間の発見（ホーソン実験と統合理論）

な因果関係があることを示さなかったため、途中の第10回からハーバード大学のエルトン・メイヨー（Mayo, George Elton）、フリッツ・レスリスバーガー（Roethlisberger, Fritz Jules）らが研究に加わり作業に影響すると思われる調査要因を変更して以下の実験が続けられた。

### 「リレー組み立て実験」

賃金、休憩時間、軽食、部屋の温度・湿度など条件を変えながら、6名の女子工員が継電器を組み立てる作業能率がどのように変化するかを調べた。しかし、どのように変更を行っても実験が進むにつれて作業能率は上昇した。途中でもとの労働条件に戻す形の条件の変更を行った場合にも、作業能率が上昇した。

### 「面接調査」

監督方法の変更を要因と仮定した調査であった。調査方法は21,126人の労働者に面接して聞き取り調査を行った。調査員自ら作業監督者として振る舞った結果、調査員が重要であると考えていた要因と、労働者が聞いてほしいと思っていることとの間にはかなりの食い違いがあることがわかってきた。そこで途中から「指示的方法」ではなく「自発的に話をさせる」方法へ切り替えた。作業者が話す不満や要求は、事実に反していたり、無関係であったりするものであった。例えば作業単価に不満を出した労働者は、たまたま妻の治療費を心配しての発言であったりした。よって苦情や不満それ自体が作業能率と関係している要因であるとの結論は出せなかった。「苦情や不満は、他の人々との社会的関係の中で自己を維持している人々の個人的、あるいは「社会状況の兆候ないし指標」であるに過ぎ」ず、作業能率は「人々の精神的均衡を維持している「社会的要因との関係の中で」解釈されなければならない」のであった。「例えば監督方法はそうした社会的要因の一つであり、生産性はそうした社会的要因の変化の結果として増減する」のである（岸田・田中, 2009, pp.80-83）。

その結果、「労働者の行為はその感情から切り離すことができないこと」、「職場での労働者の労働意欲は、その個人的な経歴や個人の職場での人間関係に大きく左右されるもの」で、客観的な職場環境による影響は比較的少ないと

いう結果となった。社会的要因は、それまでのテイラーやフォードの主張では排除させられてきたものだったが、「メイヨーらによってはじめて、経営研究の表舞台に登場することとなる」（岸田・田中, 2009, p.84）。

**「バンク配線作業実験」**

メイヨーらは「面接実験」で得られた社会的要因としての「人間関係」を作業能率との関係で明らかにするための実験に移った。職種の異なる労働者を三つのグループにし、バンク（電話交換機の端子）の配線作業を行い、その協業の成果を計測しようとした実験だった。賃金は集団奨励給で、報酬は集団の生産高に応じて決められた。生産高が増えると報酬が増えるので、報酬に応じた能率の上昇を期待した。しかし実際は異なった結果となった。

労働者は生産量が増えると、賃金を引き下げられたり、会社の要求がきつくなったりすると考え「正当な１日の仕事量」を自分たちなりに決めていた。「働きすぎるな」、「怠けすぎるな」「仲間の不利益になることを監督に話すな」「疎外したり、お節介をやいたりするな」「検査工でも検査工ぶるな」など非公式に「仲間集団内での集団規範」が存在していた。規範破りや密告者は仲間外れにされるため、皆その「集団規範」を守らざるを得なくなっていた。この非公式な「集団規範」は必ずしも労働者の利益にとって合理的であるものばかりではなく、労働条件の変化への「抵抗」や恐怖からくる行為で、ヴィルフレッド・パレート（Pareto, Vilfredo F.D.）の「没論理的行動（non-logical behavior）」として知られていた。メイヨーらはその「没論理的」行動を「感情の理論（logic of sentiment）」として理解した。各労働者は自分の労働量を自ら制限していること。品質検査では労働者の仕事の質だけではなく、検査官と労働者の人間関係が評価に影響すること。労働者の時間当たりの成果の差違は、労働者の能力的な差違によるものではなかったことがわかった（岸田・田中, 2009, pp.84-86）。

生産性には人間関係が影響を与えるというこの実験結果は、経営学の歴史の中で「人間性の発見」といわれる大転換をもたらした。

## 2. メアリー・P・フォレットの「状況の法則による統合」理論

テイラーの「科学的管理法」が 1911 年に世に出てから 1930 までの 20 年間、経営学は「科学的」であるために労働者を「人間」としてではなく、感情を持たない「物」とみなし人間の生産性を左右する環境や条件を「科学的」に調査してきた。その時代の中にあって 1920 年中ごろ、労働者管理を心理を基礎としておこなうことを提唱した研究者がいた。メアリー・P・フォレット（Follet, Mary Parker）である。現代経営学といわれる「マネジメント」を著したピーター・ドラッカー（Drucker, Peter Ferdinand）によると、1990 年代の経営学はあらゆる組織を市民権に基づいて分析し、組織を社会的であるものとして理解するようになったが、その 70 年も前にその重要性をフォレットが説いていたことに驚き、彼女を「マネジメントの預言者」と称賛している。フォレットは政治学を研究した後、ケースワーカーとして活躍し、経営者との交流を経て管理や組織についての論文を発表している。フォレットによれば、人間は集団の中で他の人々との相互作用を通じてのみ個人としての人格を確立でき、真の個人は集団的個人であり「集団原理」こそが人間の基本原理であると考え、「相互浸透」を通じて統一体を創造することが集団プロセスの本質であると主張したのである（日本経営協会, 2015, p.200）。彼女が強調した点は「われわれは人間的な側面を機械的な側面からまったく分離してしまうことはできません」「ビジネスにおいて人間の諸関係の研究と業務の研究が固く結びついている」（Graham, 1995, 邦訳, p.33）ものだとして、ホーソン実験の数年前に組織における人間性の存在を指摘していた。

フォレットは、人間組織には必ず「対立」が存在し、それは回避すべきものだと考えられているが、対立は回避すべき悪ではない。対立はそれを乗り越えて新しい解決法を見つけることで、より強固な関係へと進歩できる原動力であると考え、そのプロセスを「統合（integration）」と名付けた。対立の解決方法には「支配」「妥協」「統合」の三つがある。「支配」は支配される側が抑圧され続けることになり、「妥協」は両者の意見の一部が満たされないままで不満が残ることになり、どちらも長期的にみると成功しない。統合とは「異なる欲

求がそれぞれ充足され、どちらも何一つ犠牲にする必要のない」解決方法である。統合を行うには「相違点を明らかにし、対立の本質を明らかにする」ことである。本質的な相違点を明らかにした上で「職務」それ自体の「状況」に思いを巡らす創造性によって調整できるとする。職場の状況を対立する相互で客観的に共有できれば、自ずと解決策は理解されるというもので、これを「状況の法則」という。

　例えば、ある仕事の完成を目的として職務を遂行している従業員の間に対立が起こったとしよう。どちらが正しいか（の支配）ではなく、両者の言い分を足して２で割ろうとか（の妥協）でもなく、職務遂行からみて、どのような価値観をもち共有すべきかを対立者双方が理解できれば、どちらの言い分も満たす第三の方法を創造的につくりだし解決できるというものである。この「状況の法則による統合」は、いままで両者共に気づかなかった新しい職務のあり方を生み出し、そのことで以前よりも両者の協力関係を強力に作り上げる新しい関係をうみだし、組織は進歩を遂げることになり、組織の在り方が高度化し、効率的になるというものである。つまり、対立を「統合」によって、建設的な対立として、むしろ積極的に利用するべきものだということだ。「対立」を悪として回避するのではなく積極的に分析し、いわば「腹を割ってとことん話し合う」ことで人間同士を建設的に結び付けることができるというものである。

　フォレットによると統合という方法は常に可能なわけではないが、目の前の対立に心を奪われて、問題の本質を見失うことで解決する方法を見失うことが、結果的に組織の利益に反することを指摘しているのである。統合的解決は、時間がかかるかもしれないが「支配」や「妥協」では長期的に見て進歩が得られない。フォレットは、企業での従業員参加制度を参加的民主主義の理念を実現するものと評価している。従業員を経営に参加させても経営者の機能がそこなわれることはないのであり、むしろ労働者の知識を動員し、企業全体を進歩させる精神や創造力を発展させることが経営能力を高めることになると主張した。

## 3. ホーソン実験以降の経営学の発展

　ホーソン実験でメイヨーらが明らかにしたことは、人間には感情があり、集団生活をおこなう社会的存在であるということであった。それまで人間を「物」とみなす「科学」から、その後は人間そのものを「科学的」に解明しようとする人間理解と社会理解が科学的になされるようになる。これは当たり前と言えば当たり前すぎる事実であった。それ以降、生産性の研究には、人間関係論や非公式組織（仲間集団の規範）が含まれるようになり、経営学は経済学から大きく離れて、人間精神の研究の方向へ向かう学派が登場してくる。経済学は今日においても人間ではなく、人間の欲を「利益の最大化を目指す合理性」と定義して数学的方程式で理解しようとする。筆者は、それはそれで人間の「欲の一部」の研究として間違ってはいないと考えるが、それが人間の研究、人間集団の研究かといわれれば、あくまでも「人間の一部としての欲の合理的一部分」の理解に過ぎないと考える。またメアリー・P・フォレットの「状況の法則による統合」は、組織への主体的参加を生み出すうえで、あらゆる組織活動で活用できる高度な手法であり、100 年も前に人間の相互理解を組織原理の基礎に据えた研究があったことは、ドラッカーも感じたように驚きである。

　その後、経営学は組織論という広大な学問分野の中で、人間の感情を組織活動の中で活用し、心理的作用を満足させ、人間相互の関係形成に役立てていく方法をめぐる研究分野を創り出していった。それは、「動作づけ」から「動機づけ理論」へと、さらに「リーダーシップ論」、そして人間の創造性を引き出す「人的資源管理論」へと研究分野を形成していく。

# 第9章　トヨタ生産方式

　トヨタ自動車株式会社（以下トヨタと記す）の2024年決算によると、2023年4月～2024年3月までの世界での年間販売台数は944.3万台、年間売上45兆円強、税引前経常利益7兆円弱であり、自動車製造企業としては2023年までで4年連続で販売台数の世界1位であった。そのトヨタは戦後1950年代初頭には倒産寸前の企業であったのだが今日では世界一となったことで、自動車産業のみならず世界中の企業からその経営方法の秘訣を知りたいと注目されている。それまで最も効率的とされてきたフォード生産方式をトヨタは超えたといわれるが、その仕組みを明かそうと多くの研究調査がおこなわれ多数の文献も出版された。今日トヨタ方式は製造業はもとよりコンビニエンスストアをはじめとした小売業、サービス業へとあらゆる業種に普及している。

　欧米の研究者は、トヨタ生産方式を贅肉のない「筋肉質な」という意味の英語であるリーン（lean）生産方式と称している。リーン生産方式は、世界中のあらゆる企業で導入されており、特定の企業である「トヨタ」に限った生産方式ではもはやなくなったということから、日本以外ではトヨタ生産方式を一般化した名称としてこのリーン生産方式という言葉の方がよく使われている（大野威, 2003, p.3）。日本ではリーン生産方式よりもトヨタ生産方式の方が多く使用されていることから本書ではトヨタ生産方式の名称で記述を統一する。

　本章では、このトヨタ生産方式と、その利益を生みだす仕組みを考察する。

## 1. フォード生産方式からトヨタ生産方式への進化

　トヨタの生産方式が世界的に注目されるようになったのは、トヨタが1970年代以降の低成長時代においても利益を出しており、年々売り上げと利益の増

大を更新してきたからである。トヨタ生産方式では、受注の変動に対応して最少限の人員で生産を可能にしていた。

　トヨタ生産方式は、これまで見てきたテイラーの「科学的管理法」やフォード生産方式と同じ部分と異なる部分がある。異なる部分は次節で詳しく検証することとして、まず同じ部分について考察しておこう。同じ部分とは、テイラーの「科学的管理法」からフォード生産方式に受け継がれ現代の生産方式の主流となってきたもので、労働作業の標準化である。フォードはこの労働作業の標準化をベルト・コンベアによる流れ作業として組織化し安価に大量に生産して販売する大量生産大量消費社会を築いた。大量に販売できれば平均コストを安くでき、利益を増大させることができる。経済学ではこれを「規模の経済」<sup>(注1)</sup>という。

　だが、大量に販売するには労働者が消費者として購買できる所得の増加が必要だ。よって利益をすべて投資と配当にはせず賃金の上昇へと分配する。大量生産で残余を増大させ、そこから労働者の賃金配分の増大を可能とすることで、労働者が消費者となってさらに生産物を購入する。フォード生産方式は利益を労働者へ配分することによって消費を喚起する。この拡大再生産によって経済成長を実現しようとする経済体制をフォーディズムという。

　高度経済成長の時代は、好景気で売上が増大し生産量も増加するために固定費用である生産機械をどんどん購入し作業員を増やして製品をつくっても売れる見込みがあった。このときはいかに高速に大量に作るかで市場競争に勝つことができた。この「規模の経済」が効果を発揮するのは生産力の規模に見合って消費が増大する場合である。生産量が消費の拡大に追いつかない時代は、インフレーションがおこり、生産システムを休ませることなく昼夜交代で生産し続けていた。販売量が拡大しているため連続して高速で価値を付加し続けることによって貨幣→原材料→製品→（貨幣 + α）を高速回転させ、利益を増大させるシステムが優っている者が勝者となった。

　少し話はそれるが、この生産増大による経済成長は環境問題へと直結し地球資源の有限性を考慮しなければならない時代にはそぐわないシステムだ。この問題と解決策に関しては後の章で考察することとする。

さて、高度経済成長が終焉し低成長になって販売数量が減少し始めると「規模の経済」による経済成長のシステムはうまく機能しなくなる。たとえば在庫として生産した付加価値は売れ残り貨幣へと交換できなくなる。これでは機械の減価償却費も人件費も払いきれなくなってしまう。よって経費が収益を圧迫し、ひいては機械のローンが返済不能となり、賃下げにより人件費も削減しなければならない。そのため消費はますます縮小し、企業は最悪の場合倒産する。これが、フォード生産方式で世界を席巻してきたアメリカの自動車メーカーが1980年代に陥った経営不振の根本原因である。

## 2. 低成長時代のシステムを目指したトヨタ生産方式

戦後1950年代アメリカが好景気で潤っていた時に、日本では経済の抜本的立て直しが図られており、戦後不況の状態であった。日本の多くの企業をはじめ自動車メーカー各社も倒産寸前の状態で、トヨタも同様であった。つまり戦後のトヨタはそのような経済状態の中でいかに利益を生み出せばよいのかという課題に直面していた。そこからトヨタ生産方式が作られていくのである。この方式は、その後の大量生産大量消費時代を謳歌する1960年代の高度経済においても地道に維持され洗練されていった。そして1970年代以降の低成長時代になると、トヨタでは多品種少量生産方式に加え、生産量の増減に対応して労働者数を増減させる生産方法を確立し、強みを発揮し始めたのである。これがテイラーの「科学的管理法」やフォード生産方式と異なる部分である。

まず、トヨタ生産方式とフォード生産方式との違いを三点にまとめてみよう。一つめは低成長時代に多品種で少量の生産において規模の経済をいかに実現するかということ。物が売れない時代には売れるものだけを作るという「流れ」作業に転換する必要がある。そこで行き着いたのが、市場で売れたら生産指示を出す方式にすれば、製品が貨幣と変換される「売れるあて」のある生産だけを「流れ」としてつくることができる。これを情報の流れとして考えると、フォード生産方式の情報の流れを「逆転」させた方法である（Coriat, 1992, p.53）。

フォード生産方式での情報の流れは部品生産の供給側である「前工程」から

部品を受け取り完成品とする「後工程」へと流れる。ここで言う「前工程」とは部品を生産する工程である。また「後工程」とは自動車を完成させる工程である。トヨタはその情報の流れを「逆転」させて、製品が完成形となる後工程から、部品を加工して組み立てラインへ供給する前工程へ情報を流すのである。フォード生産方式もトヨタ生産方式も部品の流れをみると前工程から後工程へと流れているのは同じだが、情報の流れをみると「逆転」しているのである。ここでの情報とは、何をどれだけ、いつ、どこで作るかという情報で、それを記入した紙板の指示書（かんばん）を渡すのである。トヨタは後工程が前工程から部品を引き取ることによって、後工程から前工程へ情報を流しているのである。これを後工程による引っ張り方式という。

　二つめは労働者数を増減させる方法である。フォード生産方式では大量生産を行うためには一つの工程を担当する作業員を決め、高速で作業することを求める。一方トヨタ生産方式では高速で作業をすることを求める点は同じだが、作業者は一つではなく複数の工程を担当する。作業者は一つの作業に専門化していない。よって注文の変動に応じて作業員をタイムリーに減らすことができる。

　三つめは混流生産である。フォード型生産は一つのラインで単一品種だけを大量に作るという発想であったが、トヨタは一つのラインで多品種少量を生産する方式を考えた。だがそのためには複数の種類を混在して一つのラインで流して大量生産の効果が生まれるようにしなければならない。これを混流生産という。経済学では「範囲の経済」[注2] という。低成長の時代には、いくつも車種があり、かつそれぞれの販売台数は少ない。一種類の注文数が少なくとも複数車種を合わさればそれなりの数量になる。少数では「規模の経済」を発揮しにくいが、多品種少量を合わせれば「規模の経済」を発揮できるということだ。

　では以上の点でフォード生産方式とは「逆転」した情報の流れと混流生産によってトヨタ生産方式は、どのように高収益、高利潤を作り出していくのか、その仕組みを考察しよう。

## 3．生産における「流れ」

　本書では付加価値生産には二つあり、一つめは創造的情報生産活動（本書では情報創造型生産（ICP）と定義した）によって作り出された価値であり、具体的にはアイデアやその図面を生産することであるとした。二つめは一つめの生産物、例えば図面などに基づいて人による作業や加工機械を使って原料や媒体を変形させる（本書では情報転写型生産（ITP）と定義した）ことによって価値が付加される生産であることを見てきた。そのなかで、ここで考察するのは情報転写型生産（ITP）である。生産における「流れ」とは原料が順次に図面や標準作業表に基づいて価値を付加されていく「流れ」のことである。

　「流れ」が重要なのは貨幣を支払って購入した原料に付加価値を与え、最終的に販売によって貨幣に戻すまでの時間を短くしなければならないからだ。もし原料（仕掛品）が「流れ」ていなかったら、それは在庫として付加価値を転写していない時間を費やしていることになる。その間に機会費用<sup>（注3）</sup>が失われていく。よって貨幣を原料に換えてからまたそれを貨幣へ返還する時間を短くすることが必要だ。このような時間と貨幣の流れの関係を「資本の回転率」という。

　もし「流れ」ていても価値が付加されていなければ、その時間は在庫と同じことになる。これをトヨタはムダと定義した。トヨタでは生産工程内にそのような状態を作ってはならない、としている。次節で紹介する大野耐一は、原料に価値を生み出さず流している状態を「流し」と言って戒めている。「流し」ではなく「流れ」を作れと。

　よってムダを排除する方法は付加価値を与えていない時間を排除することである。具体的には二つ考えられる。一つは加工作業と加工作業の間に在庫を置かないこと、つまり作業と作業の間の時間をなくすことである。もう一つは加工する作業時間を短縮することである。

## 4．外圧から生まれた「ジャスト・イン・タイム」

　加工作業の間に在庫を置かない方式をトヨタでは「ジャスト・イン・タイ

ム」という。それは後工程が必要な時に必要な数だけ加工作業場に届くというものだ。

　しかし、この方式を実現しようとすると様々な困難がともなった。あまりにも多くの工夫と困難が伴うので通常では実行に移そうとは思われなかった。なぜトヨタはそれを実現できたのか。戦後 1950 年の大不況の中、多くの企業が倒産する中でトヨタも実質的に倒産状態にあった。トヨタはそれまでフォード生産方式で大量の自動車を生産したが、大量の売れ残りが発生していたため万策尽きたのである。銀行は、融資の条件として従業員 2000 名の解雇を含む再建案を提示してきた。その条件の中に「販売会社が売れるという台数だけを生産する」とあった。これが「ジャスト・イン・タイム」につながったといわれている。よって「ジャスト・イン・タイム」とトヨタ生産方式を生み出すインセンティブはいわば「外圧」であったのだ（トヨタ自動車株式会社, 昭和 62 年, p.218）（前田, 2009, p.29）。

　トヨタでは「乏しきを分かつ精神に立ち、人員整理は行わない」としていたが、倒産かそれとも 2000 名解雇での企業存続かの選択の中、労働組合の大争議をへて最終的に解雇を選択実行し収束する。「人員整理は行わない」との約束を守れなかった当時の社長豊田喜一郎および代表取締役全員は責任を取って辞任しトヨタを去った。トヨタ再建後、解雇した社員を再雇用し、同時に豊田喜一郎は 2 年後に再び社長へ就任するが、同年に脳溢血で死去した。

　この教訓はトヨタ関係者にとってはいまだに忘れられない出来事だという。トヨタは文字通り社運をかけて「売れるという台数だけ生産」しながら利益の出る方式についての試行錯誤をはじめたのである。人員整理以前からすでに試みられていたのが「流れ」である。その「流れ」を生む道具として「ジャスト・イン・タイム」とそれを実現するための道具としての「かんばん」方式にたどり着いた。

　「ジャスト・イン・タイム」が生まれたきっかけはおもしろい。トヨタ社史のトヨタ自動車株式会社（昭和 62 年）によると、「昭和 29 年の春、業界紙にアメリカのロッキード社でジェット機の組付けにスーパーマーケット方式を採用し、1 年間に 25 万ドルを節約したという記事がのった。何の変哲もない小

さな記事であったが、これに目をつけた人たちがいた」（p.279）。それはジャスト・イン・タイムを機械工場で実践しようとしていた大野耐一らであった。大野耐一は、昭和31年に実際にアメリカへ調査に行ってスーパーマーケットを見ている（大野耐一, 1978, p.52）。「まず機械工場での月末追い込み生産の平準化を手始めに」適用範囲を広げていった（トヨタ自動車株式会社, 昭和62年, p.280）と記されている。

　このようにして始まった徹底した費用削減のための試行錯誤は「トヨタ生産方式の基本思想」として「徹底したムダの排除」にたどりつく。「ムダを徹底的に排除することによって……余分な人間が浮いてくる。トヨタ生産方式は余剰人員をはっきり浮き出させるシステムでもある」（大野耐一, 1978, p.38）。そこには大野が言う二本の柱がある。「(1) ジャスト・イン・タイム」と「(2) 自働化」である（大野耐一, 1978, p.9）。

　ではまず「ジャスト・イン・タイム」はどのような仕組みで実現したのか、またどのように費用を削減していくのかについて考察していこう。

## 5.「ジャスト・イン・タイム」を実現する「かんばん」

　「ジャスト・イン・タイム」は在庫を作らず市場のニーズに応じて生産量を変動させる仕組みである。自動車産業において生産計画は常に変更される。その要因は「予測の狂い、事務管理上のミス。不良や手直し、設備故障、出勤状況の変化など、無数にある」（大野耐一, 1978, p.10）。これは特に自動車産業に限ったことではなく、どの産業にもみられるものであるから、この方式は後に様々な産業へと導入されていった。

　トヨタでは「ジャスト・イン・タイム」を実施していなかった時期には「組立工場は部品置き場といった感じが強く、月初めには部品がそろわず、予定の半分しか組み立てられないというありさまであった」（トヨタ自動車株式会社, 昭和62年, p.280）。計画変更せざるを得ない状況を無視して各工程が生産を続けると後工程と前工程の間で、一方で欠品がありながら、他方では「不要不急な部品の在庫が山ほどたまるという事態が生じる。これでは生産の効率は悪くなり、企業効率を低下させる結果を招く。さらに悪いことには、生産現場の各

ラインにおいて、正常と異常の状態の区別がつかなくなり」改善もできなくなる（大野耐一, 1978, p.10)。

そこで「必要なものを、必要な時に、必要なだけおのおのの工程が供給を受けるという「ジャスト・イン・タイム」の条件を満た

図表 9-1 「かんばん」の一例

出所：大野耐一 (1978)『トヨタ生産方式―脱規模の経営をめざして―』ダイヤモンド社, p.52.

すためには、」「生産計画をおのおのの工程に指示」することはかえってうまくいかない。つまり何千個もの部品から成り立つ自動車では、もし「生産計画部」なるものがあっても、各工程に指示を出す方式ではうまくいかないということである。そこで「後工程から、必要なものを、必要なときに、必要なだけ、前工程に」指示を出す「かんばん」という指示書を工程間でやり取りすることにした。これで生産計画がなくても、また生産計画が変更となっても、前工程は後工程から来た「かんばん」をみて引き取られた分だけつくり、さらにその前工程が必要な部品をさらにその前工程へ「かんばん」で情報をおくるという単純な指示の連鎖があればよくなった。生産数の指示は最も後工程の、つまり市場からの受注量の変化の、必要数量の情報さえあればよく、それが「かんばん」によって前工程へ伝搬していくというシステムなのである（大野耐一, 1978, pp.10-12)。このようなシステムを「かんばん」方式という。当初は、この「かんばん」を仕入部に送り、部品生産ライン（部品供給外注）へ発注する仕組みを考えた。当初は紙切れを使った簡単なものだったそうだ。大野耐一 (1972) は「一枚の紙切れで、生産量・時期・方法・順序、あるいは運搬量・運搬時期・運搬先・置き場所・運搬具・容器などが、一目瞭然となるのではないか。この情報手段は生かせるぞ、と当時から考えていた」という。トヨタで使われていた実際の「かんばん」は図表 9-1 を参照。この「かんばん」方式を使うことで、組み立てラインが必要な部品をちょうど必要な時に、必要な数だけ作業者のわきに置く「ジャスト・イン・タイム」を実現した。

# 6. 平準化

「ジャスト・イン・タイム」を実現するための「かんばん」方式に対応するには生産順序の「平準化」が不可欠である。大野耐一（1978）によると「ジャスト・イン・タイムの『ジャスト』に意味があり、単にイン・タイム（間に合う）ということだけでは、ムダはなくならない」（pp.53-54）。「かんばん」方式は、つくり過ぎを防ぎ余分な在庫を排除することが狙いであった。この情報の流れに対応して作業者の作業がムダなくスムーズに進められるには、作業は標準作業となっている必要があり、生産の流れは製品のサイクル・タイム[注4]で平準化されることが重要になる。なぜ平準化しないとジャストにならないのか。少し詳しくみていこう。

「平準化」生産とは1日に生産すべき複数の種類の製品があるとすると、それを1日の生産時間でまんべんなくちりばめた順序で生産することである。図表9-2では製品aを6個、製品bを4個、製品cを2個、生産する場合である。「平準化」しない大量生産方式では、まずは製品aを6個まとめて作り、つぎに製品bを……というように複数の製品をそれぞれでまとめて作っていた。なぜならばそうすれば機械に装着した工具をいちいち交換しなくても済み手間が省けるからである。

よって、その方が時間の節約になるように見えるかもしれないが、突然注文数が変動するとムダが生ずる。例えば、午前中aを6個、bを4個作っておいたとする。しかし午後の注文がa、bとも5個であると、aは一つムダとなり、bは一つ足りなくなる。この結果、製品bを一つ追加で作らなければならなくなり、結果残業しなければならない。その分の費用が余計にかかる。製品と時間がムダになるのである。加えて作り溜めをすると、タイムリーな注文にも対応できない。例えば、午前中に製品bの注文が来たとしよう。もし午前中に製品aを作り溜めしていたら対応できない。

しかし「平準化」されたラインでは、作り溜めはしないので上記の問題を解決できる。図表9-2のように平均的に異なった製品が交互に流れてくる。これによって後の方で製品aを作ればよい順番のところを製品bに変えることで

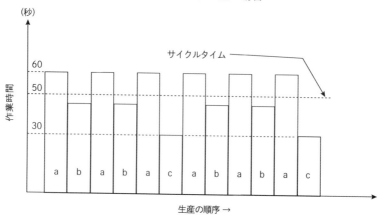

出所：宮崎茂次（1996）「トヨタ生産方式とJIT」日本生産管理学会［編］『トヨタ生産方式』日刊工業新聞社，p.12.

時間内に受注数の変化を吸収でき、作りすぎも発生しない。この「平準化」によってメインの生産ラインから送られてくる「かんばん」によるリアル・タイムの情報に対応することができ、「ジャスト・イン・タイム」に対応できるのである。

先ほど少し触れた製品ごとに異なる「機械に装着した工具」の頻繁な切り替えによって発生する作業時間は「内段取り」と「外段取り」によって解決することができる。

## 7．標準作業表の作成

次に加工時間そのものの短縮について考察しよう。トヨタ生産方式でもテイラーの「科学的管理法」からフォード生産方式と同様に、作業を標準化する点では同じである。つまり本書の視点でいう情報転写を行う場合に使われる生産手段、つまり道具や機械、人間の動作の組合せについて考えると、生産性の増大と生産コストの削減の手法の基本は可変費用を一定に、つまり限界費用をゼロに近づけ生産量の増大によってコストの拡散効果がもたらす生産費用の減少が利益を生み出すというものであった。この点はトヨタも変わらない。違い

はその標準作業表をだれが作るかである。テイラーの「科学的管理法」から
フォード生産方式では「計画部」や「生産技術部」が作成し、現場の作業員は
一方的にその指示に従うだけであった。

　トヨタ生産方式では、標準作業表は「生産技術部」と現場の作業員が協力し
て作ることが望ましいと考えている。だが実際には標準作業表を作るには作業
を熟知している必要があるので作業表の作成、修正、改善は採用後3年間、特
別に高度な教育と訓練をうけてきた現場監督者（野村，1994，p.214）（大野威，
2003，p.156）、工長で構成された「改善を行うための専門集団」（伊原，2003，
p.67）が実施しているのが実態であると指摘されている。作業者は、決められ
た標準作業表に従って作業をしなければならない。

　ここで重要なのは「ジャスト・イン・タイム」を実現するための標準作業、
すなわちサイクル・タイムである。

## 8. 自働化

　「ジャスト・イン・タイム」にとってもう一つの柱は人ベンの付いた「自働
化」である。「かんばん」方式は「流れ」を作り出す方式だが、「自働化」は
「流し」を止める方式だ。不良品は「流れ」ても価値を生まない。にもかかわ
らず「流し」てしまうことを「流し」という。「働」という漢字を使って表現
していることから、人ベンのついた「自働化」という。この「自働化」が「徹
底したムダの排除」、つまり「徹底した費用の削減」とどのように結びつくの
だろうか。

　その仕組みを、大野耐一（1978）の説明によって考察していこう。まず機
械には異常や故障がおきるもので、放っておくと、異常が起きても機械が動き
続けて不良の山を作ってしまう恐れがある。機械に異常や故障が起きたらば機
械が自動でそれを修復して、生産を続けてくれれば人手はかからないのだが、
残念ながらそのような機械はまず存在しない。よって異常を発生したときは自
動で停止するようにすれば、不良の山を作ることは防げる。ここで不用品生産
のムダを排除できる。

　また、機械に異常が発生したとき点灯するランプを取り付ければ、異常発生

時に作業員がランプに気付いてただちに修復することができる。これが「自働化」である。大野耐一（1978）は「自働化を効果あらしめるためには、機械が自分で異常を判断して止まる仕組、つまり自動機に自分たちの知恵をつけて「自働化」することによって、「省力化」ではなく「省人化」を実現しなければならない」とする。トヨタでは「少人化」がよく使われているが同じ意味である。「「少人化」というのは、一人でも二人でも何人でもやれる生産ラインまたは機械を意味しており、もともと定員制の考え方を否定するところからスタートしている」（大野耐一, 1978, p.210）としている。

　自動機は人がいなくても自動で製品を生産してくれるかのように思えるが、実際は1日中動かしていると様々なトラブルが発生する。これは機械を使って仕事をしていない人でも経験していることだろう。例えばコピー機を考えてみよう。ボタンを押してコピー機を1時間も放っておくと、必ず何かしらのトラブルで止まっているものだ。よく起きるのは紙詰まりや用紙切れである。もし紙詰まりがおきてもコピー機が止まらず動き続けたら、多くのムダが発生することはわかるだろう。ではその対策として一人のひとがコピー機を監視しているとしよう。問題のない時間もその人はコピー機の監視に拘束されている。そこには人件費がかかる。

　そこでこの対策として、紙詰まりや用紙切れでコピー機が止まるようにしておく。それだけで人はそのコピー機に拘束されずに済む。しかし、人が離れたところで別の仕事をしていたらコピー機が止まっていることに気づかないだろう。そこで「あんどん」というランプを付けてコピー機が止まると光るようにしておく。そうすると離れているところにいる人でも気づいて、コピー機のところへ行きエラーを修復したり用紙を補充したりすることができる。これとおなじで自動機で問題が起きたら「あんどん」が光って自動停止する仕組みをつくると機械1台に1人を配置する必要はない。これが人ベンのついた「自働化」である。そうすると作業員は複数の機械を同時にみることができる。生産量が多いときは、すべての機械をフル稼働してよどみなく生産せねばならない。しかし機械には異常がつきもので、そこで「自働化」によって一人が複数の機械を担当する「多台数持ち」が実現する。また生産量が多いときは人数を

増やし、生産量が少ないときは人数を減らすこともできる。これを「少人化」
という。

　これで受注の変動に合わせて生産量を増減させたときに生じる余剰人員を削
減できる。大野耐一（1978）は「定員制を打破して、生産必要数に応じて何
人ででも生産できるラインをつくり上げるよう、知恵をしぼる必要がある。こ
れが「少人化」の狙いである」（p.220）としている。

　また「自働化」は作業者が不良品を出さないようにする仕組みでもあるとい
う。「「100パーセント良品でなければならない」ためには、かりに、ある工程
が不良品を出したら、すぐに自動的に知らされる仕組み、つまり「不良品を出
した工程が痛みを感じるシステム」をつくっておけばよい。それこそ「かんば
ん」方式の独壇場である」（大野耐一，1978，p.74）。これを大野威（2003）は、
「作業者にとって懲罰的意味合いを持つ」状況を作り出すことであり、「労働者
が自発的・積極的な不良品の発見・手直し」するのは「いいものを作りたい」
という欲求からではない」（p.119）と断言している。つまり懲罰を受けたくな
いから「自発的・積極的」に不良品を出さないようにすることで、高生産性・
高品質を実現しているのである。

　また実際やってみると「自働化」で必要人数を削減しても「多数台持ち」だ
けでは「少人化」には限界がある。さらに特定の機械だけを専門とする作業員
は、そのほかの機械は操作できない。生産量が増えるとその機械だけを専門と
する作業員を増やすが生産量が減った時は、そのような作業員は余ってしま
い、他の仕事はできない。そこで複数の機械を操作できるように作業員を訓練
すれば、生産量の増減によって最小人員だけで生産を可能にできる。そのため
「多能工化」が必要となってくる。

## 9．多能工化

　部品生産には実際には様々な機械が必要である。たとえば旋盤、フライス
盤、ポール盤などである。それぞれの機械をかためて置いておいては工程の
流れは作れない。例えば旋盤を複数台かためて置くとかである。流れを作る
には、「旋盤、フライス盤、ポール盤といったように工程順に一台、一台並べ

て配置する。それにそって従来の一人一台持ちから「多数台持ち」、正確には「多工程持ち」へ移行し生産性を向上させた」（大野耐一，1978，p.216）。つまり「少人化」するには「多数台持ち」ではなく「多工程持ち」にしなくてはならない。この「多工程持ち」を「自働化」によって「徹底したムダの排除」をする。これは、「ムダ」な人数を減らすことができるようにする必要があり、「ムダ」な人数を減らすには一人が複数の工程を持てるようにして、作業員を「多能工」にすることが必要なのだということである。

「トヨタ生産方式においては、生産の流れをつくることを重視しているので、あくまで「多工程持ち」の実現に努めている。これは「少人化」に直結する。生産現場の作業者にとっては、「単能工」から「多能工」へと進むことになる」（大野耐一，1978，p.223）。

つまり「多能工」を実現することで職務の拡大、「多工程持ち」を実現し、さらにそれが製品の流れをつくることになり、余剰人員の削減も可能となるものだ。整理すると、「多能工」で「多工程持ち」を実現し、それが流れを作ると同時に、余剰人員を浮かび上がらせるということだ。

だが、ここで一つの疑問を感じえない。旋盤、フライス盤、ボール盤などを使いこなせるようにするにはそれなりに熟練職人となる必要がある。「多能工」とは、複数の熟練職人の技と能力を身につけた作業員ということなのだろうか。その教育には相当な困難が伴い、時間もかかるのではなかろうか。そこで「多能工」の内容を掘り下げて考察してみよう。

## 10.「多能工」の本質

まず「多能工」を理解するためには「能」という言葉の意味を理解することが必要である。この「能」は「人間の能力」である。よって「多能工」とは多くの「能力」を身につけた工員という意味だ。しかし、ここで一つの疑問がわく。いかに有能な人間でも多くの能力を身につけるのには限界があるのではないか。一つひとつの工作機械には熟練が必要であり、それを複数の機械を担当するとなると相当の熟練度が必要となる。実際、大野耐一（1978）は多能工化を実際にやってみて工作機械には「調整の要素が多いため熟練していな

いと扱いが困難である」（p.23）と吐露している。しかも大野耐一（1978）は「熟練度の低い新入りの作業者については、私は「三日で一人前にしなさい」」（p.43）とまで言っている。三日で熟練の技を習得させるとは、どのような方法なのだろうか。そこで次に、熟練と多能工の謎についての答えを探っていくこととする。実はこの謎を正面から研究している文献はそれほど多くないが、数少ないそれらの論文を考察することにしたい。

野村正實（1993）は「「多能工化」をめぐる議論は、「多能工化」という言葉にまどわされ」て中身を精査してこなかったという。「多能工化」をよくよくみると三つのタイプがある。〈タイプ1〉は、熟練を必要とする工程をいくつもこなせる能力で高位多能工化。〈タイプ2〉は短期間に習得できる職務（工程）を複数おこなうことができる低位多能工、〈タイプ3〉は低位技能と高位技能を複数必要とする工程をこなせる能力で混合多能工、である（野村の実際の記述とは順番を入れ替えて初学者でもわかりやすく要約して引用した）（p.208）。

野村（1993）はトヨタの社内教科書内に記述されているという部分を紹介している。「当社では、いろいろなものを標準化して、熟練の排除と未熟練者の多能工化を計っている」という。多くの研究者もこの点に言及している。

では「低位多能工」とは、また「未熟練の多能工」とはどういう作業なのだろうか。具体的に見てみよう。

実際にトヨタの参与観察で現場作業を体験した大野威（2003）の体験談に沿って考察しよう。そこはフロント・ドアの組みたて工程であった。「フロント・ドアの組付け、7つの工程からなる。」専門用語が羅列しているので簡潔に表現している部分を見ると「それは、机の上の決められた場所にノートを置いて、その上に2個のゴムを置くのと大差ない作業である」。誰でもできる簡単な作業だ。「ただし、決められた時間内に終了させるとなると話は別である。重なったヒンジ・サイドの山から1枚を素早く剥がし取るのにはそれなりのコツが必要である。また、それを放り投げるような感じでガイドに1回でセットできるようになるには（それでなければ時間に間に合わない）それなりのカンが必要である」。「こうしたカンやコツは、単純であるという作業の基本的性

格を変える程のものではないが、作業遂行上なくてはならないものとなっている」(p.105)。大野威（2003）はこのような体験談を豊富に記している。

　また別の参与観察の報告を見てみよう。伊原亮司（2003）の体験では「ベルの合図で作業を開始し、ベルの合図で休息をとる」。午前には2時間5分の労働で10分の小休止後2時間の労働の後45分の昼休み、また2時間の労働、10分の小休止、1時間半の労働であるが、その後たいてい残業がある。交代勤務だと次のシフトの人が来るので残業は1時間だという。勤務時間形態は職場によって異なる（pp.37-38）。

　次に標準化された労働の実態では、「ライン労働は、基本的に標準化された反復作業である。組付けや洗浄周りといった作業の違いにかかわらず、ライン労働者は決められた動きを何度も何度も繰り返す」(p.42)。配属されて最初は「班長と一緒に持ち場を歩きながら、作業の手順を一つずつ学んでいく。検査・梱包係から返された洗浄箱を部品置き場のシュートまで運び、返却された箱の数だけ新しい箱を洗浄機にかける。そして、洗浄機から出てきた洗浄箱を洗浄品シートに入れる。これだけである」。「ひととおりの作業を行えるようになるまでに半日もかからなかった」。もう少し複雑な作業は、「完全に理解するにはもう少し時間がかかったが、配属されて三日目からは一人で作業できるようになった」。「組付補助の場合には、さらに時間を要さない。私の場合、作業方法を理解し、一人で作業をこなせるようになるまでに1時間もかからなかった」。「作業の種類によって多少の差はあるだろうが、ライン労働はそれほど短時間で覚えられるくらい単純なものである。だが、単純な作業、すなわち、誰にでもできる作業というわけではない。たとえ単純な反復作業であっても、決められたスピードでやらなければならないとなると、誰にでも可能な作業だとはいえなくなる」(p.43)。「洗浄周り作業の労働負荷は」2万1,367歩で「1日に歩いている計算になる」「箱の重さは」「10キロから20キロ」で、「1回につき10個前後台車に積み、台車から降ろして洗浄機にかけ、洗浄機から運び出してシュートに入れる」。「サイクル・タイムは…（中略）…およそ3分であった。一日8時間労働とすると160回、その作業を繰り返す」(p.44)。

　つまりライン労働者は、一般に言われる大工や職工のような何年もかけて会

得する熟練ではないが、それらの「熟練が解体したのち、……ライン労働者にもある種の「熟練」が求められて」（伊原, 2003, p.109）いる。それは労働自体の「「質」に対応した「熟練」ではなく、「量」に対応した「耐力」」であり、「標準化された労働に求められることは、基本的には、厳しい労働負担に慣れていくことであり、「熟練」を形成することではない」（伊原, 2003, p.91）。この「耐力」への慣れと作業の質の「熟練」とは別物であるが、多くの研究では一方では非熟練の単純作業として一般化したり、一方では「熟練」の一種であるとしたりしてきた（伊原, 2003, p.110）ことで現実とのずれを生じてきたのではないかという指摘がある。

　標準化された労働であるにもかかわらず生産品の変化にも対応しなければならないとはどういうものか。伊原（2003）によると「組付けラインでは、中容量と高容量の二種類の部品を生産しているが（リアのみ一種類）、扱う部品の大きさが変わるだけで、作業動作はほとんど変わらない。部品の「変化」が基本動作の「変化」を求めるわけではない」（pp.50-51）。

　ここで「多能工」の謎を解くことができるだろう。つまり「多能工」がもつ「能力」とは熟練の能力ではなく、それを標準化によって単純な低位の能力にし、その低位の「能力」で異なる部品を扱い基本動作で作業でき、かつ工程を多数持つことである。

　つまり、熟練の技を多く習得するという意味での「多能工」は、そこには存在しなかったのである。単純作業、それも誰がやっても同じようにできる単純作業を多く担当するという「多単純能力工化」とでも呼ぶことがふさわしいものであった。第7章の標準化の視点でみると「標準作業」とは「互換性作業」といえるだろう。

## 11. チームによる助け合いと相互監視

　多能工と密接に関係のあるトヨタ生産方式の強みは「班」というチームによる助け合いにあるという。欧米の研究者はこれを、ソシオテクニカル・システム（Socio Technical System）（島田, 1988, p.101）と呼ぶ。

　トヨタ生産方式の生みの親である大野耐一（1978）によると「後の工程の

人がもたついて遅れた場合には、その人の持ち分と思われる機械の取りはずしをやってやりなさい。そうして、その人が正常の配置に戻ってきたら、すぐバトンを渡して自分のところへ戻りなさい——という具合に、バトン・タッチを上手にやるように、やかましく言ったものである。仕事でもスポーツでもそうだが、五人なら五人が同じレベルの力でやることが望ましい。だが、実際にはそうはいかない。たとえば新入社員で仕事にぜんぜん慣れていない人もいる。その場合、私どもの生産現場ではリレーのバトン・タッチ式にやっているわけだが、トヨタ自工のなかではこのチーム・ワークのことを『助け合い運動』と呼んでいる。この『助け合い運動』がより力強いチーム・ワークを生み出す原動力にもなるわけである」(p.48)。

　大野耐一は「私は「三日で一人前にしなさい」といっている。これは手順や急所、コツといったものをきちんと教え込み、また表示などを明確にすることによって、やりなおし作業や部品の取り違えといったムダな動作から早く脱け出すよう指導しなさいという意味である。このためには、手をとって教え込まなければならず、これが監督者に対する信頼感につながる。同時に一方では、作業者と作業者のつなぎの工程は「助け合い」ができるようにつくってある。人がやる作業であるから、ちょっとした個人差や、体調による作業時間のバラツキは、その工程に早くきた人がやることで吸収している。ちょうど陸上競技のリレーの、バトンタッチゾーンのような使い方である。これらのやり方でサイクルタイム内の標準作業をやりながら、「人間の和」が育っていくのである」(大野耐一, 1978, p.43)。

　つまり「五人なら五人が同じレベルの力」をもっているわけではないので、助け合うと同時に一人がさぼると残りの四人に迷惑がかかるという仕組みである。これは江戸時代や戦時中の五人組制度を連想させる。

　大野耐一(1978)とトヨタの現場での実際のチームの感覚は少し異なっているようだ。作業が遅れた場合、「班長ないし隣接工程にいる中堅社員がその工程に駆け付け、遅れを取り戻すため一時的に作業を手伝うことになっている。言うまでもなく、こうした助け合いは自発的なものでは全くなく、そうするように決められているのである」(大野威, 2003, p.132)。

第 9 章　トヨタ生産方式

　多能工と助け合いの関係については、大野威（2003）によると「多能工化」
の実態を個人のスキルの向上ではなく助け合いのための機能が主であるとして
次のように指摘している。

　「一般の直接生産労働者は、結局、多能工化が行われていない場合と同じよ
うに、専門知識を必要とするような不良原因の推測、予防措置の考案など—た
とえばプログラムの不良箇所を指摘、修理したり、ロボット故障の再発を防止
するために必要な方策を考案したり—は行うことができないのであった。たと
え多くの工程をこなしても、各工程で得られる専門知識が乏しければ、それを
いくら足しても高い知見（専門知識）に到達することはできない。多能工化
は、労働者の技能を高めることよりも、むしろフレキシブルな労働編成を可能
にしたり、欠勤を抑制したりすることに大きな役割を果たしていると思われ
る」（大野威, 2003, p.77）という。

　大野威（2003）は、「多能工化」は隣接工程をも担当することで労働者が相
互に助け合うことを可能にしているのだが、実態としてそれは労働者の能力を
高めるものではなく、「自分が休んだら班長や同僚がその分の仕事をしなけれ
ばならなくなり、迷惑になると感じる強い「ストレス」をかけることによって
欠勤を抑制する要員管理の「暗黙の職場規制」（p.90）の機能こそが「多能工
化」だ（p.129, pp.145-148）と指摘している。

　また、伊原（2003）は「自働化」ライン労働者の自律性は「権利」として
獲得したものではなく、「温情」として与えられているに過ぎないとしている
（p.167）。

## 12. QC サークル活動

　トヨタの QC サークル活動 (注5) について、トヨタの尾崎良輔 TQC 推進部課
長・森田知義（1983）は「職場の第一線で働く人達が班単位程度の小グルー
プを編成し、自主的に、継続的に QC の考え方や手法、技術的なことなどを
相互研さんしながら、職場の問題点の改善をすすめる」（尾崎・森田, 1983,
p.250）ものであるとしている。トヨタの QC サークル活動を「労働者自身が
工程・職務の再設計を行うもので、「構想と実行の分離」というテイラー・シ

ステムの原則を超克する内容を含んでいる」（大野威，2003，p.73）と指摘している研究者もいる。

だが実際の現場作業員から見た QC サークル活動は少し異なっているようだ。QC サークル活動の役割は職場のチーム・ワークを生みだすことにあり「QC によって、労働者の生産システム・品質への関心が高まるとか、幅広い知識や経験が生かされるとか（あるいは工程・職務の編成にかかわる新たな技能が生み出されているとか）、労働者の自己実現欲求が満たされるというようなことは―班長などを除けば―ほとんど認めることはできない」「QC においてはっきり認められるのは、職場のコミュニケーションを円滑にするという人間関係論的役割である」（大野威，2003，pp.125-126）との指摘がある。

## 13. トヨタにおける「人間性の尊重」

門田安弘（1983）はフォード生産方式が「人間的側面で受け入れがたい犠牲―作業の非人間化―を強いるものであった」という説明のあとに、「トヨタでは生産性と人間性の間のコンフリクトは、QC サークルと呼ばれる小集団とか提案制度を通じて、あらゆる場所で積極的な改善活動を奨励することによって解決されてきた」（p.235）という。そして「生産性と人間性の間のコンフリクト」を解決する「改善にはいろいろな対象がある。（1）ムダな動きを除去するように手作業の改善、（2）人的労働の不経済な使用を避けるために新しい改善された機械の導入、（3）材料とか消耗品について経済的に改善された利用などがこれである。これら三つのタイプの改善は、いずれも提案制度を通じて小集団（QC サークル）とか個人が改善提案を出すことによって遂行されることが多い」（p.235）。

ではここでいう人間性とは何か。門田（1985）によると「トヨタでは人間性の尊重とはムダな作業を排して、人間のエネルギーを意味のある有効な作業に結び付ける問題である」（p.250）という。さらに大野耐一（1978）では「しばしば生産現場の作業者の「動き」を「働き」にしなければならない、つまり、いくらよく動いても、働いたことにはならない」といい、「「働く」とは工程が進み、仕事ができあがっていくこと」だという（p.104）。これは動きを二

つの作業、「付加価値のない」作業と「付加価値を高める正味作業」とに分け「付加価値のない作業」をムダとして排除してくことにある（p.103）。つまりトヨタの人間性の尊重とは「付加価値のない作業」を排して人間のエネルギーを「付加価値を高める正味作業」に振り向けることなのである。

　トヨタでは「生産性と人間性の間のコンフリクト」を解決するには人の動きから「ムダな作業を排して」「付加価値を高める正味作業」にしていくことが重要で、そのことが「人間性の尊重」だと考えた。よってフォード生産方式において生産性を生み出す「人間的側面で受け入れがたい」「作業の非人間化」を「付加価値を高める正味作業」とすれば、トヨタではそれが「人間性の尊重」ということになる。しつこいが重要なことなので繰り返そう。トヨタでは「非人間化」された作業でも「付加価値を高める正味作業」であれば「人間性の尊重」となること、よって生産性と人間性の間のコンフリクトは解決することになる。

## 14. トヨタ生産方式の課題

　トヨタ生産方式の「逆転の思考」は世界から注目された。しかしその後の研究によって二つの課題が指摘されている。一つはライン生産によるボトルネックの解消である。ラインの中で、特定の工程のサイクルタイムが非常に時間がかかってしまうとき、ライン全体がそのサイクルタイムに合わせなければならなくなる問題である。この問題への対処としては、次章で考察するセル生産方式や1個作り方式などのアイデアとして示されている。

　もう一つは、作業者の労働の過密化である。トヨタ生産方式による「人間性の尊重」とは付加価値を生産している時間をふやすことであった。これが短時間に単純反復を限界まで速める超過密労働を正当化している。だが「人間性」とはそのようなものなのだろうか。それに対しては批判もあり多くの出版物がその実態を非人間的として示している。

　筆者はトヨタ生産方式は、多品種少量生産という素晴らしいアイデアを示したと考えている。これは資源を大量消費しようとするフォーディズムを脱却する根幹的手法を示したといえるだろう。よってトヨタ生産方式は地球資源の持

続可能性と自然資源の保護の時代に必要不可欠な手法となるのではないかと考えている。またニーズの多様性に最小限の資源で適応する供給システムの在り方に貢献できるだろうとも考えている。

だがそうだからと言って、そのシステムの中の作業員たちの働き方が非人間的であっていいということにはならない。スウェーデンのボルボ社が試みたリフレクティブ・プロダクション[注6]は、その問題を解決しようとした重要な挑戦である。だが現時点でそれは成功したようには見えない。この問題をどうしたらよいのかは現在においても課題として残っていると言えよう。その課題の解決方法は第16章で論じることとする。

(注1)「規模の経済」とは、同一製品を大量に生産することで平均総費用を低下させ販売価格を安価にすることを実現し、よって大量販売によって他社のシェアを奪いつつ利益を確保する方法。薄利多売ともいう。1970年以前の高成長時代における価格競争力をつける典型的な経営手法とされてきた。

(注2)「範囲の経済」とは、複数の製品を別々の企業や生産ラインで生産するよりも一つの企業や生産ラインで生産した方が生産コストを安くできること。多品種少量生産もそれにあたる。

(注3) 機会費用とは経済学用語で、その資金を別の活動へ投資していたら得られたであろう利益を、実際に選択した活動に費やしたことで得られなかったために、失われてしまった金額のことを言う。例えば、ある学生が授業に出席した機会費用は、その時間にもしアルバイトをしていたら得られたであろう賃金である。

(注4) サイクル・タイムとは、部品を生産する一連の工程を終了するまでの時間。タクト・タイムともいう。

　　大野耐一（1978）によると「「サイクル・タイム」またはタクトとは、一個あるいは一台を何分何秒でつくらなければならないかという時間のことである。これは生産数量すなわち必要数と稼動時間によって決定される。

　　一日当りの必要数は、一ヵ月の必要数を稼動日数で割れば算出できる。

　　「サイクル・タイム」は、稼動時間を一日当り必要数で割って算出する」(p.42) とある

(注5) QCサークル活動：QCとはQuality Controlの略称で、品質管理のことである。アメリカで提唱されたが普及せず、戦後日本へ占領軍によってもたらされた。それは日本で独特の発展を遂げ、製品のみならず仕事の仕方の質を高める手法へと繋がっていった。例えば、QCの手法を用いた活動で代表的なものに5S運動がある。それは「整理、整頓、清掃、清潔、躾」の頭文字"S"を取って名付けられた運動であるが、直接製品の品質には関係ない。だが、それらが作業者を通じて品質を高めるものとさ

第9章　トヨタ生産方式

れている。

　サークル活動とは、学校のサークル活動のように、仕事時間外にグループで行う活動という意味がある。小集団活動ともいう。QC をサークル活動のように行うことを目的にして QC サークル活動と名付けられた。

　大和和幸（東洋経済記者）によるとトヨタは 2008 年 6 月から QC サークル活動に残業代を支給することとなった。以下に、その記事を抜粋する。

　トヨタの「QC は、工具を置く位置から作業手順まで、多岐にわたる。1961 年から始まり、今でも 8 人程度のサークルが国内だけで約 5,000 あり、4 万人以上が対象になるという」。「これまで QC と業務との境界線は、極めてあいまいだった。生産ラインを止めた後、工場内の空いたスペースや会議室などで実施される QC は、あくまでも参加が "自主的"。ただしその成果は、勤務評価の対象に反映されてきたのである」（大和和幸（東洋経済記者）東洋経済 ONLINE（2008 年 6 月 3 日））。

(注6) リフレクティブ・プロダクション（Reflectiv Production）：リフレクションとは「自らの考えや行動を振り返り、その意味付けや気づきを得る」という意味である。リフレクティブ・プロダクションは、「労働過程において、労働主体と労働対象、労働手段との間に生まれるリフレクティブな（反省的な）関係、すなわちこれらの労働過程の三要素の間で成立する労働過程内対話（Inner dialogue）…これを労働主体内部の出来事として見れば、独白的自己内対話（Inner monologue）ということになる…に着目し、それを意識的、体系的に促進するという方法である」野原（2006, p.321）。「内的対話」システムといわれている。

　これはスウェーデンのボルボ社がウッデヴァラ工場で自動車生産において実験した生産手法である。テイラー「科学的管理法」とフォード「ベルト・コンベア」方式による労働の非人間性が指摘される中で、人間的労働を追求した生産方法の一つ。英語表記は RPS（Reflective Production System）である。丸山（2002）によると効率性を高めれば人間性が低くなり、人間性を高めれば効率性が低くなる。こうした生産効率性と労働人間性の二律背反性を克服するラディカルな新しい生産システムとしてリフレクティブ・プロダクションがボルボ・ウッデヴァラ工場の設立にアドバイザーとして直接に関与したスウェーデンの研究者（Ellegård, Nilsson, Engström ら）によって提起された。このリフレクティブ・プロダクションとは、ボルボ生産システムの理論的基礎をなす理念である。

　彼（女）らはベルト・コンベアによる流れ作業の形態とドック方式（固定組立）によるチーム作業の形態を対比させて、形態に潜む本質的な差異として「継起的生産」（serial flow）に対する「並行的生産」（parallel flow）、作業を修得する学習方法における「部品付加的学習」（additive learning）に対する「全体的学習」（wholistic learning）をあげている。

　「継起的生産」とはベルト・コンベア上の加工対象物が作業者の眼前を移動して消失することをいい、「並行的生産」とは加工対象物が固定していて、終始、作業者の眼前にとどまり、しかも、いくつもの加工対象物が並行して置かれていて、いずれもその場で順次、完成されていく生産方式をいう。

　他方、「部品付加的学習」とは職場で仕事を覚えるときに、まず細分化された部分

作業を一つ修得し、次に別の細分化された部分作業を修得するというかたちで、次第に広い範囲の作業能力を身につけていく、こうした学習方法をいう。これに対して「全体的学習」とは、はじめに１台の車を分解して、その部品を機能ごとにまとめて床に広げて置き、それらの部品群の空間的位置関係と機能的な関連を学ぶ。こうして、車の全体構造を学習する。そのうえで部分作業に入り、次第に作業範囲を広げていく学習方法である。こうした学習方法は人間発達の方向性を持つものである。

　この「並行的生産」と「全体的学習」というウッデヴァラ方式の核心に共通するのは、車の構造と生産工程の全体が常に作業者の視野のうちにあるということである。これを「俯瞰」（overview）と呼ぶ。これは定置（ドック）方式のもっとも重要な理論的核心をなす。すなわち、この「俯瞰」によって作業者は、車の構造と生産工程の全体をつねに視野に入れ、そのことによって、たとえ自分が部分作業に従事していても、加工対象からの反作用に対して、より適切な作業方法や、工具を選び出し工夫することが可能となる。「俯瞰」によって可能となる、作業過程におけるこのような主体と客体の相互作用が「自己内対話」（inner monologue）と名づけられている。彼（女）らはウッデヴァラで開発されたこの生産方式を、「俯瞰」によって「自己内対話」を可能とする生産方式という意味で、これをリフレクティブ・プロダクションと命名したのである。このリフレクティブ・プロダクションによってボルボ生産方式は、生産性のうえでも、流れ作業に劣らないことを彼（女）らは主張したのである。」（丸山, 2002, pp.201-202）。

# 第10章　トヨタ生産方式の発展型

## 1. セル生産方式

　ベルトコンベア・ライン方式には、三つのロスが存在するとして、それをレイ・ワイルド（Wild, Ray, 1975）はハンドリング・ロス、システム・ロス、バランシング・ロスと指摘している。レイの検証方法をまとめると次のようになる。まず、労働者の動きのすべてが生産活動に充てられた場合の理論的時間を基準値とする。だが実際には、工具を取ったり置いたりするので、労働者の動きをすべて生産活動に充てることは困難である。これがハンドリング・ロスである。システム・ロスとは、一定時間で作業すべきところで、実際には、労働者個人の能力の差が生み出す時間の誤差から発生するロスである。

　バランシング・ロスは、各工程の標準時間の差異から生じるロスである。すべての工程を同一の標準時間にすることは、技術的に困難であるため、前工程が終了するのを待つ時間が発生する。このバランシング・ロスを1製品の総生産時間に対する損失割合をB％とし、1工程あたりの標準時間 Tc との関係を示したものが図表 10-1 である。Tc が長くなればなるほど1製品の総生産時間に対する損失割合が小さくなる。また、工程数が増えれば増えるほど、B％は増加する。

　「セル生産方式」にはバランシング・ロスを削減する効果があることが知られるようになり、1990 年代に入ると、様々な製造現場において広く普及するようになった（Berggren, 1992）。

　セル生産方式は、那須野公人（2001）によると、日本において 1990 年代の初め、トヨタ生産方式を電気メーカー等が適用するなかで生まれてきた。ま

図表 10-1　製品生産時間とバランシング・ロスの関係

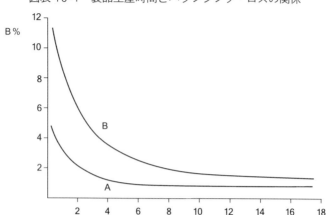

出所：Ray Wild (1975) "On the Selection of Mass Production System", *International Journal of Production Research*, American Institute of Industrial Engineers, Vol.13, No.5, p.450.

　た、少し遅れて 1994 年に、コンパック・コンピュータ社において経営危機を立て直すための様々な実験から、ほぼ同じ方式が、同社スコットランド・アーキンス工場にて考案された（那須野, 2001）。

　1991 年秋、ソニー美濃加茂において、トヨタ生産方式の生産ラインへの適用が開始され、1992 年春にベルト・コンベアによる流れ作業の効率性に対する再検証実験がビデオカメラのテープ駆動装置組立工程において行われた。1人が数工程を担当し、5 人でコンベアラインを構成していたのに対し、5 人にそれぞれ作業の全工程を習得させて、1 人で組み立てる方式を試みた。その結果、1 日の 1 人あたり生産量が 150 台から平均 243 台へ、1.6 倍と生産性が向上した。このソニー美濃加茂の結果を受けて、ソニーの生産革新が始まった。セル生産方式は、その後ソニー幸田（ビデオカメラ生産）、ソニー木更津（据え置き VTR）、ソニー一ノ宮（テレビ組立）、ソニー本宮（電子銃と薄型ブラウン管）工場へと広がり、全社的に採用されるようになった（那須野, 2001, p.136）。

　その後、セル生産方式は日本において多品種少量製品の組立ラインを中心に

広範囲に広がっていく。日本ではセル生産方式を「一人生産方式」と「1個作り方式」として標準化していくことになる。一方、アメリカのコンパック社では1994年ごろからの実験の結果、三人一組の作業グループによる「セル生産方式」が考案されるに至った。1995年にはヒューストン工場のすべての最終組立ラインをすべてセル生産方式に転換するとともに、最終的には他の工場にもこの方式を導入することを検討することとなる。コンパック社ではセル・マニュファクチャリングという名称で呼ばれており、これからセル生産方式という呼称が由来したものと思われる（那須野, 2001, p.136）。

　セル生産方式は、その内容を分析すると、大きく分けて二つの特徴を持っている。一つは、生産の全工程を1人の人間が受け持つ「一人生産方式」としての特徴。もう一つは、1ロットを1個とする「1個作り方式」である。製品の特徴によって、この「一人生産方式」と「1個作り方式」のそれぞれの特徴を組み合わせて生産工程が設計されるようである。ゆえに「セル生産方式」といっても、生産対象によって様々である。とはいえ、その原則を突き詰めると、「一人生産方式」もしくは「1個作り方式」に行き着く。次にそれぞれの方式について、その特徴を分析してみよう。

## 2. 一人生産方式

　連続的な流れ作業で標準化した個々の作業を連結した場合、各作業時間の違いから待ち時間が発生する。この待ち時間を解消するためには在庫を必要とするが、そのために在庫費用が発生してしまう。そこでジャスト・イン・タイムによる在庫費用ゼロの効果を有効に取り入れようとすると一人生産方式へと行き着く。

　一人生産方式の利点は、ライン編成率によって理解することができる。ライン編成率とは、工程内の待ち時間が投入から産出までの全工程の総時間に占める割合、言い換えれば、工程内待ち時間がリードタイムに対してどのぐらいの割合を占めてしまうのかを表す指標である。このライン編成率 = $E$ として式で表すと

$$E = \frac{\sum HT}{\max HT \times N人}$$

となる。$HT$ は、工程別（作業者別）手扱い時間、1工程の作業時間である。$\max HT$ は、工程別手扱い時間のなかで最大値を表している。分子は工程別手扱い時間の総合計であり、分母は手扱い時間の最大値を人数倍（$N$）、つまり、工程数倍している。

このライン編成率が表していることはなんであろうか。関根憲一（1987）の指南に基づいて検討してみる。まず、作業工程表1を例に検討する。作業工程表1の1番から8番までは各工程の手扱い時間（HT）を表している。この八つの工程のなかで最大の $HT$ は1番工程と2番工程でともに40秒である。

作業工程表1

| 工程 | 1 | 2 | 3 | 4 | 5 | 6 | 7 | 8 | 合計 |
|---|---|---|---|---|---|---|---|---|---|
| $HT$ | $40_S$ | $40_S$ | $30_S$ | $36_S$ | $30_S$ | $30_S$ | $30_S$ | $30_S$ | $266_S$ |

この場合ライン編成率は、

$$E = \frac{266秒}{40秒 \times 8人} = \frac{266}{320} \fallingdotseq 83\%$$

となる。この例ではライン全体の 100% − 83% = 17% が待ち時間として発生しており、時間としては 320秒 − 266秒 = 54秒 が待ち時間となっていることを表している。この単純な計算式は、あと 17% の時間短縮が理論的に可能であることを示唆している。なぜ、このようなことになるかというと、2番工程担当者の作業が終了するまで3番工程以降の6名の担当者は10秒間待たなければならないからである。4番工程担当者は、工数が36秒なので、40 − 36 = 4秒だけ待つことになる。するとこれらの合計が54秒となる。

要約すれば、このラインでは1製品のインプットからアウトプットまでは 320秒かかるが、実際に作業者が作業している時間は 266秒だということである。

さて、このラインの1番工程から8番工程までを1人の人間が行えば、製品のインプットからアウトプットまでは266秒であり、手待ち時間はなくな

るはずである。これを追求したのが一人生産方式である。つまり、工程分業における各工程工数の差異から発生する待ち時間を消滅させようとしたのが一人生産方式の理論的な意味である。

したがって、新製品の生産工程を設計するためには、多大な作業工程研究と工具の創作が必要となる。単一種類の生産のみを行うのであれば、初期の工程設計費用は生産量に対して対数的に減少させることができるが、多品種少量生産を行い、かつ新機種製品が短期間に生まれる場合では、初期の工程設計費用は、総費用のなかで大きなウエイトを占めてしまう。

また、一つの工程に対し作業改善が施され、工数が短縮されたとしても、どこかの工程の工数が最大値のままであれば、その改善の結果はリードタイムには反映されない。したがって、最大値工数の工程がボトル・ネックとなり、限界費用は最大値工数の工程に規定される。このことは、従業員の創意工夫による作業改善が限界費用の削減に直接結びつくまでには、ボトル・ネックとなっている工程の工数が改善されるまで待たなければならないことを意味している。だが従業員の作業改善は、必ずしも結果に反映されるとは限らない。

例えば、先ほどのライン編成率の説明に利用した作業工程表をもって具体的にみてみよう。作業工程表の6番目の工程を改善して工数を24秒に短縮できたとしよう。

それを示すと作業工程表2となる。

### 作業工程表2

| 工程 | 1 | 2 | 3 | 4 | 5 | 6 | 7 | 8 | 合計 |
|---|---|---|---|---|---|---|---|---|---|
| $HT$ | $40_S$ | $40_S$ | $30_S$ | $36_S$ | $30_S$ | $24_S$ | $30_S$ | $30_S$ | $260_S$ |

6番工程短縮後の全工程の作業合計時間は266秒から260秒へ当然、短縮される。しかし、工数最大値の1・2番の工数が改善されていないので、この製品のリードタイムは当初の320秒のままで変わらない。待ち時間が増えただけである。

この場合、工数上でボトル・ネックとなっている作業の改善が困難な場合には、工程全体のリードタイムの短縮は他の工程の工数が改善されたとしても意

味を持たなくなる。また、最大値の短縮なくして、あらゆる作業の改善のための費用はリアル・タイムに反映されることがなくなり、回収のめどがたたなくなる。

　作業者の創意工夫は、かりに、作業者の遊び時間が増えるという意味で作業者にとって意義を持つ場合があるかもしれないが、費用削減効果としては意味を持たず、評価はされない。作業者の努力は、経済効果として結びつかない。ここでは、最大値の工数をもつ1・2番の工程が改善されない限り、3番工程以降の改善は意味を持たないことになる。

　そこで、この1・2番の工程の改善が困難であった場合、この1・2番の工程を分割することが考えられる。かりに、この二つの工程を三つの工程に分割できるとして、例えば、30秒・30秒・20秒としたとしよう。工程は九つに分かれ、作業工程表3のように書き換えることができる。3番以降が4番以降へずれているだけの表である。

作業工程表3

| 工程 | 1 | 2 | 3 | 4 | 5 | 6 | 7 | 8 | 9 | 合計 |
|---|---|---|---|---|---|---|---|---|---|---|
| HT | $30_S$ | $30_S$ | $20_S$ | $30_S$ | $36_S$ | $30_S$ | $24_S$ | $30_S$ | $30_S$ | $260_S$ |

　作業工程表3では、1・2番のボトル・ネックは解消している。しかし今度は、新たに5番目の工程が最大値36秒でボトル・ネックとなっている。しかも、人件費は1人分多く必要となる。ライン編成率を計算すると

$$E = \frac{266秒}{36秒 \times 9人} = \frac{260}{324} \fallingdotseq 80\%$$

と80%となり、作業工程表1の83%より悪化している。待ち時間は全体の約17%から約20%へと上昇し、なおかつリードタイムも320秒から324秒へと悪化している。これは、ボトル・ネックの工数が40秒から36秒へと4秒だけ短縮し、10%減少したのに対し、人件費は8人から9人へと約12.5%上昇しているからである。リードタイムは短縮したが、限界費用はそれ以上に上昇したことを意味している。

　ここから一人生産方式の優位性が主張されることとなる。一人生産方式であ

れば、分業間の工数のまだらが解消される。一人生産方式では、工程を分割するか否かに関わらず、リードタイムは260秒となる。待ち時間はなくなり、当然ライン編成率は100％となるからである。

さらに、この一人生産方式の優位性は待ち時間の減少という結果以上に、どの工程での工数改善もダイレクトにリードタイムの短縮にリアル・タイムに反映されることにある。これは、先ほどの作業担当者別のライン編成とは逆に、個々の作業工数改善が、限界費用の減少にダイレクトに反映されるということでもあり、作業者の創意工夫による改善が経済的な意味と評価を与えられることとなる。どの工程に対してであれ、最も手をつけやすいところから改善を実施でき、その結果による工数短縮がダイレクトに限界費用の減少に反映され、よって、その改善コストの回収も可能となるからである。

一人生産方式は、作業間の工数ムラの解消による待ち時間をなくすと同時に、ダイレクトな工数改善の反映によりインセンティブを生み出す効果を持っていることがわかる。

## 3. 一人生産方式の問題点と標準化

一人生産方式の問題点としては、次の8点があげられる。

① 作業者個人の技量差、品質差がでる。
② 作業者にストレスが多くかかる。
③ 作業者ごとにペースが一定でない。
④ 教育訓練時間が多くなる。
⑤ 欠勤者の代替者がいない。
⑥ 量産品には向かない場合がある。
⑦ 大物、重量物には向かない。
⑧ 設備がラインの数だけ必要となる。

以上の欠点を考慮すると、一人生産方式は単一大量生産には向かない場合がある。①～⑤は主に作業者の問題であり、作業の標準化によって解決できる余地は十分にある。他方、⑥量産品の問題は、機械によるバッチ生産が有効の場

合があり、これは作業工程の工夫では対処しようがない。

　また、⑦の重量物についても同様であるが、大型設備を必要とする重量物の大量生産の場合には対応できない。⑧の設備は工程ラインのレイアウトを工夫して複数ラインでの設備共有を図れば解消する可能性がある。このように、一人生産方式での問題点は、専用設備を使用した大物重量物の大量生産方式には向かないということができる。

　そもそも、一人生産方式の利点は、ラインのバランシング・ロスの解消であり、多品種少量生産で威力を発揮する。しかし、この一人生産方式の成立条件として、作業の標準化が前提となっていることがわかる。作業者の技量差、教育訓練の時間の短縮、代替作業者の教育、作業ペースの一定性を確保するためには、作業の標準化が前提だからである。

## 4．1個づくり方式

　一人生産方式と合わせて注目された生産方式に「1個づくり方式」がある。多品種少量生産の究極の形態は、生産ロットを1個とする「1個づくり方式」である。テイラー・システムから一人生産方式までの議論が作業動作の観点であったのに対し、「1個づくり方式」は生産ロットの観点に着目した方式である。

　1個づくり方式の利点を整理すると、以下の3点となる。

① リードタイムの短縮
② 不良品発見のリードタイム化による損害の最小化
③ 市場ニーズへの即対応生産と製品在庫の削減

　さらに、1個づくり方式を大量生産ラインに適用することで、混流生産として応用することによって、設備の有効活用を図り、量産ラインによる多品種少量生産の効率化を追求することができる。

　まず、1個づくりの第一の特徴としてリードタイムの短縮化が図れるのは、工程内の待ち時間を減少できることにある。一度に作る生産量（ロットという）は、多くなるほど工程内の待ち時間が発生する。例えば、部品4個を1

ロットとして1個の製品を加工している間3個は生産待ちとなりその時間は付加価値を生産していない。これを「ロット待ち」という。

また、前工程が4個生産する間、後工程に待ち時間が発生することがある。これを「工程待ち」という。ロット生産には、上記のように「ロット待ち」と「工程待ち」という二つの「待ち」が存在しており、この待ちを減らす、もしくはなくすことがリードタイムの短縮につながる。

第二の特徴として、この1個づくり方式には、不良品対策の効果がある。製品を1個ずつ作る方式では、生産ロットは1個単位となる。ロットが1個であるため、不良品の発生に対するフィードバックは、発生時点で行われる。従来のロット単位が複数個の場合だと、不良発生によるフィードバックはロット単位となる。1個単位だと不良が発見されるとその場で対応が可能となり、それ以降に生産される同一製品に対してはすべて生産前に対策を実施できる。このように、1個づくり方式は不良によって発生する修正費用を最小限に抑える利点がある。

多品種混流生産を行う場合、サイクルタイムが重要な意味を持つ。山田善教 (1988) によると、多品種を同一ラインで1個ずつ流すには、品種間の製造での共通性を最大限活用して、1品種の生産であるかのように、ものが工程を一方向に流れるようにすることが重要だという。多品種がサイクルタイム通りに流れる工程を作る原理は、以下の三つがポイントになる。山田 (1988) による多品種混流生産の特徴は以下である (p.33)。

① 多品種であっても品種間の製造での共通性を最大限活用して、1品種の生産であるかのように、ものが工程を一方向に流れるようにする。

② 多品種であっても、あたかも1品種がサイクルタイムで連続して流れているかのように作る。

③ 多品種であっても、あたかも1品種または数品種の作業であるかのように段取り替え作業の共通化を図る。


以上が示していることは、製品は多種多様であっても、生産方法は「あたかも1品種」の生産であるかのようにするということである。各工程の作業は同

一である。しかし、そこを流れているのは多品種なのである。多品種混流生産の原点は大量生産での分業を活用し、標準化された各工程の作業により多品種を生産する方式である。

　この方式により、次のようなメリットが生み出される。「ロット生産では同一品目を続けて作ることにより、その範囲内でわずかな反復繰り返しを期待しているのに対して、混流ラインは異製品からなる製品ファミリーを、あたかもひとつの製品であるかのように扱うことによって、製造における共通性を大量に反復繰り返して利用することを意図している。そこでは反復繰り返しの回数が大きく異なる」(山田, 1988, p.34)。

　つまり、製造作業の共通性から小ロット生産もしくは1個ロットであっても、製品ファミリーでまとめれば、生産すべてがひとつの製品を生産するのと同じになり、反復繰り返しの回数はロット単位の制約がはずれ、全製品共通の反復繰り返し回数が増大するのである。反復繰り返しの回数が多くなれば、自動化による生産が可能となる。生産される製品は多種多様であっても、作る側からみれば、「一つの製品」なのである。

　このことからもわかるように、製品ファミリーには、生産工程上多くの共通性を持たせる必要がある。例えば、山田が指摘するように「製品開発→製品設計→生産技術→製造までひとつの思想で一貫し、製造における共通性を最大にして、最大限活用することが可能になるように生産技術が責任を持って先導すること」(山田, 1988, p.36) が必要となる。このように、製品開発と設計段階での標準化がこの多品種混流生産の基本原理となっていることがわかる。生産の標準化から設計の標準化へと一貫した標準化が貫かれることが重要なのである。

## 5. 科学的管理法から1個づくり方式までのまとめ

　テイラーが作業動作の標準化を追求し、さらにフォードが分業間の連結を標準化させた。これは大量生産方式によるコストダウンに結実している。さらに、セル生産、1個づくり方式においてもコストダウンに結実している。大量生産方式とは、一度に大量につくれば安くつくれるということではない。作業

工程の共通性を標準化として定式化し、その生産手法を利用して同一作業で多品種製品をつくることもできるコストダウンの方式で、大量生産は経済性を実現することが可能となるのである。

　フォード・システムがもたらしたものは、ベルト・コンベアという形での情報の流れの方向を作り出し、流れを均一化することであった。トヨタ生産方式では、ベルト・コンベアを使いながら情報の流れを逆転させた。セル生産方式では、ベルト・コンベアを否定してはいるが、この情報の流れの方向と均一化は変わっていない。

　今日のセル生産方式、1個づくり方式による多品種混流生産は、この大量生産方式の作業の標準化の上に、工程間の連結に存在するミス・マッチとしての時間ロス、すなわち、「手待ち」時間を排除する分業の連結方式である。そこには、複数の標準作業を作業者が習得する必要があるが、それは多種多様な能力を必要とするよりも、作業場の共通性を高める方向性に目が向けられている。

　セル生産方式も多品種混流生産も、徹底した製品の標準化と作業の標準化の上に成り立っており、多品種製品も設計段階から標準化が行われる。生産方式の視点からみた場合、フォードのベルト・コンベア方式とセル生産方式の違いは、1品種生産か多品種生産かという違いではなく、分業の連結の標準化の困難さから生まれるバランシング・ロスの排除にある。ベルト・コンベアは、多品種少量化に対し、多大な工程設計の費用を発生させる欠点があった。それに対し、大量生産方式のメリットに加えて作業の連結のロスを排除しようとしたのが、セル生産方式なのである。

　（本章は拙稿（2003）『スタンダーディゼーションと企業間ネットワークに関する研究』明治大学、博士論文の一部を抜粋し、加筆修正した。）

# 第11章　モチベーション理論

　ホーソン実験以降、人間性の発見によって組織内の人間の在り方が生産性に影響すると考える研究が発展した。一方で工程における生産性については機械処理の比率[注1] と市場の不確実性の在り方によって影響されるとする環境適合理論（Contingency Theory）という新しい考え方が発展した。そこでは効率的で生産性の高い高業績組織は、環境適合的であるとする実証研究から、技術と人間と市場の適合条件によって生産性は左右されることが指摘された。

　他方、組織内の個人に焦点を当て、やる気を研究する方向で発展したのがモチベーション理論（Motivational Theory）である。それは個人の能力と意欲を引き出す条件を探すことであった。ひらたく言うと「個人のやる気を引き出す」条件を研究する分野である。組織において人間の集団的特性に最大限配慮したり、市場環境と組織内の条件適合を最適値に調整しても、最終的には人間個人が自発的に働き、意欲が高まったり、達成感を得られたりしなかったら、生産性も高業績も期待できないということは容易に想像がつくだろう。

## 1.　人間の行動を科学する

　人間の行動を支配する法則を科学的に解明しようとするのが行動科学という学問だが、そこでは、経営学も含めて心理学、精神医学、社会学、歴史学、人類学など様々な学問的研究の成果が集結している。松山一紀（2010）によると、1951年にフォード財団が「個人行動と人間関係（Individual Behavior and Human Relations）」とう研究テーマを計画し、数百万ドルの資金援助を発表して以来、発展したといわれる（松山, 2010, p.38）。1920年代、フォードの大量生産システムでは、労働現場において人間の機械化が進行し、ベルト・コンベ

アと分業による細分化された作業の高速な繰り返し運動が、人間の労働の意欲を奪っていったことが報告されている。月曜日には無断欠勤する労働者が増加していたのである。様々な資料によると、フォードは労働者の意欲を高める手段として他社よりも高い賃金を設定したが、高報酬による労働意欲の上昇は一時的でしかなく、結果、労働者の労働意欲を高めることには失敗した。このことからして、1951年のフォード財団による研究テーマの設定は、同様の生産方式を採用している近代的製造業における単純流れ作業労働が個人に与える問題の深さを表していたといえよう。

経営学に関係の深い行動科学の一つの分野としては「動機づけ理論」がある。科学的管理法が科学的な「動作づけ」（岸田・田中，2009，p.94）を追究したのに対し、人間個人の心理的内面から行動を起こす要因を科学的に解明しようとするものが「動機づけ」である。動機づけ理論には二つのアプローチがある。一つは「内容論（content theory）」または「欲求説（need theory）」とも呼ばれ、もう一つは「過程論（process theory）」または、「文脈説（context theory）」、「選択説（choice theory）」とも呼ばれるものである（日本経営協会，2015，p.204）。内容論は、人間がもつ欲求がどのような行動によって満たされるかを研究する。過程論は、期待や努力などがどのように満たされると意欲を高めるかという、満足を得る順序や経路を研究する。

## 2. 5段階欲求説

内容論は、人間を様々な欲求を充足するために行動するものとみなして、その本来持ち得ている心理や本能などの欲求の在り方を明らかにしようとする。マズロー（Maslow, Abraham H., 1954）によると人間の多様な欲求は、5つの基本的欲求が階層的に積み上がって形成されているとする。これが5段階欲求説（自己実現モデルともいう）である。人間の本能として最も重要な生存本能に直結する食欲、睡眠欲などの「生理的欲求（physiological need）」が不足していると、まずは何をおいてもその欲求を満たそうと行動する。この「生理的欲求」が満たされると、今度は生存を脅かす恐怖を取り除く、安全・安定を求める「安全の欲求（safety need）」を求めるようになる。この「安全の欲求」が

図表 11-1　マズローの 5 段階欲求説

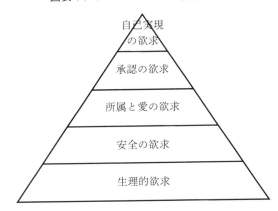

満たされると集団への帰属や仲間との人間関係や愛情をもとめるという社会的欲求（social need）または「所属と愛の欲求」を求めるようになる。さらにそれが満たされると集団や社会の中で自分の能力が認められたいという「承認の欲求」または「自尊欲求（esteem）」を求めるようになる。またそれが満たされると自分の能力を高め、可能性に挑戦したいとする「自己実現欲求（self-actualization）」を求めるようになるというものである。このように最低次の生理的欲求から最高次の自己実現欲求までの 5 つの欲求が段階的に積み上がり、一つの段階が満たされると次の欲求を満たすように行動するというものである。

## 3. パーソナリティの発達

　ホーソン実験による人間性の発見から「自己実現」を目指して成長する人間を全体としてとらえようとしたのがアージリス（Argyris, Chris, 1957）『組織とパーソナリティ』である。岸田民樹・田中政光（2009）によるとアージリスは人間を「パーソナリティ」という概念でとらえようとした。これは欲求の総計ではなく「統合された全体」として、多種多様な欲求が体系的に相互作用している全体であるととらえる。パーソナリティは、変わろうとする自分と変わるまいとする自分が、自己を維持するために絶えず環境や欲求と相互作用しているものとする。パーソナリティは人間の成熟とともに新たに出てくるもので

固定されたものではない。人間の「内在する」発達傾向には「未成熟から成熟」の七つの次元があり、その発達傾向の程度に応じて自らの欲求を実現しようとする。しかし企業の公式組織は変化しないため常にフラストレーションを感じ組織との不適合が大きくなるという。よって人の発達に沿って組織を変え、職務を拡大したり、自ら決定に参加したりする「参加的リーダーシップ」で成長と組織の不適合を解消する試みが必要であるとしている（岸田・田中, 2009, pp.91-93）。

## 4. ERG 理論

　マズローの5段階欲求説は非常に有名で、経営学において人間のやる気をコントロールしようとするモチベーション理論では必ず紹介されるのだが、実際には人間はもっと複雑な欲求と行動を持つことがわかるようになり、批判的に包括された理論へと受け継がれていく。例えばアルダファー（Alderfer, Clayton P., 1972）は、マズローの理論を修正して研究結果として ERG モデルを提唱した。このモデルでは人間の欲求は三つの次元に分けられる。一つめは生存したいという欲求である「基本的な存在（Existence）」でマズローの「生理的欲求」と「安全の欲求」にあたる。二つめは他者との関係を求める「人間関係（Relatedness）」でマズローの「所属と愛の欲求」と「承認の欲求」にあたる。最後に三つめは「成長（Growth）」でマズローの「自己実現の欲求」にあたる。この三つの欲求の頭文字をとって ERG 理論という。アルダファーの ERG 理論は一見マズローの5つの欲求を簡素化したように見えるが、マズローの5段階欲求説よりも複雑な欲求と行動を説明できる。ERG は段階的に満たされていくのではなく、それぞれの欲求が同時に存在し併存することがあるし、高次の欲求が困難であるときは低次の欲求が強くなり、成長の欲求が満たされないときは人間関係の欲求が強くなる。つまり三つの要素が同時に存在したり、上がったり下がったりする複雑な動きをするというのである。マズローの欲求5段階仮説は人格心理学の視点から構築されたのだが、アルダファーの ERG 理論は、当初から労働現場で応用するための研究の結果であった。よってマズローより現実的であるとされる（松山, 2010, p.40）。

136

## 5. 二要因説

アメリカの心理学者ハーズバーグ（Herzberg, F., 1959）を中心とする研究者たちが提唱した二要因説（Tow-factor theory or dual-factor theory）または動機づけ―衛生要因と呼ばれるものである（桑田・田尾，2010, p.215）。彼らは、ピッツバーグ市内の企業に勤務する203人の技師及び会計士に対して、職務態度に関する個別面接を実施した。その結果から「なくても特に不満はないが、経験するとさらに強い満足を得るような欲求」（動機づけ要因）と「なければ不満だが、あっても満足するものではない」（衛生要因）の存在を明らかにした。これは欲求階層説とは異なり、動機づけ・衛生の2種類の欲求からモチベーションを説明している。動機づけ（motivators）要因は、労働に内在する内発的要因（intrinsic factors）で、職務満足に働きかけるものであり、達成感や他者からの承認、仕事そのもの、責任、昇進などがある。これらはあると強い満足を示すがなくてもそれほど不満を示さない。

一方、衛生要因は会社の政策と経営、監督技術、給与、対人関係、作業条件に偏っており、これらが不足していると強く不満を示すが、あってもそれほど満足を示さない。ハーズバーグはこれらを仕事に内在するものではなく外にある環境からくる外発的要因（extrinsic factors）で、衛生要因（hygiene factors）と呼んだ。「衛生要因」の名づけは、社会的基盤として医学的な予防や環境があるように、労働者にとってあって当たり前と感じられることからきている（松山，2010）。要因と満足と不満足の関係は図表11-2「動機づけ―衛生要因」に示されている。

## 6. 達成動機説

マクレランド（Mclleland, D.C., 1961）は、本来、人間には意欲的に何かを達成したいという欲求があることを仮定した。そこから「達成（achievement）」、「権力（power）」、「親和（affiliation）」という三つの要因とパーソナリティの関係を明らかにした（日本経営協会，2015, pp.206-207）。高橋伸夫（2007）は、マクレランドの理論をリーダーの資質の状況理論としてまとめている。高橋に

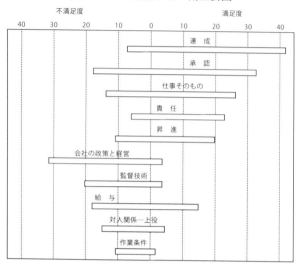

出所：松山一紀 (2010)「行動科学とマズロー」田尾雅夫［編著］『よくわかる組織論（やわらかアカデミズム・〈わかるシリーズ〉）』ミネルヴァ書房, p.42 より.

よるとマクレランドは「①強い達成欲求（仕事への専心、社会的プレッシャーへの抵抗力、専門的能力の尊重、リスク志向、成功への失念、現実的判断、将来志向など）は企業家や創業者に必要だが、大企業の管理者には不都合である」(p.193) とした。さらに、リーダーの資質として権力志向の強い人は大企業で成功するタイプであり、他者への影響力行使とコントロールに強い関心を示す。一方、親和動機の強い人は、人々の和に強い関心をもつとした。

## 7．X 理論・Y 理論

井原久光 (2008) によるとダグラス・マクレガー (McGregor, D.) は、『企業の人間的側面 (The Human Side of Enterprise)』(1960) で科学的管理法を批判し、本当の科学は自然の法則にしたがうもので「人間を思いのままに動かそうとする」ことは自然の法則に反しているとした。本来、統制とは「相手の人間性を自分の望みに合わせるのではなく、自分のほうが相手の人間性に合わせる」ことである。科学的管理法などの伝統的管理原則は、軍隊をモデルに生ま

第 11 章　モチベーション理論

図表 11-3　マクレガーの X 理論と Y 理論

| | X　理　論 | Y　理　論 |
|---|---|---|
| 人間観 | 人間は生まれながら仕事が嫌い<br>強制・命令されなければ働かない<br>命令される方が良い<br>責任はとりたくない | 人間は生まれながら仕事が好き<br>命令されなくても進んで仕事に取り組む<br>自ら創意工夫する<br>自分の仕事の責任は積極的にとる |
| 管理法 | 伝統的管理（不信が裏にある）<br>・ハードマネジメント（厳しい管理）<br>・ソフトマネジメント（甘い管理）<br>・ハードとソフトの組み合わせ<br>　（アメとムチ） | 目標による管理（信頼ベース）<br>・自主的な目標設定<br>・自己管理<br>・業績の自己評価<br>・自己啓発 |
| その他 | 生理的欲求・安全の欲求・社会的欲求の満<br>　足が中心<br>科学的管理法や人間関係論の前提 | 自我の欲求・自己実現の欲求の満足が<br>　中心<br>業績主義と人間主義の統合 |

出所：井原久光 (2008)『テキスト経営学［第 3 版］：基礎から最新の理論まで』ミネルヴァ書房,
　　　p.145 より.

れたもので、企業ではもっと自由な管理が必要である。権限についても上司の
命令を絶対視して、個人的目的を犠牲にしてまでも会社のために尽くすことに
合理的根拠はないとした（井原, 2008, p.142）。

　マクレガーは伝統的管理を X 理論とよび、新しい管理論を Y 理論として示
した。(X、Y は単に区別するための符号として使ったという)。図表 11-3 は
X 理論と Y 理論の対比である。松山（2010）によると、マクレガーが見た労
働者は、1960 年代のアメリカですでに高度な消費社会を享受しており、労働
者の就業意識も高かったものと思われる。そこでは自己実現のような高次の欲
求をもとめる人間が増えてくるので、それまでの伝統的管理方法であるアメと
ムチ、すなわち強制的に従わせ、従ったら高収入を支払うという管理方法に効
果が見られなくなる。そのような時代の変化の中でマクレガーは新たな管理方
法のための人間観を提示したといえよう。

## 8.　モチベーション理論の比較

　モチベーション理論は、1920 年代のテイラー、フォード、ウェーバーらに

図表 11-4　欲求モデルの比較と歴史的変遷

| (1954)<br>マズロー<br>5段階欲求説 | (1957)<br>アージリス<br>組織とパーソ<br>ナリティ | (1959)<br>ハーズバーグ<br>二要因説 | (1960)<br>マクレガー<br>X理論Y理論 | (1961)<br>マクレランド<br>達成動機説 | (1972)<br>アルダファー<br>ERG理論 |
|---|---|---|---|---|---|
| 自己実現 | 成　　熟<br>・能動的<br>・独立的<br>・多様な行動<br>・長期的視野<br>・上昇志向<br>など | 動機づけ<br>要　　因 | Y　理　論 | 達　　　成 | 成　　　長<br>（Growth） |
| 自　　尊 | | | | 権　　力 | 人　間　関　係<br>（Relatedness） |
| 社　会　的 | | | | | |
| 安　　全 | 未　成　熟<br>・受動的<br>・従属的<br>・限定行動<br>・短期的視野<br>など | 衛　生　要　因 | X　理　論 | 親　　和 | 存　　　在<br>（Existence） |
| 生　理　的 | | | | | |

出所：松山一紀 (2010)pp.44-45，桑田耕太郎・田尾雅夫 (2010)p.216，岸田民樹・田中政光 (2009)，日本経営協会 (2015)p.206 を参考に筆者作成．

よる伝統的科学的管理法が人間の機械化による管理を目指してきたのを批判し、そこからの脱却を試みようとしたものである。1950年代は、二つの世界大戦が終了し、先進国では物質的豊かさが実現し、精神的な豊かさも必要であることが認識されるようになった時代である。図表11-4「欲求モデルの比較と歴史的変遷」が表していることは、この時代において研究者達は、「やる気」をテーマとしながらも、単なる「やる気」の研究としてではなく、その背景として人間の機械化に代わって、モチベーションが高まる人間的な労働とは何かを模索し、人間の自己実現、成長や発達、自発性や達成を見出し、それを科学的に理解し発現させようとする試みであったといえる。

## 9．過程理論

　これまで、欲求や動機の内容論として、人間本来の欲求と人間性についての研究を見てきたが、次にモチベーション理論の過程理論を期待理論と公平説に整理してみよう。

### 9-1　期待理論

　期待理論は、労働意欲は報酬の魅力によって左右され、それを得たいた

めに努力をすることでモチベーションが高まるとする。1964年にブルーム（Vroom, V. H., 1964）によって数式によって示され、その後ハックマンとポーター（Hackman and Porter, 1968）やローラー（Lawler, 1971）によって改良された。ブルームは期待について以下の式で表している（松山, 2010, pp.44-45）（桑田・田尾, 2010, pp.217-219）（日本経営協会, 2015）。

　　　　モチベーションの強さ＝Σ期待×魅力

　ここでの期待は複数の「努力」が複数の「報酬」となる確率の和である。
　この式が表していることは、例えば優秀な研究者を雇用したければ、高額報酬を提示すればよいということだが、しかしこの関係はそれほど単純ではない。まず、研究の内容が難易度の高いものであり成功する確率が低いとしよう。成功しなければ高い報酬はもらえないだろう。そうなると努力は報酬と結びつく確率は低くなりモチベーションは下がってしまう。また具体的に魅力とは貨幣かもしれないし、貨幣よりも仕事の内容の充実度かもしれない。ハックマンとポーターはブルームの式を改良し、

　　　　モチベーションの強さ＝Σ期待(努力→業績)×Σ期待(業績→報酬)×魅力

とした。
　期待理論は、企業の人事が実際に意欲を高めるために必要な仕事の難易度と報酬の関係を示すために必要なモデル研究である。

## 9-2　公平説（equity theory）

　アダムス（Adams, J.S., 1965）は、人は他の人と比べて自分が公平に処遇されているかどうかが、モチベーションに影響を与えることに着目した。アダムスは、組織的労働における公平性は努力や貢献と報酬とのバランスによって成立すると仮定した。他者の努力と報酬の割合と自分とを比較し、自分の方が小さいと認識すれば不公平を感じ不満をもつ。同じであると思えば公平感をもち、大きいと感じると満足ではなく罪の意識をもつ。
　グッドマンとフリードマン（Goodman and Friedman, 1971）は公平説をもち

図表 11-5　公平説の式

$$\frac{自己の報酬}{自己の努力} < \frac{他者の報酬}{他者の努力} \quad \cdots \quad 「不満」$$

$$\frac{自己の報酬}{自己の努力} = \frac{他者の報酬}{他者の努力} \quad \cdots \quad 「公平感」$$

$$\frac{自己の報酬}{自己の努力} > \frac{他者の報酬}{他者の努力} \quad \cdots \quad 「罪の意識」$$

出所：松山一紀（2010）「過程理論」田尾雅夫［編著］（2010）『よくわかる組織論』ミネルヴァ
　　　書房，p.45 を参考に筆者作成．

いてモチベーションに与える影響を調べた。「同期入社したライバルと比較し
て、努力相応の報酬が比較的良ければ、いっそう働く意欲を大きくするが、不
公平な報酬を受けるような場合、その後のモチベーションは低下する」（桑田・
田尾, 2010, p.217）ことを指摘した。

　公平説の式を図表 11-5 に示す。公平理論のポイントは、こうした比較が主
観的な認識による点である。松山（2010）はマネジメントに応用するときは
十分な注意が必要であると指摘している。

## 10. 労働の人間化

　モチベーション理論の流れを受けた研究の一つとしては、「労働の人間化」
研究がある。つまり分業論から単純化した動作を人間が労働として機械のよう
に効率的に働く、または働かせる在り方を、時代にそぐわなくなったと人々が
意識するようになり、大量生産方式が大衆消費社会を実現し、物質的豊かさと
教育が行きとどき、そして西欧の市民自治意識が大衆化すると、自発的に社会
を構成する市民が社会の主流として登場してきた。

　この市民が、一方で労働者としてオフィスや工場の中では疎外された労働
を強いられていることへの反発は人間としての葛藤の現れであるといえよう。
「労働の人間化」を研究する奥林康司（1991）は次のように言う。「「労働の人

間化」を単に「非人間的」な労働への道徳的・倫理的非難あるいは理想的な企業の社会的責任の追及として、思想的・観念的に把握するのではなく、むしろ「労働の人間化」を伴う新しい生産システムが企業の生産力を高めていくものとして把握する必要がある」(pp.15-16) のだ。よって「「労働の人間化」は経済性原理も満たしうるものとして理解すべきである。道徳的見地から世論に訴えて個々の企業に「労働の人間化」を導入しえたとしても、それは長続きする成功とはなりえないであろう。むしろ企業の経済性の観点からしても「労働の人間化」がいかなる点で有利であるかを解明することが必要である」(奥林, 1991, p.16) という。

　しかし、労働の人間化は、今日の主要な主流の大量生産様式においては、経営権の一部を現場が侵害することでもあり、企業の経営管理のあり方の根本的な変更をともなうことになる。よって大量生産様式以外の部分での問題としてではなく、生産原理の本質で労働の人間化を可能にすることをテーマとせざるをえない。奥林 (1991) は、それは「従来の企業経営および労使関係上の諸原理を否定する新しい考え方」を含んだ「産業民主主義の一環として追求される」(p.301) ことにもなるであろうと示唆している。つまり人間性、人間の欲求満足というモチベーション理論の示す働き甲斐を備えつつ、伝統的管理方式を生産性でも超えるということである。例えば労働の人間化は、現実的には非人間的労働を機械化に置き換えることで解決させたとしても、工場のオートメーション化、オフィスのITやAIの導入による労働生産性の向上は、人間がやるべきでない労働を機械に行わせるということであるので、「人間がやるべき労働」とはなんであるのか、またその最適雇用量が、自発的に社会を構成する市民への需要と供給に均衡した量的問題を解消する過程を含んで実現できるのかは、未知の部分が多い。

　現在もなお生産性向上が、労働者の削減と同義語であったり、対人サービスなどの機械化、ITやAIの導入が困難な現場で、モチベーションの維持が困難であったりするということは、依然としてこの「労働の人間化」研究の取り組まなければならない課題の大きさを示しているといえよう。

（注1）マルクス経済学では、労働と設備を生産要素と定義し、設備の労働に対する構成比率が高まることを資本の「有機的構成の高度化」という。

# 第12章 経営戦略論

## 1. 経営戦略の成り立ち

　戦略論の起源は、チャンドラー（Chandler, A.D.）による比較経営史の、経営資源と組織におけるその配分に関する研究からはじまる。チャンドラー(1962) は「当初の発想は、製造、マーケティング、調達、財務、経営管理などの活動について、様々な企業がどのように行われているかを掘り下げ」ることで「単一企業の沿革をたどるのに比べて、諸活動についてよりよく知ることができ」、「アメリカの経営者が長年にわたって事業場の諸活動をどのように進めてきたかを、より明確に説明できる」（邦訳, p.3）と考えた。今日のような大企業の形成は 1850 年以降であり、1840 年代までは、アメリカの企業はすべて中小企業であったため、同族企業が一般的で、経営管理の明確な体制もなく、経営者の専門家は存在しなかった。「大手メーカーでは、社長または経理のトップがじきじきに財務をこなし、原材料や資材を調達し、販売代理店など中間業者へ製品を卸していた」のである。

　企業の巨大化が始まり機能が複雑になってくると、専門経営者が求められるようになる。「市場と企業の果たす経済機能とは、近代的な交換経済（Exchange Economy）を基礎とした資源配分（Allocation）、業績監視（Monitoring）、調整（Co-ordination）の三つの機能を意味する。すなわち近代的な交換経済においては専門化した事業単位（Specialized Unit）によって経済活動が担われており、経営資源（設備、資金、人材）をそれらの事業単位（Operating Unit）に提供するプロセスが資源配分である」。（図表 12-1 に、チャンドラーによるデュポン社の組織図を示した。）「こうした資源が事業単位に渡され、その成

図表 12-1　チャンドラーが示したデュポン社の組織図

A　1919年から21年までのデュポン社の組織図

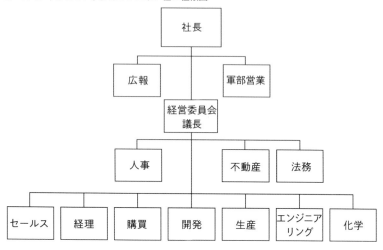

B　1919年から21年までのデュポン社の生産部門組織図

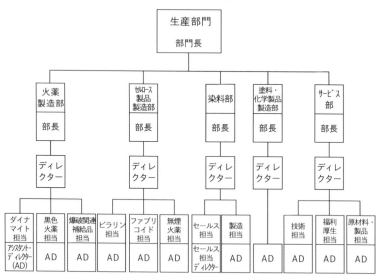

出所：Chandler, Jr Alfred D.(1962)*Strategy and Structure*, Massachusetts Institute of Technology. 邦訳, p.93 より.

果（Performance）や機能（Functioning）をチェックしたり、それらの事業単位に報酬を与えるプロセスが業績監視である。さらに諸事業単位の財や情報の流れ（Flow）や取引（Transaction）を組織し、促進するプロセスが調整である」(Chandler, 1962, 邦訳, p.154)。

チャンドラーは、1850年代以前の大企業100社の分析とも比較しながら、デュポン、ゼネラルモーターズ、スタンダード石油、シアーズ・ローバックといった大手企業の経営組織を詳細に研究し、それらに共通した「事業部制組織」の運営が必要不可欠であることを見て取った。これら4社は、お互い他社を模倣したのではなく、事業の巨大化と多角化を推し進めるなかで、新しい組織形態の構築を編み出そうとし、試行錯誤の中から、それぞれが自社独自のイノベーションとして到達した組織形態が「事業部制組織」という同じ結論へと行きついたのである。その後、このイノベーションは模倣され普及していく。

なぜそれまでと違った経営形態が求められたのか。この疑問への研究方法についてチャンドラーは「経営者たちが諸課題を自社に特有なものととらえ」、「この上もない複雑な、しかもかつてない課題に直面した経営者の苦悩は」、「実際の出来事を時の流れに沿ってありのままに、当事者が直面したとおりに描き出せば、事実データを取捨選択して、歴史論文の体裁にまとめ上げたものと比べて、大規模企業の成長と経営に関心を寄せる企業人や有識者にとって、より大きな価値を持つに違いない」として、何かしらの理論を先入観として持つのではなく、これらの事実を出発点に一般論を引き出そうとしたのである(Chandler, 1962, 邦訳, pp.10–11)。

大企業のマネジメント活動は、個々の業務とは異なる固有の活動で、長期的視野に立って社内の資源配分を効率よくおこない、それに責任を負うものである。また、変化する市場、技術、仕入先など、長期的経営状態に影響する諸要因に十分に注意を払い意思決定をおこなっていくことである。

チャンドラーは、長期の基本目標を設定し、それを実現するためのプランニングを行い、資源配分を決定することを「戦略」と呼び、その活動や経営資源をマネジメントするための部門を「組織」と定義した（Chandler, 1962, 邦訳, p.17）。新しく地理的拡大、垂直統合、製品多角化をおこなうには、今までの

組織では効率が悪くなるため、新しく組織を変革しなければならなくなる。市場環境の変化に対応して戦略変更がおこなわれ、戦略変更をきっかけに組織改編がおこなわれることから「組織は戦略に従う」という格言が示され、経営学における有名な命題となった。

## 2. 製品－市場ミックス論

同じころ、アンソフ（Ansoff, H. I., 1965）『企業戦略論（Corporate Strategy）』では、経営戦略を「部分的無知のもとで企業が新しい機会を探求するための意思決定ルール」（日本経営協会, 2015, p.67）ととらえ、三つの意思決定、①業務的意思決定、②管理的意思決定、③戦略的意思決定に整理した。

① 業務的意思決定は、現在の企業の収益性を最大にするために部門や製品ラインへの資源配分、業務目標計画、業績の監視などをおこなうものである。

② 管理的意思決定は、企業の資源を組織化するための意思決定で、権限と責任の関係、仕事の流れ、情報の流れ、諸施設の立地に関することをおこなうものである。

③戦略的意思決定は、企業の環境変化への対応に関し長期的視点でおこなう意思決定で、製品ミックスや市場の選択などをおこなうものである。

この中で③戦略的意思決定には、一つは成長ベクトルでもう一つはシナジー効果がある。成長ベクトルは、製品と市場のそれぞれを既存と新規の分類で四つのマトリックスで示す分類である。企業成長の方向（ベクトル）を示すことから「成長ベクトル」という（井原, 2008, pp.227-228）。アンソフの「成長ベクトル」は、「製品－市場ミックス」として表すとわかりやすい（図表12-2）。

(1) 市場浸透戦略：現在生産している既存製品を、現在の市場でさらに販売拡大するための戦略で、広告宣伝活動で市場に浸透させることをねらう。

(2) 市場開拓戦略：現在生産している既存製品を、現在の市場以外へと販売拡大するための戦略。例えば化粧品を男性にも販売しようとすることなど。

第 12 章　経営戦略論

図表 12-2　アンソフの「製品－市場ミックス」による市場モデル

| 市場　＼製品 | 現行製品 | 新規製品 |
|---|---|---|
| 現行市場 | (1) 市場浸透戦略 | (3) 製品開発戦略 |
| 新規市場 | (2) 市場開拓戦略 | (4) 多角化戦略 |

出所：Ansoff H. I.（1965）*Corporate Strategy*, McGraw-Hill, 広田寿亮
　　　［訳］（1969）『企業戦略論』産業能率大学出版, p.137 より.

(3) 製品開発戦略：新規製品を開発し現行の市場で販売拡大をねらう。事例
　　　　　　　　　としては、ビール市場で新種類のビールを開発販売する
　　　　　　　　　ことなど。

(4) 多角化戦略：　新規製品を、現行ではない新しい市場で販売して企業の
　　　　　　　　　売り上げを増加させることをねらう。例としてソニーが
　　　　　　　　　テレビ、パソコン、ウォークマン、映画製作などをはじ
　　　　　　　　　めたことなど。

　これら四つの戦略は、競争相手と比べて競争優位になろうとするための方向
性の分類である。

　もう一つのシナジー効果は、特に多角化において両方の製品の販売拡大が相
乗作用を起こすことをいう。例えば、ソニーがテレビやウォークマン販売を行
うと同時に、映画製作や音楽制作などのエンターテイメント事業を行えば、端
末とコンテンツの両方でブランド認知が進み販売拡大が見込めることなどがあ
る。シナジー効果には (1) 販売シナジー、(2) 生産シナジー、(3) 投資シナ
ジー、(4) 経営管理シナジーがある。

(1) 販売シナジー：流通チャンネルやブランドなどから生まれる。

(2) 生産シナジー：原材料の一括購入や生産技術の転用などから生まれる。

(3) 投資シナジー：工場・設備の製品間での共用や、研究成果の共用で生ま
　　れる。

(4) 経営管理シナジー：既存経営で学んだノウハウを新規分野でも活かすこ

図表 12-3　SWOT 分析の概念

| | | 自社能力分析から抽出 | |
|---|---|---|---|
| | | 強　味（Strength） | 弱　み（Weakness） |
| 環境分析から抽出 | 機　会<br>（Opportunities） | 強みを生かして機会を与える戦略 | 弱みを克服して機会を与える戦略 |
| | 脅　威<br>（Threats） | 強みを生かして脅威に対抗する戦略 | 弱みを克服して脅威に対抗する戦略<br>（撤退戦略） |

出所：井原久光（2008）『テキスト経営学［第3版］：基礎から最新の理論まで』ミネルヴァ書房，p.229 より作成.

とで生まれる。

## 3．SWOT 分析

　SWOT（スウォット）分析は、1960 年代にハーバード・ビジネススクールで開発された科目「経営政策（Business Policy）」で示された戦略の立案方法であり、後にコンサルタントらによって緻密化された。SWOT は、自社の強み（Strength）と弱み（Weakness）、自社のおかれている環境における機会（Opportunities）と脅威（Threats）のマトリックスから、頭文字をとって名付けられた。自社を客観的に見つめ、自社に最適な戦略を考えるときの分析手法である（図表 12-3）。

## 4．プロダクト・サイクル論

　プロダクト・ライフサイクルとは、新製品が発売されてから時間がたつにつれて、生産コストの削減による利益拡大と、市場での競争製品の増加による販売量の減少や価格競争による販売価格の低下による利益の減少から、製品の開発―成長―成熟―衰退が起こることをいう[注1]。

　図表 12-4 の製品 A は導入期は損益分岐点以下で利益は出ないが、成長期の量産効果で利益を出し始め成熟期が利益のピークとなって衰退期に再び利益が減少しさらにマイナス利益となる。それを見越して、製品 A の成熟期に、そ

第 12 章　経営戦略論

図表 12-4　プロダクト・サイクル論

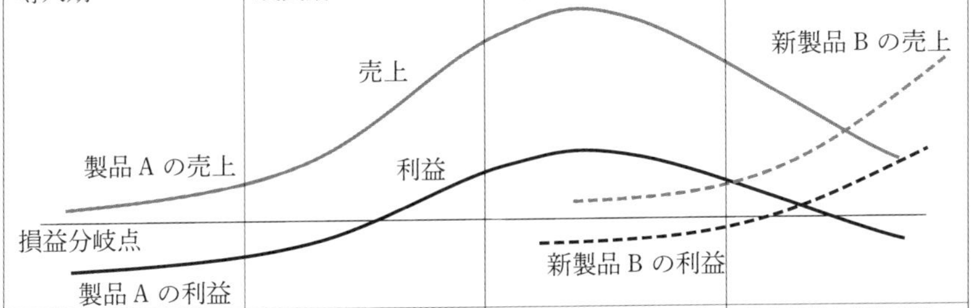

| 導入期 | 成長期 | 成熟期 | 衰退期 |
|---|---|---|---|
| 売上はまだ多くなく開発費などの費用が回収されない赤字の時期 | 大量生産による生産コストの低下と販売量の増加で利益が出始める | 販売数量の増え方が鈍化し、改善の余地が減り利益も頭打となる | 競合製品や新規商品により販売数量が減少し杯盤となる |

出所：筆者作成

の利益を新製品 B の開発、導入へ投入しておけば、製品 A の衰退期に新製品 B が成長期を迎えることで、製品 A の利益減少を補いつつ、さらなる新製品 C の開発資金を確保できる。このようにモデルチェンジや新製品の開発は経営の持続可能性にとって重要となる。

　プロダクト・サイクル論を応用した理論には、米スタンフォード大学のエベレット・M・ロジャース（Rogers, Everett M., 1962）『イノベーション普及学』によるイノベーター理論やジェフリー・ムーア（Moore, Geoffrey A., 1991）『キャズム（Crossing the Chasm）』が示したキャムズ理論などがある。

## 5. プロダクト・ポートフォリオ・マネジメント（PPM）

　複数種類の製品を開発し生産している企業が、複数種類の各製品のプロダクト・サイクルに基づいて、市場浸透（市場占有率）や新規市場開拓（市場成長率）に対応して販売促進活動や新製品開発をおこなう時、限られた資源の配分と投入時期を分析する手法が必要となる。プロダクト・ポートフォリオ・マネジメント（Product Portfolio Management）とは、市場成長率や市場占有率のマーケティング情報から製品を分類し、最適な資源配分の戦略立案をおこなう時に使用する分析手法である。1965 年にボストン・コンサルティング・グループの創始者であるヘンダーソン（Henderson, Bruce D.）がゼネラル・エレクト

151

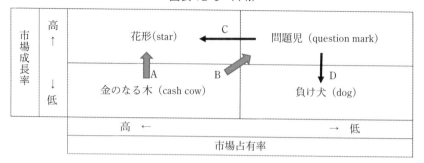

出所：ブルース・D・ヘンダーソン（Henderson, Bruce Doolin）(1979)*Henderson on corporate strategy*, Harper Collins.（土岐坤［訳］(1981)『経営戦略の核心』ダイヤモンド社, p.236），日本経営協会（2015）p.92 を参考にした．

リック（GE）社と開発した。GE は多様な製品を生産しており、各製品の売り上げと資源投入のバランスの最適化を図っていた。これが 1970 年代に、製品群の増大や多角化に対処しようとしていた企業に注目されるようになった（井原, 2008, p.230）。

図表 12-5 に PPM の仕組みを示した。ヘンダーソンは市場成長率を縦軸に、相対的市場占有率を横軸にした 4 現象マトリックスに、独特の名前を付けた。〈成長率：高、占有率：高〉エリアを花形製品（star）、〈成長率：低、占有率：高〉エリアを金のなる木（cash cow）、〈成長率：高、占有率：低〉エリアを問題児（question mark）、〈成長率：低、占有率：低〉エリアを負け犬（dog）というようにである。市場成長率はその製品市場の今後の成長率を示し、市場占有率は、市場においてトップ（1 位）シェアをもつ企業を 100％として、自社のシェアがトップシェア企業の何 % に当たるかを示す（ヘンダーソン, 1981, p.236）（日本経営協会, 2015, p.67）。

「花形」に該当する製品（事業）は、成長のために今後も多くの投資を必要とするが、収益力も高いものをいう。「金のなる木」は低成長ゆえに今後の投資をあまり必要としないにもかかわらず市場占有率が高いので、高い収益がある。「負け犬」はライバルにも負けて市場の将来性もないので撤退する必要がある。悩ましいのは「問題児」である。「問題児」は、市場成長率が高いが市

場占有率が低いので、ライバルに負けているということである。よって、やり方次第では市場占有率を高めて高い収益を見込めるので、投資をすれば「花形」製品（事業）となる可能性もあるが、一方で投資を縮小すると「負け犬」になることも予想される。

PPMでは、このような分類からどの製品（事業）に資源を集中し、どの事業から撤退するかを視覚的に理解できる。また収益源と投資先を組み合わせて資源配分を計画立案しやすい。例えば、図表12-5のAは「金のなる木」の収益を「花形」へ投資する。図表12-5のBは「問題児」の内容を精査し、さらなる投資か、それとも撤退かを決定する。「負け犬」は縮小撤退の計画を立てる、という具合にである。このように多角化経営における事業構築戦略を説得的に立案できる。だが反面、「負け犬」であっても他社が撤退する一方で伝統的ブランドとしての認知があったり、シナジー効果によって他の事業に利益をもたらしている製品（事業）もあることを考慮する必要がある。

## 6. 時代の変化と戦略論

ここまで見てきたのは、1970年代までの代表的な戦略論である。それらは収益源を求めて収益性の高い事業へと向かって多角化し、他方、多角化に伴って複雑化する組織と資源配分の手法の開発に立ち向かっていた。それに対し、1980年以降に登場した、次節で取り上げるマイケル・ポーター（Porter, Michael E.）の競争戦略論は、他社との差別化を前面に出し、市場における脅威に対しまねされないことで収益力を確保しようとする提案であるといえよう。

第二次世界大戦からの復興がひと段落する1970年までの先進国各国は、拡大基調の市場に応じて大量生産から高利益を得られる製品を数多くもつことを競った。またそのことがもたらす管理と資源配分の複雑さをいち早く克服できたものが競争上優位となれた。その後、ちょうどプロダクト・サイクル論が示すように、テレビ、自動車、エアコン等々の大衆消費財が成熟期を迎えると、企業の経営は消費者ニーズの多様化への対応、縮小するマーケットでの生き残りを含めた緻密な戦略論が必要となる。ポーターが示したものは以上の事象に

対応して、イノベーションの創造的破壊かまたは低価格生産における技術の促進のための戦略についての基本を示しているといえる。例えて言えば 1970 年までは、「作れば売れる」ものが分かっており、いろいろと手を広げられれば利益もおのずと増える時代であり、手を広げるための管理方法が重要であった。しかし 1970 年以降は何が売れるかわからない不確実性の時代に入り、消費者とライバルの分析力が重要になってきたということだ。

## 7. 競争戦略論

ポーターは、戦略の本質は競争への対応であり、競争要因のうち最も強力なのは業界の収益性を決定するものだとする（Porter, 1999）[注2]。彼は産業組織論のモデル分析に基づき企業の収益性に影響を与える五つの競争要因を、①新規参入の脅威、②代替品の脅威、③買手の交渉力、④売手の交渉力、⑤既存企業間の競合関係とした。これらを外部環境における五つを競争要因（ファイブフォース）として分析して競争レベルを評価した（図表 12-6）。競争レベルが高いほど、その業界内の平均業績は低く、競争レベルが低いほど平均業績は高くなる。

新規参入の脅威に対しては、「参入障壁」を高める必要がある。それは①規模の経済、②製品の差別化、③資金の必要性、④規模に関係ないコスト面での不利、⑤流通チャンネルへのアクセス、⑥政府の政策などがある。

代替品の脅威に対しては、何らかの形で差別化を図る必要がある。部品供給業者から原材料を購入する時には買手の交渉力が、また製品の販売では売手の交渉力が業界内の競争関係を決める。

競争戦略の本質は二つあり、一つは差別化である。もう一つは、圧倒的な低コスト化で価格競争力をもつことである。つまり差別化か低コスト化において優位性を持つことが競争戦略の基本となる。これらの地位を築くために経営資源を投入するのだが、経営資源は限られている。よってどちらの優位性のどの部分に経営資源を投入するか選択すること、そして選んだ事業に資源を集中すること、よって「選択と集中」が必要であると提唱した。

第 12 章　経営戦略論

図表 12-6　競争戦略の 5 つの要因関係

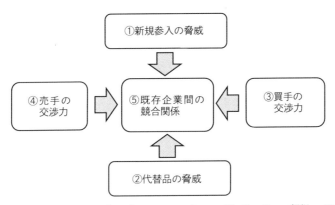

出所：Porter, Michael E. (1982) *Competitive Strategy*, The Free Press. 邦訳, p.18 を簡素化して作成.

## 8. 資源ベース理論（Resource-Based View: RBV）

　非常に競争が激しい業界にもかかわらず高いレベルの経済的パフォーマンスを上げている企業がある。1999 年当時、競争の激しいパソコン業界で数ある有名なコンピューター企業が利益を出せない中、デル（Dell）コンピューターの売上高は 253 億ドル（3 兆 7,950 億円）[注3]でありフォーチュン 500 社中 56 位であった。多くのパソコン・メーカーが収益確保に困難を極めているときデルは非常に高い利益率を確保していた。同様に業界内の企業が収益に苦しむ中で好業績をあげている企業がある。小売業界のウォールマート、航空業界のサウスウエスト航空、製鉄業界のコア・スチールなどである。それはなぜか。バーニー（Barney, jay B.）は、ポーターの競争戦略論では説明のつかない競争要因を環境とポジショニングだけではなく別の要因を加えて考えた。

　例えば、デルはコールセンターと受注生産方式で在庫を持たない生産販売方式を確立したことが競争優位となった。部品を購入してパソコンを組み立てる、というだけのことであればどの会社でも同様の結果となる。しかしデルは多数の部品の組合わせの中から顧客がモデルを選び注文を受ける仕組みと、受注生産を組み合わせるという、他社にはない独特の仕組みを作り上げた。この

ような仕組みを作るには時間がかかり、かつ模倣しても目に見えない多くの経験とノウハウがないと非効率となる。つまり外部環境の競争要因が同じでも技術力とそれを活用する仕組みや能力によって結果は異なるので、それらも競争要因となるのである。

　バーニーは、実務的に使える戦略策定の手法について、ポーターを踏襲しながら、二つの点で異なった要因を戦略分析に加えた。一つめは企業の5つの外部要因を別々に分析することはせず、「統合されたイメージを提示する」（Barney,（上）p.9）ことから出発し、その後に事業戦略、全社戦略によって競争優位を獲得する内部要因を個別オプションとして加える手法である。すなわち個別企業の特性について、内部要因と外部要因の関係性を示しながら戦略分析を行うことである。

　二つめは、戦略の策定（formulation）と実行（implementation）を個々の戦略オプションごとにおこなうスタイルである。例え素晴らしい戦略を策定しても、その企業がもつ内部資源の特性ではうまく実行に移せなければ意味がないからである。バーニーは以上のスタイルによる分析を示しながら、他社よりも優位な内部要因をコア・コンピタンス（core competence）とした。

　ポーターの戦略論が、五つの外部環境要因をバラバラに分析し、それぞれのパズルのピースを最後に組み合わせて完成させる手法であるのに対し、バーニーは個別の環境分析と同時に、個別企業の事業に特有の内部技術要因（これを資源という）と環境を統合しながら分析するスタイルをとっている。そして戦略策定とその具体的実行を、これもまたパズルのピースのようにバラバラに論じてくっつけるのではなく、戦略策定はそれを実行可能とする資源とその質を同時に考察したのである。

　バーニーは企業の内的要因として、企業が持つ技術や活動に着目し、経済的価値（Value）、希少性（Rareness）、模倣可能性（Imitability）、組織（Organization）を評価する、（頭文字をとって）VRIO フレームワーク分析を提唱した。このようにバーニーは外部要因よりも内部要因の VRIO の在り方が競争優位をつくるという視点を提唱し、さらに経営戦略の資源ベース視点という意味で、リソース・ベース・ビュー（Resource-based View: RBV）として提示した。

## 9. コア・コンピタンスとケイパビリティ

　プラハラッド（Prahalad, Coimbatore Krishnarao）とハメル（Hamel, Gary P., 1990）が共同論文の中で、コア・コンピタンスは「組織における集合的な学習であり、特に多様な制作スキルをいかに調整し、複数の技術の流れを統合するかということである」と定義した。例えば、ソニーの小型化能力は、「ラジオにチップを搭載するための理論的な知識だけではなく」、「小型化、マイクロプロセッサ設計、材料科学、超薄型精密のノウハウを融合させ」「小型カード電卓、ポケットテレビ、デジタル時計に適用」するスキル、すなわち能力なのである。これは、様々な製品に応用できる中核的技術をつくる能力なのである。例えばマキタは電気工具の強力なモーター技術を持っており、そのモーター技術とバッテリーを組み合わせた、スティック掃除機、電動草刈り機など多様な製品を開発している。コア・コンピタンスは物理的な資産と異なり使用しても減ることはなく、応用することで強化される知的財産なのである。

　ケイパビリティ（capability）は、日本語では「才能、能力」であるが、戦略論では「組織的な能力」という意味で使用する。それはBCG（Boston Consulting Group）のジョージ・ストーク、フィリップ・エバンス、ローレンス・E・シュルマン（Stalk, George Jr., Evans, Philip and Shulman, Lawrence E., 1992）による『ケイパビリティで競う：企業戦略の新ルール』で発表された。コア・コンピタンスが様々な製品に適用する競争力のある特定技術や能力であるのに対し、ケイパビリティは、そのコア・コンピタンスのパフォーマンスを最大限に引き出せる組織全体のプロセスでありそれを運用する能力である。ビジネスプロセスを組織能力に組み込み顧客のニーズを実現する。例えば、1990年代ウォールマートがライバルよりも低価格で販売することを可能としたのは、在庫管理と配送システムにより在庫削減を実現したからである。ホンダは、販売店がオートバイへの趣味関心は高いがビジネス管理の考えがほとんどなかったので、販売店に、販売、フロアプランニング、サービス管理などの業務手順の研修を用意し、コンピューターによるディーラー管理情報システムでサポートを提供した。この組織的能力がケイパビリティであ

り、組織の競争力となる。

　バーニーは、ケイパビリティは経営資源を組み合わせたり活用したりすることを可能とする能力であるとしながら、バーニーの戦略論では経営資源という意味で使用し、コア・コンピタンスは多角化戦略における複数の事業の中で中核技術を利用可能とする能力という意味で使用している（Barney,（上）p.245）。

## 10. 戦略論の新しい視点

　ここまで見てきた戦略論は、経済成長の各段階に対応した企業の多角化と製品市場の性格によって、PPM では既知の大衆消費財生産を多角化して事業展開する効率的手法に着目しているし、ポーターは企業の外部要因として市場をみながら、どのように市場を泳いでいけばよいのかを示した環境適合的な発想であった。それに対しバーニーは外部環境に有効に対応できる内部要因の分析へと転換している。これは「組織は戦略に従う」というチャンドラーの戦略論から、RBV は「戦略が組織に従う」という根本的に質的転換をしたといえる（井原, 2008, p.237）。また 1980 年代以降の大衆消費財が成熟期に対応した戦略として、中核技術を駆使して新規製品を多角的に消費者へ提案する技術が求められるようになったことを RBV が示したといえる。

　しかし現在はさらにすすんで、スマートフォン、スマートウォッチ、さらにはゲームコンテンツ、AI との連携による音声認識、視覚認識、さらには自動車と連携した自動運転システムなどへと多様化してきた。このような環境では、自社のコア・コンピタンスと他社のコア・コンピタンスを、迅速に連携させたり結合させたりしながら、生き残れる技術と製品を模索する必要がある。企業の経営戦略は激しい新陳代謝と多様な組み合わせの製品を連続的に生み出して、市場の不確実性な反応に柔軟に適合するという時代となってきた。このような時代には、市場環境を調査し、戦略を立て、コア・コンピタンスをケイパビリティで新製品を開発している間にそれは陳腐化し、製品ができたころには市場環境も変わってしまっているだろう。アップルストアやグーグルプレイ、アマゾンや楽天、フェイスブックやインスタグラムなどの製品サービスの社会的提供システム（これをプラットフォームという）を通じて、様々な機能

を生産販売するコア・コンピタンスとケイパビリティに基づく新製品開発をする時代では、これまでと異なった戦略論が求められていると言えるだろう。

バーニーまでの戦略論は、分析型（歌代, 2006, p.76）とも計画立案（井原, 2008, p.236）ともいえるもので、これらは最終目的が明確に存在しそこへ向かって進む戦略論でもある。しかし現在はむしろ、多様性と変化と不確実性に対し、各企業が他社との違いを模索しながら顧客との関係の試行錯誤を繰り返し最終目的も変更していく時代である。

## 11. ミンツバーグの創発戦略

ミンツバーグ（Mintzberg, H.）は、当初立てた目標に向かう計画型を「意図した戦略」とよび、目標はないが自己の一貫した行動が、思わぬ形で実現する「一貫した行動」の戦略として分類した。「意図した戦略」には目的が実現した「熟考型（deliberate）」と、実現しなかった「非実現型」があり、一貫した行動で思わぬ結果をうみだす戦略を「創発型（emergent）」としている。つまり市場環境が刻一刻と変化する場合、環境に合わせた戦略もまた刻一刻と変化せざるをえないが、それは非現実的であり、例えそうできたとしても、立案者が現場に伝えるころには、環境は変わってしまう。

市場がつかみどころなく変化しているような場合は、むしろ自分たちのあり方を確立し、市場に認めさせるような、味自慢のレストランのような一貫性が必要となる。その自らの技術を磨き上げ続ける一貫性と、その時々の市場のニーズの変化とが意図せず思わぬ形で成果を生み出すことがある。このようないわばブレないアイデンティティの確立をもって創造的な成果を求めようとする戦略を「創発的」戦略といった。

岸田民樹・田中政光（2009）によると、ミンツバーグの創発戦略は、市場が最終的に正しい処方箋を鼻先に突きつけるまで、考えられる限りの、ありとあらゆるヘマをしでかしていることが、唯一正しかったというようなことである（p.303）。「人々が行動を起こす。行動を起こすことによって、市場の反応から、いったい今何が起こっているのか、したがって何をなすべきかが次第にはっきりしてくる」場合、戦略はむしろ行動の「後を追うように」現れてくる

(p.303)。よって、組織がもつコア・コンピタンスとケイパビリティで実現し、市場の反応を確かめながら後を追うように戦略を設定する時代になっていると言える。言い換えるならば「戦略は組織に従う」ということだ。


（注1）藤原貞雄（1973）によると、製品の盛衰についてはヴァーノン（Vernon, R.）（1966）、ヒルシュ（Hirsh, S.）（1967）など数名の研究者によって論じられている。

　　　Vernon, Raymond（1966）International Investment and Indernational Trade in The Product Cycle, Quarterly Journal of Economics LXXX, No.2, May, Seev. Hirsh,（1967）Location of Industry and International Competitiveness.

　　　このアイデアは、すでに国の経済発展に伴う産業構造の変化を一般理論とした赤松要（1896-1974）が提唱した雁行形態論（がんこうけいたいろん）（flying geese pattern of development）によって示されていた。

（注2）この記述は Porter M.E.（1999）、井原久光（2008）、歌代豊（2006）pp.71-75. 日本経営協会（2015）pp.105-109. を参考にした。

（注3）1$ = 150 円で計算。

# 第13章 イノベーションによる
## 企業成長と経営理論

## 1. イノベーションが注目される時代背景

第二次世界大戦後の高度経済成長が一段落すると OECD（Organization for Economic Co-operation and Development）に加盟する日・米を含めヨーロッパ諸国を中心とした 38 ヶ国では、低成長時代が到来した。高度経済成長は供給が需要に追い付かず作れば売れる時代であったのに対し、低成長時代は耐久消費財など従来の財・サービスがひと通り普及して供給が需要を上回るようになった。作っても売れ残るため、手持ちの生産力を新しい財・サービスへと振り向けなければ、企業の成長は止まり衰退する時代となった。

1970 年代の低成長時代の初期では、成長を回復させるために世界各国でケインズ政策 [注1] が実施された。しかし実際にはケインズ政策では持続的な経済成長は得られず、政府の国債発行残高（借金残高）が増大し、財政負担の増大によって行政サービスの縮小を迫られる国が続出した。現在、日本では国債発行残高が 1,000 兆円を超えている。1980 年代になると国の借金を増大させるケインズ政策を否定する世論が広まり、マネタリズム [注2] が台頭した。

しかし実際には、マネタリズムでは一部の企業の成長が見られたものの、国全体の所得を見ると貧富の差が拡大し、低成長からの転換を実現することへの有効性に疑問が感じられるようになってきた。むしろ新自由主義による貧富の差の拡大に対し、同時に緊縮財政による福祉の提供を縮小することで貧困家庭の子どもが十分な教育を受けられなくなり、次の世代の労働力の質の低下による悪影響が懸念されるようになるなどの弊害を指摘する声も増えてきた。

## 2. イノベーション

そこで注目されてきたのがイノベーションによる企業成長である。イノベーション理論とは、ラテン語の innovato に由来し、新しいものを取り込むという意味で、15 世紀ごろには使われていたようだ。この言葉に新しく財サービスの「新結合」という意味を持たせて経済発展理論を提案したのは、ヨーゼフ・A・シュンペーター（Schumpeter, Joseph Alois）である。

シュンペーター（1912）は『経済発展の理論』において資本主義競争では企業の安売り競争によって利益が減少し設備投資が鈍化して不況へと突入するが、それを克服するのは新しい財やサービスの生産によって新たに需要を創出し普及した従来の耐久消費財に代わって売上を伸ばすことで経済は発展すると指摘した。

シュンペーターはイノベーションについていくつかの定義を行っている。一つめは新製品は新しく開発されて新しい物質が生み出されるものではないということである。厳密には地球上の物質はほぼ一定で、新しい物質が無から生み出されることはない。よって新製品の開発においては、すでに地球上に存在する物質を新しく再度組み合わせて新しい製品やサービスを作り出すのである。つまり新結合ということになる。この新結合を生み出すのがアイデアである。アイデアは非物質的なもので、人間の頭の中でいくらでも生み出すことができるものである。

二つめは新しく生み出されたアイデアによって作り出された新結合としての財やサービスは、従来の生活様式で必要なものにとってかわらない限り経済成長を起こすほどにはならないということである。シュンペーターはイノベーションによる変化を「創造的破壊」と呼んだ。それは新しく創造された財サービスは従来の財サービスを破壊する行為であるということだ。その例としてシュンペーターは鉄道をあげている。蒸気機関車による鉄道はそれまでの駅馬車にとって代わり普及し拡大した。それは複数の馬車をつなぎ合わせたものではなく全く新しい財サービスを結合したものだった。鉄道は馬車にとって代わって人々の生活様式や社会の在り方を一変させもした。

シュンペーターによると「経済における革新は、新しい欲望がまず消費者の間に自発的に現われ、その圧力によって生産機構の方向が変えられるというふうに行われるのではなく」、「むしろ新しい欲望が生産の側から教え込まれ、したがってイニシアティブは生産の側にあるというふうにおこなわれるのが常である」（シュンペーター，1912）。彼は、この生産の側からおこなわれる革新は単なる変革ではなく「創造的破壊」によって今までの社会構造を根本的に変えてしまうと考えた。

現代的に例を挙げるとすればスマートフォンが良い例だろう。今までの固定電話、その後の携帯電話にとって代わって、また郵便やカメラにとって代わって普及している。また人々の生活様式を一変させ今では銀行振り込みやレストランの予約、音楽の配信などはスマートフォンはアプリの発達によって社会の在り方を一変させたといってよい。

またイノベーションは今日の生産力の増大とインターネット情報通信の活用とが相まって急速に普及する傾向がある。例えば、2023年のスマートフォンの世界出荷台数が約11億5000万台で、これでも過去10年間で最低の数値（日本経済新聞、2023年8月31日夕刊［3面］）だという。需要さえあれば1年間で十数億人の手元に届けられるということだ。これだけ生産力が増大しているということは、地球上の全人口へ数年で行き渡らせる供給力がある計算だ。事実、スマートフォンは全世界の購入希望者へ行き渡り、生活必需品となった。

## 3. イノベーションの今日的事例

実はイノベーションの厳密な定義は、単なる新商品の発明ではない。生産企業の側から行われた革新が、単なる変革ではなく「創造的破壊」によって今までの社会構造を根本的に変えてしまうものである。それは同時に、「創造的破壊」を伴った社会変革を生み出し新しい生活様式と消費を生み出すものだ。このイノベーションに共通する事項には生産要素の「新結合」がみられる。安藤信雄（2021）は、シュンペーターはこの「新結合」には五つのタイプがあると指摘している。これら新結合について、現代的事例を交えて考察し、今日的に理解してみよう（安藤，2021, pp.93-95）。

### ① 新しい財貨の開発

今日的に言うと、スマートフォンと SNS の発明が新しい人間関係と個人の生活を変え、旧来の社会構造に代わる新しい社会構造を創出した。Apple 社はスティーブ・ジョブス（Jobs, Steven Paul）と友人スティーブ・オズニアック（Wozniak, Stephen Gary）が自宅のガレージで創業した。Facebook は、2004 年にハーバード大学の学生マーク・ザッカーバーグ（Zuckerberg, Mark Elliot）が交流を図るための「Facemash.com」というサービスを開始したことに始まる。情報ネットワーク技術は、クラウドファンディングという新しい資金調達の在り方を創出した。

### ② 新しい生産方法の導入

フォード生産方式やトヨタ生産方式などが大衆消費財としての自動車を実現した。

またアパレル産業ではユニクロや GAP にみられるように生産者が直接小売りも行う製造小売 SPA（speciality store retailer of private label apparel）など多品種、低価格販売を実現した。ユニクロは 1949 年に柳井等が、個人営業の紳士服専門店「メンズショップ小郡商事」を山口県宇部市に開店し、1984 年には後にユニクロに名称変更したユニセックスカジュアル衣料品店を、広島市に開店した。3D プリンターは 1 個単位生産という金型を使わない新しい生産方式を実現した。

### ③ 新しい販路の開拓

Amazon は、1994 年ジェフ・ベゾス（Jeffrey Preston Jorgensen: Bezos, Jeff）がヘッジファンド・マネージャーを退職し、個人で友人のアドバイスを受けながら後に Amazon 社となるネット通信販売会社を設立したことに始まる。1997 年、三木谷浩史が日本興業銀行を退職し、東京都港区の弁護士事務所の賃貸オフィスビルに本城慎之介と 2 人だけのコンサルティング会社を起業し、それを元手に楽天という通販企業を設立した。

コンビニエンスストアは早朝深夜販売を実現し、生活様式に影響を与えた。

サブスクリプションなどの定額制販売は、自動車の消費形態が所有からシェアへ変化をもたらしている。

第 13 章　イノベーションによる企業成長と経営理論

#### ④ 原材料の新しい供給源の獲得

　リチウムイオン電池は電子機器のモバイル化を実現した。太陽光発電な
ど自然エネルギーと電池の組み合わせが、自動車動力のガソリンエンジン
から電気モーターへの転換を実現しようとしている。AI（人工知能）が自
動車の自動運転を実現しようとしている。データサイエンスにより個人情
報を活用した新しい事業の創造を可能にしていると同時に個人情報保護の
ための新しい権利と定義を必要としている。

#### ⑤ 新しい組織の実現

　セブン・イレブンは 1973 年、イトーヨーカ堂取締役だった鈴木敏文が米
サウスランド社と提携しヨークセブン（後のセブン・イレブン）を設立し、
コンビニエンスストアのフランチャイズ方式による小売事業主を組織化した
小売ブランドを確立した。

　また、テレワーク技術は新しい働き方を生み出しつつある。


　以上はイノベーションと思われる今日の企業活動をまとめたものだが、それ
は次のような基準に基づいている。新結合は「単に旧いものにとって代わるの
ではなく、一応これと並んで現れるのである。なぜなら旧いものは概して自分
自身のなかから新しい大躍進をおこなう力をもたないからである。先に述べた
例についていえば、鉄道を建設したものは一般に馬車の持ち主ではなかったの
である」(Schumpeter, 2012, p.184)。馬車を連結しただけでは鉄道とはならな
い。「企業者そのものは新結合の精神的創造者ではないし、発明家そのものは
企業者でもその他の種類の指導者でもない」(pp.230-231)。新結合の遂行は、
起業家アントレプレナー（entrepreneur）の活動によって行われ、彼／彼女らは
「新結合の遂行をみずからの機能とし、その遂行に当たって能動的要素となる
ような経済主体」(p.99) なのである（9 節参照）。

## 4. イノベーションとコモディティ化

　このような新商品が普及して一般化していくことをコモディティ化という。
スマートフォンがコモディディ化したら、その後、その生産企業はどうなるだ

165

ろう。飽和状態になった市場では、既存の製品の安売り競争をおこす。当然、企業の利益は低下していき、中には倒産する企業も出てくるだろう。やがてほとんどの企業が低利潤率で生産活動を続けざるを得なくなっていく。すると企業は躍起になって、新しい製品やサービスを開発し、新たな需要を掘り起こさざるをなくなる。

　新しい製品やサービスとは既存製品の性能や機能のレベルをアップすることもあれば、全く異なるもの（例えば腕時計型のスマートウォッチなど）でもある。少なくとも新しい価値を提供していかなければならない。この新商品開発によって企業活動は過去の需要を満たしたとしても未来の需要を掘り起こして継続して活動していく必要に迫られる。

　今日の経済政策は、機械による生産力の増大と人間の想像力によるイノベーションの促進へと変わってきていると言っていいだろう。シュンペーターが100年以上も前に提案したイノベーションによる経済成長の理論がケインズ政策やマネタリズムへの疑問から脚光を浴びるようになったことは、理論が現実に役立っていることを示しているだろう。

## 5.　イノベーションの不確実性

　さて、しかしイノベーション理論も万能ではない。なにが消費者に受け入れられるかは、新しい財サービスを世に出してみなければわからない。大金を投入して新製品を開発しても売れなければ大損となり、企業成長は停滞してしまう。しかしそれでも新製品開発へ資金を投入し挑戦し続けなければ、従来品の生産だけではいずれ企業の成長は停滞し、やがては倒産してしまうだろう。つまりイノベーションは売れるかどうかわからない製品開発に社運をかけて資金と人を投入しなければならない。

　これは経営者にとってはギャンブルに急き立てられている気持になるに違いない。ある学会の講演会で製薬会社の社長が講演された話が実情をとてもよく言い表していた。新薬の開発はやってみなければわからないそうだ。しかもその開発に莫大な資金と人を投入し、失敗したら倒産の危機となる。しかし創薬会社は開発を止めたらば利益は得られない。この莫大な資金は開発資金という

第13章　イノベーションによる企業成長と経営理論

よりは運転資金であるのだが、かれらは運を天に任せる資金、「運天資金」と呼んでいるそうだ。このようにイノベーションとはきわめて不確実性が高い、リスクの高い企業活動でもある。

## 6. イノベーションを促進する SECI モデル

　SECI モデルとは、野中郁次郎（2002）が提唱した知識創造のモデルである。それはチームで技術開発を行う時に必要な情報共有と進化のメカニズムを解明しようとした研究で示されたモデルである。

　図表 13-1 に示して説明する。まず、個人の中にあるアイデアや経験などの知識は、その人の頭脳内にあって相手には解らない。この状態の知識を「暗黙知」という。熟練職人は未熟練な職人の弟子に仕事を教えるときは熟練職人の技を見て盗めという。これは熟練職人の暗黙知を見よう見まねで真似しながら自らの中に暗黙知を取り込む伝達方法である。これを「自己を超えていくプロセス、Self-transcending process」といい、熟練職人の技が弟子の中に入り込み共有されていく状態を示す。これが「S」である。

　この熟練職人の経験知をグループで共有する時は、言葉や図形、数値などの形にして示さなければならない。これを「暗黙知」の「形式知化」という。ただこの時問題が発生する。「暗黙知」は厳密にはすべて「形式知」にできない。言葉や記号では表現しきれない知識が暗黙知にはある。例えば「甘いアイスクリーム」といっても、甘さにも様々な甘さがあり、単に言葉で言ってもなかなか伝わらない。そこでグループ内で甘さについて対話を行い形式知を補充していく必要がある。このようなグループでの共有を「表出化 Externalization」という。これが「E」である。

　さらに複数のグループでこの暗黙知から形式知化されるとき、共同経験されていない人々へもわかるように形式知化する必要がでてくるだろう。例えば若い人だけのグループ内で使われている言葉では、高年齢の人々には伝わらない。そこで他のグループへも共有されるようにマニュアル化し、他のグループはそのマニュアルを基づいた経験を自己の経験と結合し連結しながら表現していくことになる。この時、知識は新たな経験と連結することで進化していく。

図表 13-1　知識創造の SECI モデル

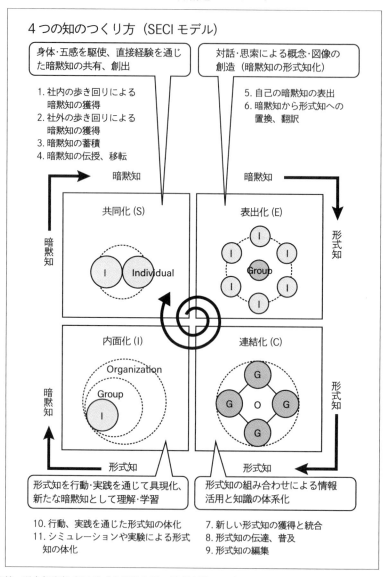

出所：野中郁次郎 (2002)『企業進化論―情報創造のマネジメント』日本経済新聞社, p.336.

これが連結化（Combination）、「C」である。

　さらにこの連結化され進化した知識は多くの組織構成員の個々人の中で形成され蓄積し、多くの個々人の中で暗黙知が蓄積していく。これが「内面化」（Internalization）といい「I」である。この時、知識の進化を≒で示すと「S-E-C-I ≒ S-E-C-I ≒ S-E-……」となり、知識がグループや知識の中で共有されながら、進化して個人に蓄積されていく、というのが SECI モデルである。

## 7．イノベーションのジレンマ

　イノベーションを追求する時に、同時に求められるのは一度の成功で満足せずに、波状的に連続的にイノベーションを生み出すことである。クレイトン・クリステンセン（Christensen, Clayton M., 1997）はイノベーションによって成功を収めた企業でも、そのイノベーションに対する新たな創造的破壊を行うのは容易ではないことを理論化した。イノベーションによってもたらされた利益を否定することは困難となる。なぜならば、現在の製品を否定し創造的破壊をもたらす新しい技術は、現在の利益を減少させることになるため、そこへの投資は躊躇してしまう思考が働くからである。

　このイノベーションのジレンマ理論を克服するのは困難であるが、この理論が示していることは逆説的に別組織を作ることが有効であるとを示しているともいえる。例えば Google 社などが取った手法は、新しく企業を起業して、その企業内でイノベーションを企てると、従来の組織内で働く保守的な思考の影響を受けなくて済むということだ。それは 2016 年に Google 社が世界最大の資産を持つ企業になる前年の 2015 年に実行された。

## 8．イノベーション後進国となった日本

　20 世紀初頭に科学的管理法が提唱されて以来、日本においても企業経営の基本は生産活動における標準作業の動作付けであり時間管理であった。これは生産コストを抑えて生産性を増大させていくことであり、市場においてライバル企業との競争は同一製品で、同一価格でもより多くの利益を得ることにあった。さらに競争が激しくなると同一製品をライバル企業よりも安く売っても利

益が出るという価格競争によって競争に勝ち残ることにあった。

　言い換えれば、科学的管理法やその後のフォーディズム、トヨタ生産方式は、生産コストを低下させていくために労働者の動作を標準化によって均一にして可変費用の増大を防ぐことであった。つまり限界費用をゼロへ近づけることであった。これは固定費用の拡散効果による規模の経済によって企業利益の増大を図る経営方式であり、これが突き進む先には生産工程のロボット化、デジタル機器による業務効率の追求がある。

　これは同時に労働者への規律づけと標準化した思考方法が生産性の前提として必要とされた。1980年代には製造業で世界一の生産性を確立してきた日本では、学校現場での教育手法でこの思考が顕著に示されていた。企業の要請を受けて日本の学校教育では「標準化」思考を植え付けるための様々な集団的規律が実施され、教え込まれることが求められた。初等教育では決められた時間に登校し朝礼を行う。規律、礼にはじまり標準化された教育道具によって量産的に教育が行われ、テストの偏差値という一つの基準によって競わされて子供の優劣が決定するシステムが確立した。体育の授業や運動会では一糸乱れぬ軍隊式行進で訓練された。あきらかにこの行為の背景には、次のような思考があったといえよう。それは皆と同じことができないと効率が悪い労働力となってしまうので、人とは違う子供は非難の対象であるということなのだ。

　1946年に日本国憲法が公布された後の1948年に、後に憲法違反と断定される「優生保護法」が公布された。優生保護法とは優生思想、優生政策によって「不良な子孫の出生を防止する」法律である。それは1996年に廃止されるまで、高度経済成長やバブル崩壊、低成長時代を貫いて48年間存続した。この法律の存在は日本人の思考に優生思想が植え付けられてきていた証であろう。これは企業の生産性思考の反映とみることができる。

## 9.　イノベーション時代における企業経営

　21世紀初頭のアメリカにおけるIT企業の台頭は、アントレプレナー（entrepreneur）によるイノベーションが経済を成長させることを実証してきたといえよう。アントレプレナーとはシュンペーターが指摘した「起業家」であ

第 13 章　イノベーションによる企業成長と経営理論

図表 13-2　起業についての報道

## スタートアップ 育たぬ日本

日本のユニコーン企業数は少ない

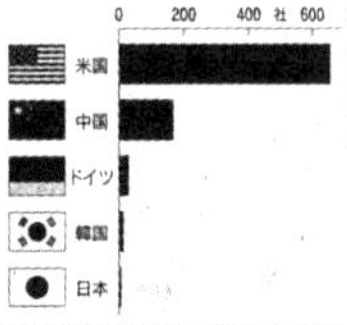

（注）出所は米調査会社CBインサイツ，2024年3月時点

### 「下請け」慣行、成長を阻害
#### 経産省が標準契約書 大企業と連携促す

「ユニコーン」企業、米の1／100

出所：日本経済新聞　2024 年 5 月 24 日（金）朝刊［5 面］.
（本記事は日本経済新聞社の許諾を得て掲載. 無断で複写・転写を禁じる.）

る。日本語訳には「起業家」や「企業家」があるが定まっていない。シュンペーターは、アントレプレナーは、新商品開発や新しい事業の創造にチャレンジし、リスクに立ち向かっていく人のことという。彼はこのようなチャレンジャーの精神を、「起業家精神（entrepreneurship）」と呼び、この精神を育成することが資本主義にとって不可欠であることを主張した。

　この主張が示していることは、既存の在り方を破壊して新しいことに置き換えていこうとする創造的破壊にチャレンジしていく精神を持った人間の育成が資本主義にとって不可欠であるということである。この視点で日本の教育を俯瞰してみると日本では「出る杭は打たれる」という精神で皆が同じ価値観や思考を持つことを強調性とみなし「和」を乱さないことを善とする思考があったとすれば、日本ではアントレプレナーシップは育ちにくいといえる（図13-2）。

図表 13-3 起業活動の浸透に関する国別比較

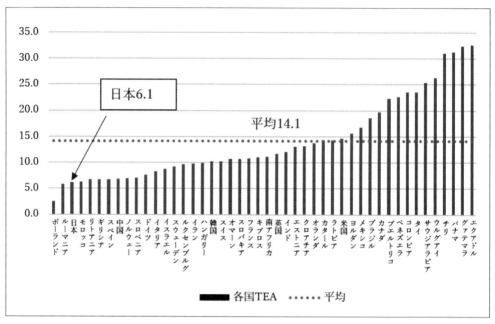

出所：みずほリサーチ＆テクノロジーズ株式会社(2024)『起業家精神に関する調査 報告書』経済産業省委託調査, p.10. GEM の 2023 年調査「経済圏別各国 TEA」
GEM(Global Entrepreneurship Monitor) とは、起業活動が国家経済に及ぼす影響の調査プロジェクト
TEA(Total Early-Stage Entrepreneurisal Activity) とは総合起業活動指数で、「現在 1 人または複数で、何らかの自営業、物品の販売業、サービス業等を含む新しいビジネスをはじめようとしていますか」、「現在 1 人または複数で、雇用主のために通常の仕事の一環として、新しいビジネスや新しいベンチャーをはじめようとしていますか」、そして「現在、自営業、物品の販売業、サービス業等の会社のオーナーまたは共同経営者の 1 人として経営に関与していますか」などの質問に基づき作成されている」(p.6).

　現に日本の起業活動の浸透率を見ると OECD でも最下位である。近隣諸国や輸出入主要国と比べても起業家の出現が他国に比べて極端に少ないのは、日本における企業風土であるというよりも社会風土といってもよいであろう（図表 13-3）。

## 10. 起業家精神と家庭、学校教育

　日本では若者の中にほとんど起業家精神が育っていない。財団法人「日本青少年研究所」によると、日本、米国、中国、韓国の4か国で「起業したい」高校生の割合は最低である（図表13-4）。

　事業創造と経済成長を実現する起業家を育てるには、家庭と学校教育の中で起業家精神を育む必要がある。他人の違いと一人ひとりの個性に気づき、それを肯定して育む価値観を育成する必要がある。他人を同じ意見に強制的に同調させることではなく、異なる意見を持つことを善とし、異なった意見をまとめるコミュニケーション能力の育成が必要である。「和」とは、考え方、肌の色、出身国、性別が異なる人々が協調することであるという精神を育成することが

図表13-4　「起業したい高校生の割合」の国際比較

日本は安定志向

高校生が希望する仕事上位3位

| 位 | 日本 | 米国 | 中国 | 韓国 |
|---|---|---|---|---|
| 1位 | 公務員(20%) | 医師(30%) | 起業家(31%) | 建築家やデザイナー(30%) |
| 2位 | 教師(18%) | 建築家やデザイナー(24%) | 経営者や管理職(27%) | 教師(28%) |
| 3位 | 建築家やデザイナー(13%) | スポーツ選手や俳優(19%) | 建築家やデザイナー(26%) | 経営者や管理職(27%) |

(注)カッコ内は希望する高校生の割合

高校生「起業したい」6%

日米中韓4ヵ国調査

公務員希望が最多

出所：日本経済新聞　2013年3月27日（水）朝刊［46面］.
（本記事は日本経済新聞社の許諾を得て掲載．無断で複写・転写を禁じる．）

必要である。また点数を競う学校教育のなかで失敗が許されない精神に支配されてしまう環境もあるだろう。何度も失敗することを許容できる社会に変わる必要がある。

このような他者と異なるオリジナリティを尊重する考え方を経営学では「差別化」という。「差別化」とは、人種偏見などで差別をするということではなく、他人との違いを重視するということだ。違いに焦点を当ててそこに価値を見出すことを差別化という。同じ機能を持つ同じ製品をどこの企業も作って低価格を競い合うと最終的に利益が出なくなり、従業員の給料を上げられず、低賃金の非正規労働者を増やす結果につながる。それが国の経済成長を阻害してしまうのである。差別化によって自社の製品の違いを訴求し、差別化に価値を見出し、差別化した新製品を開発することが企業の盛衰を決める時代となった。よって差別化を実行できる人財が求められる時代ともなったのである。

## 11. 新しい時代の経営学

20世紀初頭に提唱された科学的管理法以来、経営学は生産性の向上を人間を機械化することによって推しすすめる方向で理論を構築してきた。しかしホーソン実験の結果を機に、生産性の向上は人間的要素をいかに引き出しコントロールするかへと転換した。さらに低成長の時代の今日では、さらに人間には創造性を求めるようになり、個性や差別化を重視する環境をいかに作るかという方向へ転換し始めている。これは人々の働き方の主流が転換し始めている時代を示唆しており、利益や労働に対する新しい見方と理論化を経営学に求めているといえよう。

(注1) ケインズ政策とは、低成長の原因を企業の財サービスの販売量が減少することにあるとし、販売量を増やすために政府が借金（国債の発行）をして資金を調達し、企業の生産財やサービスを購入する政策である。それは同時に雇用を増加させ、個人所得が増加することで再び経済を成長させようとする政策でもある。イギリスの経済学者ジョン・メイナード・ケインズ（Keynes, John Maynard）によって提案された理論である。彼の著書では『雇用・利子および貨幣の一般理論』（1936）が有名である。

第13章　イノベーションによる企業成長と経営理論

（注2）マネタリズムとは、中央銀行が貨幣供給量を増やして金利を低くすることで企業
　　が借金をしやすくすれば、設備投資と雇用が増大するとする理論に基づいた政策であ
　　る。この理論はアメリカ・シカゴ大学の経済学者ミルトン・フリードマン（Friedman,
　　Milton）によって提案された。政府の介入を否定し貨幣供給量の調節の下での規制緩
　　和による自由な企業活動を推進する考えから新自由主義といわれている。彼の著作で
　　は『資本主義と自由』（1962）が有名である。

# 第14章　人的資源管理論

## 1. 人の管理の歴史的変遷

　経営学の歴史の出発点に位置するテイラーの科学的管理（第6章参照）は、標準時間と標準動作による労働の管理であった。19世紀後半、工業化が急速に発展する中で工場で働く労働者の数も飛躍的に増加していった。チャンドラーによると1840年代まではアメリカの企業はすべて中小企業であり同族企業が一般的で、経営管理の明確な体系もなかった。当時の工場内では職長（foreman）か内部請負人（inside contractor）によって支配されており「職長帝国」と呼ばれていた。しかし工場の大規模化によって、現場の個別的管理から全体を合理的に調整する「体系的管理」の必要が求められるようになる（今井, 2012）。工場管理は、数百人の労働者の規模での運営から数千人の労働者が協働する規模へとなり、新しい生産技術の導入による仕事の質も変化してくると「変化に対応するための全く新しい管理の思想と手法を時代が希求」するようになる（西本, 2006, p.42）。

　この時代に、フランスではアンリ・ファヨール（1916）『産業並びに一般の管理』が、アメリカではテイラー（1911）『科学的管理法』が生まれ社会に波及していくこととなる。

　経営学の歴史は労働の管理の歴史といっていいだろう。テイラー、フォード、ウェーバーらの論調は、労働を単調な動作の繰り返しとして機械的に扱おうとするものであった（第6章参照）。しかし、人間を効果的に管理して生産性を高めることを目的としていることには変わりがないが、ホーソン実験による「人間の発見」によって人間を機械的に管理することが生産性を高めるとい

う視点は転換することとなる。人間には機械とは異なる能力、機械には困難な能力が求められるようになった。それは創造性であり新しい商品開発である。つまり人間の労働能力には、大量生産の細分化された単純分業作業をこなす「労働力」ではなく、「創造力」によって新たな製品、サービス、仕組などの価値を作り出すことを期待するようになったのである。

　そこで人間から「創造力」を引き出す管理の手法の優劣が、企業の競争力を左右するようになる。また「創造力」にオリジナリティが求められるようになると、人間管理の手法も多様な人間能力に合わせて多様な管理方法が求められる。人間には個性があり同じヒトはいないことから、差異のある人格に合わせて人の能力を高める手法が企業の競争優位を決めることになる。

　企業が求める人のこの能力は、生産様式と生産技術の時代的変化によって異なってくる。よって生産様式と生産技術の歴史的変遷によって人への効果的な管理方法も変化してきた。本章ではこの生産の様式および技術の変化と、人に対する管理理論の変化を対照させながら過去から現在と、そして未来の人に対する管理の在り方について考察する。

## 2. 主要国の人事管理の特徴

　アメリカでは、宮本光晴（1997）によるとテイラーの科学的管理が生産現場で広く受け入れられ、職務の標準化や規格化が進行していった。その背景としては、機械の確実性に比べて人間技能は不確実であるとみなされていたため、企業内部の労働者育成は「半熟練」の技能形成システムとして制度化されていった。具体的にはマニュアル化された技能として労働者の能力は標準化され細分化される。しかしこれは当時のアメリカ社会では、「新移民」といわれる東欧や南欧の非英語圏からの、かつ農村部からの移民が大量に流入しており、工場の大規模化に伴い労働者を大量に必要としていた企業にとって、技術的知識も工場規律にも馴染むことのできない人々を雇用せざるを得ない特殊な事情を反映してのことであった。「それは一方では、フォードの英語学校や社会調査部の設置に見られるように、福祉資本主義（welfare capitalism）を標榜し、工場規律を植え付けるパターナリズム的な施策」を形成することが最も合

第 14 章　人的資源管理論

図表 14-1　ジョブ型雇用と人事制度構築の基本的な流れ

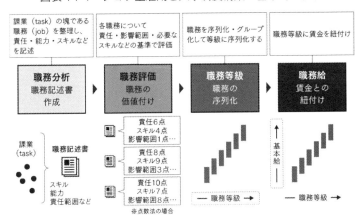

出所：湯元健治・パーソル総合研究所（2021）『日本的ジョブ型雇用』日本経済新聞出版, p.57.

理的な選択であった（宮本, 1997, pp.95-97）。

島田晴雄（1988）によると、アメリカのマニュアル化労働においては、人間と技術が対立する人間観がある。確実性のある技術と不確実性としての人間がおり、人間は信頼のおけない存在である。よって人間は客観化された技術によって統制されなければならないこととなる。宮本光晴（1997）によると、これは「モノ化された人間」観であり、そこでは「労働をいかに安く買うかということが目的とされる」のである。またはコモンズ（1969）が指摘するように、機械を管理するのと同じように労働の性能の向上が図られてきた。

## 3．ジョブ型雇用

「労働者が遂行すべき就職（job）が雇用契約に明確に規定され」る雇用契約を濱口桂一郎（労働政策研究・研修機構労働政策研究所長, 2022）はジョブ型雇用と定義した（図表 14-1）。このジョブ型雇用の本質は仕事に人を配置することにある。20 世紀は、アメリカでマニュアル化された半熟練労働による大量生産システムが世界的に優位を形成したためジョブ型雇用が世界各国に波及した。各国々の独自の社会状況に応じて独自の雇用形態が派生しつつも基本はジョブ型雇用である。

一方、日本では雇用契約に職務は明記されず、「どんな仕事をするか、職務につくかというのは、使用者の命令によって定ま」る雇用形態となっていった。このような雇用形態は職務が特定されず、その時々によって人間に仕事を配置する雇用形態である。この「日本における雇用の本質は職務（job）ではなく、会員／成員（membership）である」ので、メンバーシップ型雇用と定義できる（濱口, 2022, p.30）。

　戦後 GHQ の占領政策の中で日本の労働法はジョブ型雇用として組み立てられてきた（濱口, 2022, p.48）。しかし社会の慣例と乖離していたため、労働法を裁判所が日本の雇用スタイルであるメンバーシップ型雇用に合わせるように解釈し、判例を積み重ねてきた。このことが、具体的には同一労働同一賃金、職業差別や解雇の適法性、定年制度などにおいて法令と判例に多くの矛盾を生み出す原因となっている。

　ジョブ型雇用とメンバーシップ型雇用の違いは、単に採用の時にとどまらず、職務の移動、解雇、定年制などの違いの根源となっており、筆者はそれが社会の人々の生活慣例、例えば住宅ローンや、社会保障制度、年金額の決定と人々の生活基盤を規定していると考える。さらに社会問題化している職場における女性差別、過労死、リストラクチャリングなど今日の日本の会社における様々な人権侵害の根源となっているとまで考えている。なぜならば会社における人権侵害はメンバーシップ型雇用の構造的な問題の表れであるからだ。

## 4．メンバーシップ型雇用

　メンバーシップ型社会の日本では、人に職務を配置するため、そもそも「会社に入る前にその会社でやる仕事のスキルを身に着けることは求められてい」ない（濱口, 2022, p86）。職務が特定されていないから、その職務に必要な人員が減少したら、他の職務に移動させて雇用契約を維持することができる。よって長期において必要とされる職務が変化しても解雇することには正当性が低く、長期雇用慣行、終身雇用が実現できるのである。

　よってメンバーシップ型雇用では、同じ会社内で定期的に職務を代わっていくことが大原則である。職務に必要な能力は会社内での教育訓練や仕事の中で

覚える OJT（On the Job Training）となる。

　職務記述書がなく、採用時点では職務能力がない状態で配置される労働者の賃金の決定方法は非常にあいまいなものとなる。表向きは仕事を覚える能力によって賃金が決まってくるように思えるかもしれないが、実際は困難だ。職務記述書がない状態で労働を評価することは、客観的採点基準がないまま試験を採点することと同じになる。職務に配置した時は素人同然なのだから、その時点での評価はこれからその職務を遂行する能力が身についていくだろうという「潜在能力」をもって評価せざるを得ない。日本企業ではある仕事についてから年月が経ち、やっと仕事を覚えて一定の能力が身についてきたら、また配置転換となることを繰り返していく。職能給とは「潜在能力」というあいまいな能力を査定することになるから客観的評価基準など作れない。結局「やる気」とか周りの人との「協調性」とか、企業に対する忠誠心などを評価することに帰結するのだが、これらもまたあいまいな評価基準となる。年功序列と終身雇用がメンバーシップ型雇用の根源であるといったが、メンバー全員が一律に昇給を受けるものではない。むしろ労働者一人ひとりを査定して、昇給幅が人によってばらついている。「賃金分布が個別評価によって分散するという点こそが、現代日本の賃金制度の最大の特徴」である（濱口、2022、p.38）。

　では曖昧な基準でどのように「一人ひとり」の労働を査定するのか。客観的な基準は示せないので結局最も解りやすいのは、その人がどれだけ長く働いているか（深夜残業や休日出勤）という労働時間で客観的に示したり評価を上げたりすることになる。これを企業に対する「忠誠心の度合い」と考え、残業を断るとか育児休暇でいなくなるなどすると評価を下げることになる。このようなことから、長時間労働が労働者の自発性によって生まれているかのような精神構造が作られ、多くの女性がこの職場では子供を産めない、産むとしてももっと仕事ができるようになってからと先延ばしにしたり、責任ある役職に就いたので休めないなどから子供をあきらめたりするように思わせられてしまうのであろう。家事などを女性が多く担うことが習慣化されている日本では、結果として長時間労働ができない女性に対して評価が低くなるような査定構造がある。また長時間労働へ労働者が駆り立てられるとことから過労死も一向に減

少しないのである。雇用の流動性がないのは、メンバーシップ型雇用が日本においては特定の企業に限ったことではなく、日本の企業ならどこへ行っても多かれ少なかれ同じような働き方が待っているからだ。

　他方、ジョブ型雇用は、仕事（課業：task）の内容を事細かに記述した「職務記述書（JD: Job Description)」が作成されその遂行のために採用される人は「教育訓練制度を終了することで獲得された資格でもって特定のジョブに就職する」ものとなる。それを機能させるように大学教育や労働市場、労働組合の要求、同一労働同一賃金が設定され社会制度が確立されている。よってジョブ型雇用では JD に基づく職務分析から評価、職務の序列化、職務給が決定されていく（図表 14-1)。ジョブ型雇用は、企業内で該当の職務が減少すると解雇されるのが当然視されるが、他社においてその職務に空きがあればそちらに転職するのもまた当然視される。よって雇用に流動性がもたらされる。

　日本においてもジョブ型雇用を採用し雇用の流動性を求める声が評論家から聞かれるが、日本のメンバーシップ型雇用制度は、社会保障制度、年金制度、住宅ローン、年功序列型賃金による生活設計と密接に結びついているので、雇用形態を変えると社会全体の仕組みに大きな影響が出る。よってメンバーシップ型雇用からジョブ型雇用への転換には多方面で大きな抵抗がでるだろう。個々の企業がまず雇用形態を変えればよいというわけにもいかなくなっている。人々の意識、社会制度、大学での教育と企業での職務のマッチングなど社会全体の設計変更を必然的に伴うのである。

　日本企業がコストダウンを追求する過程で多くの非正規雇用を生み出してきた。彼／彼女らはメンバーシップ型雇用の外に置かれてきた。一つの策として、非正規雇用をジョブ型雇用へ転換し、非正規雇用者への教育訓練の機会の充実と待遇改善を図れば、非正規社員の所得の向上と消費拡大による経済成長も見込める。問題は企業がコストカット型経営から脱却しなければ、非正規社員の技能の高度化を受け入れ待遇改善を実施することは実現しない。

　しかし、メンバーシップ型雇用の正規社員の待遇に匹敵する非正規社員のジョブ型雇用への待遇の改善を進めれば、一定の割合でジョブ型雇用が社会的に普及し、それを前提とした社会的仕組みの新しい形も現れる可能性はある。

第 14 章　人的資源管理論

例えば、学校教育や住宅ローンにも及ぶ新しい社会的仕組みが現れれば、学生
にとっても多様な生き方が選択できるだろう。

## 5. 日本的経営の背景

　ではメンバーシップ型雇用といわれる日本的経営の変革が求められていると
するなら、それはどのようにして実現できるのかを考えるうえで、日本型経営
が生まれてきた背景を理解することは重要であろう。そこで以下にその形成過
程を俯瞰しよう。

　1980年代に世界主要先進国のどの国も失業率の上昇と低い経済成長に苦し
んでいる中、唯一日本だけ貿易黒字が当時世界最大となっていた。アメリカで
は日本企業の研究が盛んにおこなわれ、日本企業研究として知られるアベグレ
ン（Abegglen, J.C., 1958）の著書が注目された。そのなかで日本的経営の特徴
は、終身雇用、新卒の一括採用と内部昇進と年功賃金制、企業内労働組合であ
ると指摘されており、日本の企業研究者もそれを「日本固有のものとして制度
化されていた」（加護野・他, 2018, p.6）とみなしている。メンバーシップ型
雇用を根底にした日本企業の経営は、「日本型経営」として知られてきたが、
それはメンバーシップ型雇用についての考察で見てきたように社会全体の制度
と密接に結びついている。

　戦前の日本企業では、会社の管理や基幹を運営する職員（ホワイトカラー）
と工場で働く労働者または職人（ブルーカラー）が歴然と区別されており、職
員は株主・資本家からの要請で経営をおこなう職種と身分が与えられる終身雇
用であった。一方、労働者・熟練工らは市況の動向に左右されて賃金は変動し
解雇も頻繁にあった（岡崎, 1993）。当時の日本ではアメリカでの科学的管理
法は根付かなかったが、労働者が企業間を移動することは普通であり、仕事の
裁量権を与えられておらず信頼されていなかった（尾高, 1993）。

　戦時中に「推進された労働政策の遺産の一つは、工場における労働報酬の観
念を一変させ、それを職能や生産効率から切り離し、以前からその萌芽がみら
れた生活給思想で統一したこと」である。その背景には「皇国的勤労観」が
あった（尾高, 1993, p.164）。戦時中の日本は欧米からの経済制裁をうけ、軍

183

の政治支配の下で効率的な物資調達のための「経済統制」がおこなわれた。具体的には、「価格統制令」、物資動員計画、労務動員計画、資金統制計画などであった。利潤を圧迫された株主資本家は資本市場から逃避し、それに対して政府は銀行融資を促進させ、メインバンク制の原型を作り上げた。この時期に終身雇用、年功序列（年功型賃金）、企業内組合の原型が定着する。その底流には「重要なる国家の一員たる労務者を企業内にお預かりして」いるのだから、企業者は「その生活の安定、福利の増進をはかるべき」であるという「家族制度を基礎とする生活保障賃金」観があった（尾高, 1993, p.168）。

戦後高度経済成長期では「終戦によって一時的に自信喪失に陥った経営側が」労働組合の要求に屈した結果、「正規従業員の（事実上の）長期継続雇用と、（戦中期の賃金公式には含まれていた）能率給の部分を払拭した全員定期昇給付き定額月給制とが定着したと見られる」。「1950 年代になってから、労組勢力の伸び率は急速に減退した」。「春闘は、ビジネス・ユニオニズムの日本的表現だった。政治主義から経済主義へ転向した組合が、その代償として成長の分け前を受け取ったと解することができよう」（尾高, 1993, pp.171-172）。そして、高度経済成長期の売り上げの増大、雇用の増大、組織の拡大と役職ポスト数の増加が「終身雇用」と「年功序列」を保証する基盤として機能した。

しかし、独自の社会構造によって支えられたにもかかわらず日本的経営は、1990 年代以降の低成長への転換によって、その基盤を失い、雇用の縮小、役職ポストの減少によって「終身雇用」と「年功序列」の維持が困難となっていく。企業活動の低迷から非正規雇用の増加、少子高齢化の進展、企業を中心とした厚生年金や健康保険の収支の悪化による社会保障制度維持への不安がひろがり、大量生産大量消費社会を形成していた中流層の減少と貧富の拡大が進行するという結果を招いてきた。

日本では 1990 年以降の 30 年間、もはや長時間労働と会社への忠誠心による賃金の増大は望めないどころか、減給の可能性もあり、企業の倒産というメンバーシップ型雇用にとっては致命的な結果すら現実味を帯びてきた。

忠誠心をもって取引関係を継続する姿勢は、企業間における長期的で継続的な取引としても現れていたのだが、もはや長期取引関係よりもコストダウンを

優先する市場原理によって企業グループのもたれあい構造も維持できなくなってきた。つまり経済の拡大基調が失われると日本的雇用慣行も企業間の固定的取引も維持することが困難となったのである。

奥野正寛（1993）によると「一つの社会で成立している経済的仕組みや経済システムを「安定的な均衡状態」と理解するならば、経済システム自体にはシステムを維持しようとする慣性が存在し、それを変革するためには社会全体で一致した協調行動が必要」となる。よって日本的経営を形成してきた部分的要因を個別に変更することも困難となり、システム全体の一斉変革を社会全体で行う必要が生じてきたのである。

## 6. ハイブリット型雇用と新・日本的経営

ジョブ型雇用の起源である科学的管理や官僚制組織での労働に見られる様な労働管理では、人を非人格的な「労働力」として扱うことが主流であった。その時代に発展したのが労務管理論である。だがこの労務管理は、国によって大きく異なっていた。先進国では労働者の人権意識が進み「労働組合」と経営者の交渉によって雇用の在り方も異なってきた。ヨーロッパでは世界で最も早く資本主義が発展し、その初期の資本主義時代における過酷な労働に対抗した労働者の闘争が盛んになり労働組合が発展していった。資本主義が最も進んでいたイギリスでは炭鉱における子供や女性への過酷で殺人的労働や貧困の増大に対抗した社会的運動として、ロバート・オウェン（Owen, Robert）等の指導者に代表される労働組合や協同組合が組織され、労働者の人権を法制化するための活動、労働時間の1日8時間制限や休日の設定など社会運動が広がった。この労働組合運動はイギリスから全ヨーロッパへ波及していく。このような歴史をもつヨーロッパでは、労務管理に対し労働組合の影響力が大きく、労働組合の政治への参加制度も発展していった。

イギリスとドイツでは、ブルーカラーでもホワイトカラーでもクラフト型の雇用制度であり、企業を横断して資格証明書（diploma）システムを採用している。これらは外部労働市場型という。アメリカでは企業横断的な資格証明書は、ホワイトカラーに対してのみ限定して適用され、ブルーカラーに対して

は科学的管理的である（宮本, 1991, pp.95-120）。日本では個別企業単位での雇用制度であり、昇進は企業内部でおこなわれる。これを内部労働市場型という。

　湯元健治・他（2021）によると近年多くの日本企業が、これまでの日本的雇用制度では対応できない環境変化に直面していると感じ始めている。それは「①経済の低成長が常態化している、②グローバル化の急速な進展、③VUCA（変動、不透明、複雑、曖昧）の時代と呼ばれるように先が読めない時代環境になっている、④社会や個人の価値観が多様化している、⑤構造的な労働力不足と欲しい人材が容易に手に入らないという人材のアンマッチング」などである。そこでジョブ型雇用の導入を検討している企業も増加してきた。ジョブ型雇用の利点として考えられているのは「働く時間や場所だけでなく、職務を限定する働き方でプロ人材、専門人材の獲得・育成に適した仕組みだとの認識が強まった」からである。

　ジョブ型雇用にはこのようなメリットがある反面デメリットも存在する。それは、職務内容を詳細に限定することにより仕事の分担範囲が狭くなり環境変化に柔軟に対応できないことなどである。「日本企業は成果主義導入時に、目標管理制度（MBO:Management By Objectives）を採り入れたが、運用上の失敗もあってうまく機能しなかった」（湯元・他, 2021, p.28）。「人を大切にするメンバーシップ型の利点を残すなら、事業環境や技術変化に伴う職種転換やスキルの余地を確保しておくことも必要になる」（湯元・他, 2021, p.32）。

　現在、日本における企業での雇用制度は、メンバーシップ型の利点を残しつつジョブ型雇用の利点である仕事の「評価・処遇」の客観性を高める方法を模索している段階であるといっていいだろう。メンバーシップ型雇用では「基本給」「年齢給」「職能給」などが組み合わされて決定されている。「基本給」は生活する上で必要不可欠な金額とみなされる生活給の意味合いが強く、「年齢給」は年功序列による評価の意味合いが強い。また、「役割給」は管理職など役職に付与される評価給の意味合いが強い。一方ジョブ型雇用では「職務給」で決定される。湯元健治・他（2021）はそれぞれのメリット、デメリットを図表14-2としてまとめている。

第 14 章　人的資源管理論

図表 14-2　各種資格・等級のメリット・デメリット

| | 長所 | 短所 |
|---|---|---|
| 職能資格制度 | ● 人事異動や職務変更に向いている<br>● 組織の柔軟性を保てる<br>● ジェネラリスト育成に適する<br>● 従業員にとって安心感がある<br>● コアスキル習得に長い時間がかかり、そのコアスキルが企業競争力となる場合に向いている | ● 資格等級と職務内容にズレが生じやすい<br>● 年功序列的運用になりやすい<br>● 中高年が多い企業では組織が歪になる<br>● 総人件費が高めになる |
| 職務等級制度 | ● 職務と給与が合理的に対応<br>● 求められる人材像が分かりやすい<br>● スペシャリスト育成に効果的<br>● 不必要な職務は圧縮される<br>● 総人件費を抑制できる<br>● 評価しやすい | ● 職務記述書の作成が煩雑<br>● 組織や職務が固定化しやすい<br>● 職務と給与の対応にはノウハウが必要<br>● 職務が変わらない限り、給与も上がらない<br>● 職務記述書の見直しが難しい<br>● 生活給への配慮が難しい |
| 役割等級制度 | ● 役割の大きさと給与がマッチしている<br>● 従業員それぞれの役割が明確になる<br>● 組織や職務の変化に対応できる<br>● 役割評価が比較的容易<br>● 総人件費はやや低めになる | ● 制度導入時から役割等級の信頼性を確保するには一定のノウハウが必要<br>● 外部環境の変化に応じた役割の見直しなど運用力が求められる |

出所：湯元健治・パーソル総合研究所 (2021)『日本的ジョブ型雇用』日本経済新聞出版，Kindle 版，
　　　p.129.

## 7.　新・日本型経営と人的資源管理論

　アメリカでは 1980 年代の経済低迷期に日本的経営を研究し、その競争優位の要素を人事管理に取り入れようとする試みが行われた。人間をモノのように扱う科学的管理を基礎とした職務管理から、長期的に人間の能力を開発する視点を取り入れた「人的資源管理」の管理方法が導入され始めた。一方日本では 1990 年代以降の低成長の時代に「日本的経営」が行き詰まり、新しい「新日本的経営」やアメリカの「人的資源管理」の手法などの研究が始まっている。現時点では日本企業においては「終身雇用」と「年功序列」の見直しがさらに進むものとみられる。それに伴い「相互補完関係」にある様々な要素も見直さざるをえなくなるだろう。これからは「終身雇用」としての雇用対象者は減少していく一方で、個人は自らの能力を継続的に磨き続けて「雇用される力」を高めていくことが必要とされる。

# 第15章　組織に関する諸理論

　ホーソン実験を通じて人間の効率的な働かせ方に関する研究は、人間を機械化する研究から人間の動機や労働意欲を対象とした研究へと転換し発展していく。ここでは、労働の場における「人間性の発見」を経営学はどのようにアプローチしてきたのかをみるにあたり、まず「個人」と「組織」の関係について組織論の基礎となる研究を紹介する。

## 1. 人間による組織の理論（バーナードの組織論）

　バーナード（Barnard, Chester I., 1938）は『経営者の役割』によって個人と組織についての厳密な考察を与え、機械とは異なった人間の定義にせまるところから「組織」を研究した。彼によると人間は物質的に存在しているだけでなく、パートナーや家族など複数の人間関係の中で人格が形成されてくると考え、これを人間の相互作用に特有な要因として「社会的要因」と定義し、その関係を「社会的関係」と定義するところからはじめた。人間は選択力、決定能力、自由意思を持ち、個人の欲求、衝動、欲望からなる「動機」から目的をもった行為を行う。その目的を成し遂げられる行為は「有効的（effectiveness）」な行為であるのだが、その行為は「求めざる」結果も伴うことがあり、求めない結果が目的とする結果よりも大きいと「非能率的」であるとし、小さいと「能率的（efficiency）」であるとみなした。さらに行為の結果が、「求めざる」結果をほとんど含まない「能率的」なものであっても、当初の欲求や動機を満たさず、別の欲求を満たすようでは「有効的」とはいえないとした。

　バーナードは、この有効的と能率的という二つの概念を使用して、組織とは何であるかにせまろうとした。組織目的と個人目的は全く同じであることはま

189

ずない。よって組織目的にたいし個人が不満をもつ度合いを能率という概念で示そうとした。組織目的にたいする組織全体の行為の有効性が、個人の動機をどれだけ満足させられるか、つまり個人にとって魅力のある組織は個人の動機を満足させるという誘因を各個人に提供する。誘因を受け取る各個人は組織活動の一部分を担う貢献を提供する。

　この誘因と貢献のバランスが「組織均衡」と定義される。もし組織は有効的で、それが非能率的であると組織の構成員（従業員や顧客）は組織から離れていき、組織を維持することはできない。これは営利を目的とする企業だけでなく、教会でもボランティア団体でも様々な組織に適用できる理論であることを示した。

　三戸公（1994）は、「精緻・巨大な技術に武装された組織体の行為は、巨大な目的的結果とともに巨大な随伴的結果をもたらして来た。環境危機と呼ばれる諸現象がそれである。地球の自然環境の破壊は、動植物の種の存続を危うくしその絶滅を次々に招き、ようやく人類にも及ぼうとしている。そして環境危機は、ひとり自然環境のみにとどまらず社会環境にも及んでいる。この期に及んでは最早、組織体の意思決定が目的的結果に関する情報のみをあつめて意思決定をするのではなく、随伴的結果に関する情報をも積極的に収集し、これに積極的に取り組み配慮しなければならなくなっているのである。随伴的結果という概念こそ、環境危機における決定的なキー・ワードというべきものである」（三戸，1994, p.iv）との視点から、バーナードは「まさしく目的的結果と随伴的結果の複眼的把握を、有効性と能率の概念で展開している」（三戸，1994, p.76）と評価している。

　バーナードは「社会的行為からわれわれが「経済的」とよぶ側面をひき出すことは有用であるとしても、アダム・スミスやその後継者たちによって有効に構成され、かなり発達した諸理論は」、「経済的関心のみを過度に強調したのである。それとともに、功利主義に根ざす唯物論哲学をもっている純粋経済理論のなかで、動機というものに適当な考察を加えず、また社会的行動のうちで、感情的、生理的過程とは別個の知的過程の占める地位を一般にはなはだしく誤って考えた。これはいずれも、今日の多くの人々の思想では、人間は「経済

人」であって、経済的以外の属性はわずかしかもたないものだ、ということを意味した」（邦訳, p.40）と経済学を批判する。このようにしてバーナードは個人の人格を経済理論の中に入れることで、経済学の「経済人」仮説に対し人間全体を網羅して理論化する経営学の「全人仮説」とよばれる組織論を構築し、組織論の研究分野に「バーナード革命」とよばれる発想転換をもたらした。

バーナードは組織という協同体系を「二人以上の人々の意識的に調整された活動や諸力の体系」（邦訳, p.76）である公式組織として概念化した。またこの公式組織を支える個人的な相互作用を非公式組織とした。非公式組織は、公式組織のまとまりやその構成員の人格的感覚を維持するうえで重要な役割を果たすものである。

以上のようにバーナードは、自ら考え自ら選択する人間による組織を研究対象としたが、上司が部下におこなう職務命令についても主体的選択としてとらえ、「権限受容説」として理解する。それは命令をコミュニケーションとしてとらえ、命令の受け手である部下が、上司の命令が組織目的に対し有効的で能率的であると認め納得し、不満なく従うことで成立する。さもなければ部下は退職してしまい組織均衡は維持されない。部下が上司の命令権限を受け入れている状態で組織は安定するというのが権限受容説である。さらにそこから発展して、バーナードは組織の協同は道徳によって維持されるとし、その道徳は経営者のリーダーシップにかかっており、質の高い道徳を創造することがリーダーシップの本質となる。

バーナードによれば組織の機能は、効用の創造、効用の変形、効用の交換である。組織は成員から提供される貢献活動により効用の創造、変形、交換を行い、確保した効用を説得活動に利用したり、物的・非物的各種の誘因に転化して構成員の貢献活動と交換したりする。この場合、新しく確保した効用が説得行為や誘因として支出される効用より大きい（効用の剰余がある）場合、その組織は成長し、逆の場合は縮小してやがて消滅することとなる。「組織の本質的要素は、人々が快くそれぞれの努力を協働体系へ貢献しようとする意欲である」。「協働の力は…（中略）…個人の協働しようとする意欲と協働体系に努力を貢献しようとする意欲とに依存する」（邦訳, p.145）。

この構成員の意欲を引き出す誘因は、構成員への満足を増やすか不満足を減らすことになるが、誘因には物理的（貨幣、時間、環境など）で客観的なものと、個人の感じ方（心理や動機）のような主観的なものがあり、これらを組み合わせて構成員から貢献を得られるのである。だが、構成員から得ようとする貢献に匹敵する利用可能な客観的誘因を持ち得ていなかったり、他の構成員には通用する客観的誘因が通用しない構成員から貢献を引き出す必要があったりした場合は、構成員の心的状態、態度、動機を改変して、利用可能な客観的誘因を効果的にする必要がある。この主観的態度を改変させる方法を「説得の方法」という（邦訳, pp.147–148）。

　また、バーナードは「道徳」については、個人の人格的諸力であり、個人に内在する一般的で安定的な性向であるとした。道徳と一致しない欲望や衝動は禁止、統制、修正され一致するものは強化される。これは合理的に考えるものではなく、「情操、感情、情緒、内的構成の問題」となる。そしてこの道徳は人間としての個人に外的な諸力から生ずる（邦訳, p.273）。

　次に、「責任とは、各自に内在する道徳性がどんなものであっても、それが行動に影響を与えるような個人の資質」であるという。例えば道徳性よりも義務を果たすことを優先する態度である。道徳と責任の両立には多くのジレンマがともなうが、起こるトラブルの中でどちらも満たす代替案を考え出す能力、想像力が有能な管理者には必要である。よって責任能力とは、責任が道徳を犯そうとする場合、道徳を守り責任と調和するようにする能力であり、この能力の一面を表す一般的な言葉は「信頼性」である（邦訳, p.287）。

## 2．人間の合理性の追求としての組織（限定された合理性）

　サイモン（Simon, H.A.）は、組織は各自が意思を持っている個人の有機的集合であり、優れて合理的な組織は、個々人が合理的に意思決定できるように設計されたものであると考えた。バーナード以前の組織論が、意思を持たずただ盲目的に命令に従う人間機械観によって作られていたことに対し、サイモンはバーナードから自ら主体的に行動する個人を取り入れつつ、より客観的な指標として合理的意思決定の視点で分析手法を創り出した。個人の合理的な意思

決定能力の限界に着目し、組織を個人の限界を超えた処理能力を獲得するもの
と考えた。またバーナードの行為はその前に意思決定を伴っているはずだと考
え、組織を情報処理装置に見立て、その情報処理による意思決定の合理性につ
いて研究している。「サイモンは人間行動の多くが刺激に対する習慣的反応に
よって規定されていることに注目し、この刺激を偶然的な選択に任せるのでは
なく、組織目的の観点から合理的と思われるような刺激―反応の行動パターン
を計画的に作成し、組織メンバーをこれに従わせることにより彼らの意思決定
を統合し合理性を高めることができる」（日本経営協会，2015，p.200）と考え
る。よってサイモンにとっては限界があっても合理的な個人を前提としている
し、組織は個人を限界の範囲でも合理的に行動するよう仕向けようとするもの
と考えた。

　サイモンは、組織における価値的側面と事実的側面とを分類し、価値的側
面はその組織の意思決定に参加する株主や企業家にあるとしている。眞野脩
（1990）によるとサイモンはバーナードの組織均衡を取り入れながら、バー
ナードの「人間観」から離れていると指摘する。それは次の点で示されてい
る。サイモンは、株主などの「支配集団の個人的目的が何であろうとも、彼等
が誘因以上に貢献をプラスに維持する或いは少なくともこの両者を均衡させる
事が出来る時にのみ、彼等は組織を通じて、彼等の目的を達成する事が出来
るのであり、この事実によって、彼等の意思決定は強く影響されるであろう」
（Simon, 1989, p.153）としている。「われわれが組織と呼んでいる行動のパター
ンは、如何なる意味においても、人間の合理性の達成の土台となるものであ
る。合理的な個人とは、組織されそして制度化された個人であり、またそうで
なければならない」（Simon, p.170）としている。

　さらにサイモンは組織の構成員を三つに分類している。第一のグループは組
織が提供する価値に受取対価を支払う顧客である。第二のグループとして従業
員が定義される。「一般従業員は時間給や出来高給により雇用され、その日常
行動は詳細なマニュアルにより規定されており、それ以外の行動は原則として
拒否され、何時でも使用者の都合によりレイオフできる現場労働者や事務職員
を想定している処からくる分類であると考えられる」（眞野，1990, p.4（514））。

第三のグループとしては企業家がいる。これには株主と管理者が含まれる。

サイモンの組織観は、バーナードと異なり、従業員とそれを管理する管理人の価値的側面は分析の対象とはならず、事実的側面から合理的に判断し行動するものとされている。サイモンにとっては、道徳や責任という多くの様々な価値観の有機的な心理を持つ個人を省略して一元的にとらえることで科学的に組織を定義しようとしたといえる。しかし一方で非合理的な部分をもつ個人が組織によって完全に合理的になるとは考えていなかった。やはり合理性に限界をもつ個人の有機的結合としての組織にも完全無欠の合理性は持てないとも考えた。よってそれを「限定的合理性（bounded rationality）」と定義した。経済学が完全に合理的な個人を前提として理論を科学的であることへ近づけようとするのに対し、サイモンは「限定合理性」をもつ個人や組織が一定の合理的水準で満足する視点で科学へ近づこうとしているようにみえるのである。

今日、多くの教科書では人間行動の基本を、経済学が想定する完全合理的個人であると考える場合「経済人」と呼び、経営学が想定する人間性をもつ個人であると考える場合を「経営人」と呼ぶ。

## バベッジとアダム・スミス

英国ケンブリッジ大学の数学教授のチャールズ・バベッジ（Babbage, Charles）は、コンピュータの原始的モデルとして自動計算器を考案した数学者であった。アダム・スミスと同様にピン工場の製造工程を分析しているが、バベッジは全自動工場を想定し、分業による組織内の管理の在り方を考察した。井原（2008）によるとスミスが「職業の社会的分化」として社会的分業とマクロの考察へ向かったのに対し、バベッジは「分業→職務配分→管理」という構図でミクロ的な工程分業として「職能的分業」を分析している（井原, 2008, pp.73-75）。

だが、分業は同時に統合を必要とし、統合の仕方としての管理方法に生産性は大きく左右されることになる。よって企業の生産性と競争力は、課業の在り方と組織の在り方に左右されることになる。ではどのような組織の在り方がよいものなのか。その答えを探す研究が 1950 年代以降に登場してくる。そこで

の答えは、課業の質と環境の不確実性に左右されるというものであった。

## 技術と組織

　技術の発展とともに、技術自体が次第に複雑になり、それにつれて、確実的な機械的処理の連携が生産の大部分を占めるようになる。つまり「何がどれだけ生産されるかが前もって予測できるようになる」のであり、「これは、生産プロセスが一義的で固定的な機械の法則に支配され、人間の仕事の遂行にまつわる不安定で不確実な要素」の部分を排除していくことでもある（岸田, 2009, p.173）。組織内における機械的処理の部分の拡大は、生産性が人間能力とその管理としての組織の在り方から、機械自体が持つ処理能力に依存するようになる。よって生産工程における機械処理の比率が組織の在り方にどう影響しているのかがわかれば、多様な生産工程に対する最適な組織方法を選べることになる。1950 年代は、1920 年代にフォード生産方式が生まれてから 30 年であり、二つの世界大戦による混乱の後の戦後が始まった時代である。大量生産方式があらゆる分野に普及し始め、新旧の生産組織が入り乱れている機械と人間の多様な関係のこの時代に研究が進んだ。

　イギリスの社会科学者ウッドワード（Woodward, J., 1958）『経営と技術』は、1953 ～ 63 年に、イギリスの振興工業地帯であったサウス・エセックスで、100 人以上の従業員規模メーカー 100 社の調査をもとにして、機械化の水準が組織構造に対して与える影響を明らかにした。「①職人の受注生産である「小バッチ生産、②組み立てラインによる「大バッチ生産」、③完全自動化生産ラインである「連続工程生産」の三つの特徴を示した。その結果、熟練度の高くない従業員たちが組み立て生産を行う「大バッチ生産」においては、高業績につながる組織デザインでは機械的マネジメントが用いられており、ルールがきちんと整備されて、縦の管理システムが発達していた。それに対して、技術の複雑性が最も低い「小バッチ生産」と最も高い「連続工程生産」において、高業績を示すデザインは、共通に横のコミュニケーションを中心とした有機的なマネジメントの仕組みをとっていた」[注1]（若林, p.22）（図表 15-1）。

　現代の大量生産システムにおいては、限定合理性に基づいて最も適切な技術

図表 15-1　機械化の水準が組織に与える影響

| 技術グループ | 小バッチ生産 | 大バッチ生産 | 連続工程 |
|---|---|---|---|
| 技術の複雑性 | 低い | 中 | 高い |
| 生産形式 | 熟練工のカスタム生産 | 組み立てラインによる大量生産 | 完全自動化ライン |
| 業種 | 受注生産型の高級機械 | 組み立て加工業 | 化学メーカー、発電所など |
| 従業員熟練の程度 | 高い | 中 | 高い |
| 組織マネジメント | 有機的（水平的） | 機械的（集権的） | 有機的（水平的） |
| ルールの公式化 | 低い | 高い | 低い |

出所：若林直樹（2010）「技術と組織」田尾雅夫［編著］『よくわかる組織論』ミネルヴァ書房, p.23.

を採用するという「技術的な合理性」が必要であり、これがコア・テクノロジーとなる。しかし大量生産において最も合理的なコア・テクノロジーとは、最短時間で最大の産出を実現し、それを保証する原材料の投入を実現する必要がある。例えば、一定時間で大量のコピー印刷を行うためには、高速複写機がコア・テクノロジーとなるが、最大の産出量を実現するには、高速複写機だけではなく大量のコピー原稿を高速で高速複写機に投入する必要がある。今日では人手に代わって自動原稿送り装置（ADF: Auto Document Feeder）をつければ大量にインプットできる。ところがもし原稿の大きさ（例えば A4 や B4 などのような）異なった原稿が混在していると、大きさ毎の最適な原稿送り位置と出力用紙の選択や切り替えが必要となり、その手間のために時間がかかり投入の高速性は失われる。このように原稿サイズが揃っておらず不確実である場合、高速な大量生産システムの技術は生かしきれない不合理性に直面する。

　また大量生産システムは大量に産出された財が市場で販売できなければ、最大売り上げという合理性を得られない。つまり投入財も産出財も確実性をもって標準化されているときにだけ、大量生産システムは最大売り上げや最大利益を達成できるのである。このように技術的な合理性は組織外の要因に依存するインプットとアウトプットの確実性が前提となる。しかし組織外の不確実性と組織内の合理性を両立することはできない（Thompson, 新訳, p.12）。

　サイモンが組織内の満足化原理を発展させたのに対し、トンプソン（Thompson, J. D., 1967）は、組織外の不確実性の中でいかに限定された合理性を最大化できるかを分析した。企業の生産活動は、様々な他の企業の生産活動と連携しているため、企業内の技術的合理性を発揮するためには、他の連携する企業内の技術的合理性を統制下に置く必要がある[注2]。しかし、現在の各企業が独立して活動する市場経済ではそれはできない。よって、機械が幾重にも連結する長連結型テクノロジーをもつ組織内のコア・テクノロジーは標準化した活動の遂行を困難にする（Thompson, 新訳, p.25）。そこで組織の環境であるインプットとアウトプットの不確実性を、組織内の各要素部門がコア・テクノロジーの能力を発揮できる標準化したものへと変換する必要がある（Thompson, 新訳, p.27）。

　若林直樹（2010）によると、トンプソンは「タイプによって部門間の相互依存過程は技術のタイプと強く関連することを明らかにした。彼は、①集団共有型の相互依存関係、②連続的な相互依存関係、③互酬的な相互依存関係の三つに分かれることを明らかにした。第一のパターンは、対顧客のサービス業に多く、顧客に対応する支店や営業所は、本社とだけ相互依存している。この場合には、本社が資源を集中管理し、各支店は本社とコミュニケーションするだけでよい。第二は、組み立て加工製造業に多く、前の工程が次の工程の生産活動と密接につながっている場合である。第三の場合には、病院やコンサルティング機関のように、クライアントのニーズに組織的に対応するために、組織内部で多元的で密接な連絡を取れる仕組みが必要となる」と述べている（若林, pp.22-23）。

　「組織の規模は、組織デザインに対して重要な制約条件となる。規模については、いくつかの尺度がある。資本金、売上高、人員規模、設備の規模、地理的な展開の程度である。組織論では、主に人員規模の観点から考えることが多い。人員規模が大きくなると、一般的には、組織の官僚制化が進んでくる。官僚制化は、役割分化、縦の階層の発達と中央集権化、組織行動のマニュアル化（公式化）、記録報告システムの発達（文書化）が進む傾向としてみられる」（若林, p.23）。

## 3. 組織デザインに影響する要因

若林 (2010) によるとトンプソンは「組織デザインを行う場合に、影響する主な要因として考慮する必要があるものとして、技術と規模がある」という。「組織デザインとは、組織構造を、組織活動の目的に合わせて計画して、編成することである。組織が属している事業分野による技術の違いや、組織の規模の大きさの違いは、組織デザインをする上で、考えなければならない重要な条件となる。例えば、企業が情報処理システムにおいて、それぞれの現場で判断できる分散処理型のシステムをどう導入するか、もしくは特定の部署だけが処理する集中処理型のシステムを導入するかによって、組織における分業、情報コミュニケーション、意思決定の仕組みも分権的なものか、集権的なものかと変わってくる」（若林, p.22）。

## 4. コンティンジェンシー理論（状況適合理論）

トンプソンの研究とほぼ同時期に、ポール・R・ローレンスとジェイ・W・ローシュ（Lawrence, Paul R. and Lorsch, Jay W.）も同様の結論を見つけていた。テイラー、フォード、ウェーバー以来、動作と組織の在り方の研究は、唯一最適な法則をもとめてきた。これをワン・ベスト・ウェイ（One Best Way）と言い、状況適合理論までは、それを明らかにするのが組織研究であった。しかしローレンスとローシュは、組織のおかれている環境によって最善な方法は異なること、組織はその置かれている環境に適合することが最善であり、どの方法が最も良いかではないということを示し、「状況適合理論（Contingency Theory）」として発表した（Lawrence and Lorsch, 1957）。

結論から言うと、環境と組織が適合すれば、高い業績が得られるということだ。その組織が置かれている環境が多様性、不確実性、相互依存性、資金の流れなどの項目における不確実性の高、中、低によって、選択すべき組織の在り方、分業として分化すべき工程分割数、部門間の協働の質がきまる。例えば環境の不確実性が高いと、それに対処するためには、それだけ多くの分業分化が必要となるが、分担した仕事は多様であり、人々の考え方、志向性は多様で統

図表 15-2　相互依存の3タイプ

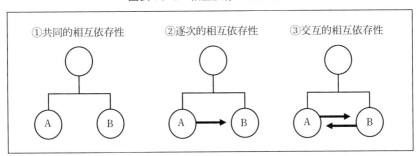

出所：岸田民樹・田中政光 (2009)『経営学説史 [ 有斐閣アルマ ]』有斐閣, p.192 をもとに筆者作成.

一していないので全体をまとめる部門間の相互依存性は複雑になる。

### 条件適合理論における部門間の関係

　図表 15-2 の①の共同的相互依存関係では、A と B の部門には直接の依存関係はないが、両方が全体を構成する場合である。②の逐次的（sequential）相互依存性は、A のアウトプットが B へインプットされる関係で、生産は計画によってスケジュールが決められる。③の交互的相互依存関係は A のアウトプットが B へのインプットであると同時に B のアウトプットが A へインプットされる関係であり、対面的な接触を通じて情報が相互にフィードバックされる。

　②の逐次的相互依存関係とは、例えば需要の数量変動に機敏に対応しなければならない産業では、A 販売部門が需要の変化に気づき、タイムリーに B 生産部門へ連絡し、最適な生産体制へと調節するなどである。他方③の交互的相互依存関係とは、新製品開発が重視される産業では A 研究開発部門と B 生産部門が試行錯誤を繰り返す必要があり、A と B との間で常に相互に情報の行き来がある。このように仕事の内容によって部門間の統合の在り方の最適が異なる。

　また部門間の志向性の違いも重要となる。研究開発部門では不確実性が高い業務内容なので、構成員の関係は分権的である。一方で生産部門は不確実性を

排除することで生産性が高まるので構成員の関係は集権的である。各部門の性質の違いで対人関係の形成が異なるので、組織全体では部門間での異質な志向の人間観を統合しなければならない。この場合では企業の置かれている産業や市場の状況からみて、競争上最も重要な部門に影響力があるように部門間の調整をおこなうことが重視されて統合される。

例えば新製品開発が企業の競争力を決めるような市場環境では、開発研究者の発言が重視され研究開発部門と他の部門の関係は交互的相互依存性による部門間調整がおこなわれると、高い業績を生む。逆にコスト競争が激しい産業の市場環境では、生産部門の発言が重視され、販売部門から生産部門への逐次的相互依存関係による組織が高い業績を得らえる。

ローレンスとローシュ（1967）は、この研究から課業環境の不確実性によって分化の程度が決まり、分化の程度によって統合の在り方が決まるという、組織の分化と統合の程度を課業環境の不確実性に適合させた組織が高い業績をえられると結論付けた。つまりその組織がおかれている不確実性の程度と環境に組織がうまく適合した場合、高い業績を得られるのであって、どのような業種にも通用する分化と統合はないのだということだ。

## 5. コンティンジェンシー理論への批判

コンティンジェンシー理論は、組織の在り方に環境要因を加える必要を示したという点で大きな影響を与えた。その中では、組織を閉じて外界とは無関係に存在する意味のクローズドシステムという見方に対し、環境と通信し開かれているという見方をオープンシステムという。しかしその後、コンティンジェンシー理論では、オープンな視点であっても受動的な見方をしているという批判を受けることになる。そこでは、組織が一方的に環境から影響を受ける受け身的組織観になっており、環境によって組織の在り方が自動的に決まるという機械的見方であるということだ。よってコンティンジェンシー理論では「環境→組織→人間」という組織論なのである。これに対し、環境に対して組織の学習能力や人間の創造性によって多様な手法が有効であるとする「ゴミ箱モデル論」「組織学習論」「自己組織化論」「相互調整」的発展の研究が生まれてくる

第15章　組織に関する諸理論

(岸田・田中, 2009)。

　とはいえ組織の研究は、組織内部のみならず外部環境との関係で決まるというコンティンジェンシー理論の影響が全ての研究で受け継がれていくこととなる。



(注1) バッチ (batch) とは、一度に処理する数量をいう。『広辞苑』では、コンピュータ
　　での処理で次のように説明している。バッチ処理とは「データまたはプログラム、あ
　　るいはその双方にジョブ制御言語による指示をつけ、コンピュータで処理をすること
　　ができる形にしたひとまとまりの仕事をジョブというが、このジョブをいくつかあら
　　かじめまとめておき、中途では利用者が介入できないような手段でそれらを処理する
　　ようにした運用形態。一括処理ともいう」。処理対象の一定の集合に一度に処理をす
　　ることをいう。
　　　似た言葉にロット (lot) がある。『広辞苑』によるとロットとは「生産や出荷の単
　　位としての、同一種類の製品の集まり」とある。受注ロット、生産ロット、販売ロッ
　　トなどとつかわれ、一度に取り扱う単位となる。同じ材料と機械で連続して生産した
　　製品にはロット番号が記されることが多いが、これはクレームなどがあった場合、原
　　因要因を特定するために追跡できるよう、同一条件で生産されたものに同一番号を付
　　与するためである。
(注2) Thompson, J.D. (1967, 新訳, p.21) では、これを「長連結型テクノロジー (long-
　　linked technology)」という。

# 第16章　多様性と持続可能性の視点で経営学を考える

## 1．環境問題と企業の生産活動

　人間の生産活動が地球環境に様々な問題を発生させている。環境問題では、主に温室効果ガスによる地球温暖化への対策が喫緊の課題となっている[注1]。そして、環境を持続可能とするためには生物多様性の保全による持続可能性が必要であり、地球では多様な生物が相互に密接に関係し、有機体として全体を形成している。国連環境計画のカナダと米国の研究グループの2011年の報告によると、地球上の生物は870万種である可能性があり、既知の種類は175万種になるという。これらが有機的自然体系を形成し、その有機体の中で我々人間も生存しているのである。

　よって自然環境の保全についての議論は、膨大な調査分析が必要であり、我々はまだそのほとんどを理解していない。にもかかわらず地球環境問題は差し迫った課題なのであり生態系の保全、それを維持している地形や水系の保全が必要であり、異常気象への対策が必要なのである。

　例えば1947年に設立された非政府組織である国際標準化機構（ISO）は1996年にISO14001（環境マネジメントシステム：EMS）を制定し、企業が自社の活動の結果が環境に及ぼす影響を管理する規格を作成し、環境マネジメントの普及を試みている。ジェトロのレポート『JETRO ユーロトレンド 2000.12』によると、EU は1993年に EMAS（Eco-management and Audit Scheme：環境管理監査制度）を EU 規則として発行した。これは「EMAS の目的は、この制度に参加する各事業所が自らの環境パフォーマンスを評価し、これを改善させるとともに、一般社会に対して適切な情報を提供することを通じ

図表 16-1　G7 各国の温室効果ガス排出・吸収量の推移

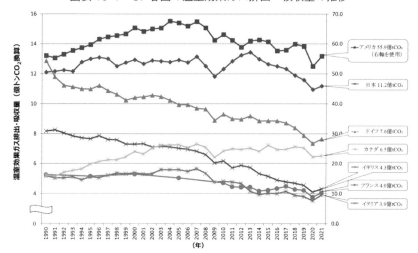

出所：環境省「2021 年度温室効果ガス排出・吸収量（確報値）概要」p.3.

て、当該事業所の継続的な環境パフォーマンスの向上を促進することにある」としている（ジェトロ，2000, p.9）。2006 年には電気・電子機器に含まれる特定危険物質の使用制限である RoHS 指令を施行した。

　世界の温室効果ガス排出量については G7 の排出量を図表 16-1 に示す。日本は G7 の中でアメリカに次いで排出量が多い国である。環境問題において我が国の $CO_2$ 削減活動は世界にとって大きな割合を占めている。

　$CO_2$ の排出量に限ってみると。この環境に対して最も大きな影響を与えているのは企業活動およびその生産物である製品である（図表 16-2）。よって、経営学においても環境問題の解決は重要な課題として議論しなければならない。しかし、経営学では企業活動の環境マネジメントに対する対策に関しては、市場ニーズの省エネ指向への対応であったり政府の規制に対する対策であったりと、技術的問題として扱われる傾向が強かったように見られる。そこでは企業内で働く従業員、労働者が「人間」という自然環境の、そして生物多様性の一部であるという視点が抜け落ちている。「労働力」に対し労働法に抵触

図表 16-2　エネルギー起源 $CO_2$ 排出量の部門別内訳

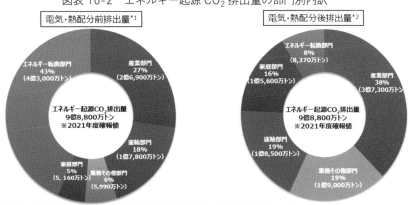

出所：環境省「2021 年度温室効果ガス排出・吸収量（確報値）概要」p.5。[注2]

していなければ人間扱いしているとみなす考えでは、環境経営は取り組めない。それはなぜかを以下で論じていく。

## 2. 公害を解決する方法として考案された外部性の内部化

　経済には生産者と消費者がある。環境経営ではこれら両者の環境意識を検討していかなければならないことは当然だが、もう一つ第三者がいる。財・サービスを生産した企業とそれを消費する消費者以外の人への影響である。自動車を作る会社と自動車を購入した人以外に、自動車の排気ガスや騒音の影響を受ける人である。この第三者を経済学では外部性という。

　経済学の分野では、高度経済成長期に企業活動で排出している公害問題をどのように解決するのかについての研究が進んだ。代表的な理論としては外部性の内部化がある。外部性の内部化とは企業活動が公害を発生させ住民に害を与えた場合、どのように解決するかを示したもので、提唱者のロナルド・コース（Coase, R.）が示した「コースの定理」がある。コースの定理は公害によって被害を受けた被害者への補償を発生させた原因企業へ負担させる最も合理的手法を理論化している[注2]。それは企業が生産費用として製品価格へ転嫁し、

205

最終的には生産者と消費者が負担する（図表 16-3）。

　その時の生産者と消費者の負担の割合は、需要の価格の弾力性によって決まる。需要の弾力性とは、価格変化の割合と需要数の変化の割合を比較することを言う。例えば価格変化の割合 P％ が数量の変化の割合 Q％ と同じなら、その状態では弾力性（Q％ ÷ P％）=1 となり、単位弾力的という。

$$
式で表すと　需要の価格弾力性 = \frac{需要数量の変化率（Q\%）}{価格の変化率（P\%）}
$$

　Q％ が P％ より小さければ需要の価格弾力性は 1 より小さく、非弾力的という。これは生活必需品などにあてはまる。その逆に Q％ が P％ より大きければ需要の価格弾力性は 1 より大きく、弾力的という。これは生活必需品ではないもの、贅沢品などにあてはまる。

　これを図表 16-4 の D 線、$D_A$ 線、$D_B$ 線との関係でまとめると以下になる。

| 式 | | 価格弾力性 | 図表 16-4 の線 | |
|---|---|---|---|---|
| Q％ / P％ | < 1 | 非弾力的 | $D_A$ 線 | 生活必需品など |
| Q％ / P％ | < 1 | 単位弾力的 | D 線 | |
| Q％ / P％ | > 1 | 弾力的 | $D_B$ 線 | 贅沢品など |

　さて、一体この価格弾力性から何がわかるのか。それは公害などの外部性を内部化したとき、その費用を消費者が支払う割合と、生産者が支払う割合とを理解することに役立つ。

　図 16-3 をみるとわかりやすい。図 16-3 の $S^1$ では公害の排出費用を企業がまったく負担していない状態をいう。政府が排ガス規制をおこなったとしよう。自動車会社は排ガス削減装置を車に搭載させなければならず、そのために費用が上昇する。つまりその分、販売価格が高くなる。$S^1$ から $S^2$ の点線へシフトするのである。

　では自動車が生活必需品の地域、つまり自動車の需要の価格弾力性が大きい地域では、自動車の価格が高くなっても購入しないわけにはいかない。図表 16-4 は $S^1$ 線に公害防止装置費用の分が上方にシフトしたことを実線 $S^2$ で表している。非弾力的財は $D_A$ 線である。自動車の需要の弾力性が非弾力的な地域

図表 16-3　社会的費用の内部化　　図表 16-4　弾力性の負担配分への影響

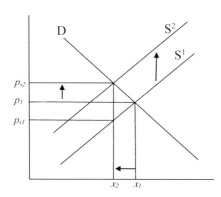
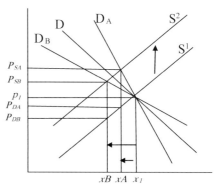

（自動車が生活必需品の地域）では、$D_A$ 線は $S^2$ との交点である価格 $P_{SA}$ で決まる。他方、自動車が生活必需品ではなく贅沢品とみなされている地域での需要線は $D_B$ と $S^2$ との交点の価格 $P_{SB}$ である。つまり製品の生活に与える重要度によって価格が異なってくるのである。自動車が生活必需品の地域では、公害防止装置の費用の負担を自動車企業より消費者がより多く負担することになる。その逆に、自動車が贅沢品の地域では公害防止装置の費用は自動車企業の方が消費者よりも多く負担することになる(注3)。

　環境を汚染する費用を企業の生産費用として内部化するというコースの定理は、市場における公害費用を最終的に誰が負担するのかを理解することに役立つのである。

## 3. 環境と経済活動の両立

　環境破壊の復元費用に対する生産者と消費者での負担割合を、コースの定理で理解することができることを見てきた。それは、消費者にとってその製品が必需品であるかどうかによって変わってくることを示している。しかし実際に、企業が環境へ与えた被害を費用として生産費用に内部化することは多くの困難に阻まれている。それは環境への影響をどのように数値化し、それを貨幣で換算するかという問題である。企業が環境に与えている影響は、排ガス規制

のように測定しやすいものばかりはではないということである。いや、むしろ
測定できないものの方が多い。

　環境会計の研究者である國部克彦（2011）によると「「何をもって環境と経
済の両立が達成されたといえるのか」という目標の最終到着地点が示されてい
るわけではないため、政策の費用対効果を比較衡量することが困難なだけでな
く、個別政策の結果の評価も難しいのが現状である」（p.2）と指摘している。
「環境と経済の両立は、国内の政策にも反映され、各国首脳は環境と経済の両
立を頻繁に訴えている。環境税や排出権取引あるいは自主的な環境経営の促進
など、環境と経済を両立させるための夥しい数の政策が、世界各国で立案さ
れ、施行されるに至っている」。しかし、「世界共通の指標すら確立されていな
い状態にある」（p.2）。よって「経済活動と環境保全の両立」に対する具体的
活動、技術開発、貨幣価値換算、会計システムの構築と評価も企業にとってど
のように利益になるかを示せずにいるのである。

　したがって國部（2011）は「環境と経済の両立という大目標は、それに貢
献するための多くの技術を生み出してきたが、環境と経済の両立ということの
内容が曖昧なまま放置されてきたため、個別政策の評価が十分になされてこな
かっただけではなく、政策を支える手段や技術に対する体系的理解が欠如して
きたといっても過言ではない。しかしながら、21世紀における環境問題の相
対的な重要性の増加は、環境と経済の両立の意義を再吟味し、より具体的な行
動を促進できる方法を要求していると思われる。このことを解決するために
は、一つは環境と経済を両立する指標や目標をつくり、その大目標のもとで個
別の活動を体系化することであろう」（p.3）。つづけて國部（2011）は「しか
し、環境問題という人間の叡智を超える問題を人間が何らかの指標にまとめて
しまうことは、原理的に不可能であるばかりでなく、時には有害な場合もあ
る。それにもかかわらず、環境問題が深刻化し、環境と経済の連携が不可避で
あるとすれば、環境と経済を両立する個別の領域からスタートするしかない。
多岐にわたる環境問題と経済活動には無数の接点があり、無数の両立の可能性
がある。その広範な領域を分析し体系化することによって、結果的に地球全体
の環境と経済の両立を目指すことができる。ただし、その場合には、個別の領

域において、環境と経済の両立の意義をできる限り深く探求する必要がある」
(p.3) と述べている。かなり引用したが、ここで示されているのは環境を貨幣
換算できなければ「環境と経済の両立」はできないということである。

　だが貨幣換算しなければならない項目は無数にあり、人間の英知を超えた
量であるだろうから、それでも貨幣換算しようとすると不完全な指標しかでき
ないだろう。しかしやらないよりはましであり、理解できたところから「個
別」に始めていく必要があるということだ。

　この問題に対し、環境経済学者の吉田謙太郎 (2013) は「自然資本として
の生物多様性、そしてそこから発生する生態系サービスの価値を、ビジネスや
政策、人々の生活など様々な場面での意思決定に組み込むことが主流化であ
る」。「主流化を実現するには、生物多様性と生態系サービスの価値を市場経済
の中で可視化（見える化）することが重要である」(p.4) という同じ問題意識
から、非市場アプローチについても検討している。非市場アプローチには顕示
選好法 (revealed preference) と表明選考法 (stated preference) がある。「顕示
選好法は、市場で売買される財・サービスへの人々の実際の支払いに含まれ
る環境価値への選考情報を取り出して行う手法である。顕示選好法の代表的
な手法には、トラベルコスト法 (travel cost method)、ヘドニック法 (hedonic
pricing method)、回避支出法 (averting expenditures method) がある」(p.120)。
ここでは市場価値算出法についての概略だけ説明すると、購入された商品、
選好された観光地への自然保護政策に支払われた貨幣価値を計算する手法で
ある。多様な生物多様性の可視化と主流化を目的とした活動では TEEB (The
Economics of Ecosystem and Biodiversity) などの国際プロジェクトが有名であ
る。

## 4. 社会的費用の算定

　社会的費用とは、すでに説明してきた外部費用のことをいう。だがその外
部費用の算定方法は以上でみてきたように部分的にしか実現はしていない。も
し不完全な算出方法で実際とは誤った結果を出すと、当然ながら公害問題は解
決されない。例えば、公害が自然環境と住民に被害を与え、人への補償、有害

物質の排除と予防的装置の金額が実際には 10 億円であったとしよう。ここで
もし不十分な調査しかできず被害は 1 億円だったと報告されるとどうなるか。
企業は売上に 1 億円を加算して内部化する。それを住民に払うか、その金額で
有害物質を不完全にしか除去できない程度の対策をとって公害を出し続け、操
業を続けるだろう。よって公害問題は解決されないままとなる。

　では外部性を正確に計算するにはどのようにすればよいのか。実はこの外
部性とはあまりにも広く影響を与えるため、正確に測定する方法は、ほとんど
の場合存在しない。ではどのようにして公害問題を解決すればよいのか。この
問題に正面から取り組んだのが日本の経済学者である宇沢弘文である。彼は、
外部性の内部化は、公害を貨幣換算することで近代経済学の需要と供給による
市場取引の仕組みで解決しようという試みである点に問題があるとする。問題
は市場取引するものはすべて私有財であり、誰かのものを誰かが貨幣と交換
する経済である。しかし誰のものでもない自然（空気、河川の水）や社会制
度（教育、医療）が公害で破壊された場合、それらは内部化できない。「環境
問題という人間の叡智を超える問題を人間が何らかの指標にまとめてしまうこ
とは、原理的に不可能であるばかりでなく, 時には有害な場合もある」（國部,
2011）のだが、環境経済学では不完全ながら部分的でも始めようということ
であった。

　宇沢は、外部性を内部化できる私的財ではない自然財や社会制度を社会的
共通資本（Social Overhead Capital, Social Common Capital）と呼び、これらを
破壊することなく再生産できるように生産活動を行うように規制することが必
要であるとした。この社会的共通資本は、豊かな経済生活を営み、すぐれた文
化を展開し、人間的に魅力ある社会を持続的、安定的に維持することを可能と
するような、専門的知見と職業的倫理観に基づき管理、運営される人類共有資
源である（宇沢, 1994, 1998, 2000）。

　宇沢（1994）は「自動車の社会的費用」において、自動車の社会的費用は
単に自動車の排気ガスや騒音だけで測るものではなく、住民が快適に暮らし、
歩行者が安心して歩けて、子供が安全に遊べる歩道を確保することまで含める
べきであるとしている。それらが社会的費用であり、それを自動車の生産者と

第 16 章　多様性と持続可能性の視点で経営学を考える

所有者は負担しなければならない。そうなると、あくまで仮説的計算として200万円/年（1994, p.140）であるとし、そうなれば自動車の保有台数も減り公共交通機関の利用者も増え、エネルギー効率的な移動手段へと消費はシフトするだろう、と述べている。

　さて、筆者にはおそらく彼の仮説計算はかなり少なめに見積もっているように思える。なぜならば、第二東名高速道路が破壊した森林は、当然環境アセスメントを十分行ったうえで実施しているとはいえ、870万種の生き物たちとそれによって有機的に結びついている生命体たちの食物連鎖の生活圏の一部を破壊していることまでは計算できていない。そのような計算は不可能なのである。よって200万円/年は相当低く見積もっていると思える。とはいえ計算しなければならないのならば、國部（2011）の指摘のように、まず「個別」に地域において住民一人ひとりが居住環境である地域の環境と社会制度を観察し維持しながら、貨幣価値換算に加えて自然と共存する人間の生活と生産活動とのぎりぎりの均衡のとれた共存均衡点を経験と科学を織り交ぜて見つけ出す試行錯誤を繰り返していくしかない。

　宇沢（1998）は具体例としてコモンズを挙げている。コモンズとは「ある特定の人々の集団が集まって、協同的な作業として、社会的共通資本としての機能を十分生かせるように、その管理や運営をしていくもの」（p.58）として協同組合、非営利組織の重要性を指摘している。また本来の教育については、本来一人ひとりの子供が持っているインネート（Innate）「生得的」な能力を育てる場所であるはずであり、教育は「人間が人間らしく生きるための社会制度としての社会的共通資本」であるべきにもかかわらず、それとは正反対の、人間を抑圧するシステムとして人間を管理する形で運営されてきたと、日本の教育をきびしく批判している。

　その背景にあるのは、日本の教育は国の政治が大きく反映してきたものだからだが、その背景には世論の多数派としての考えがある。それは、保護者が我が子には将来優秀な労働力となってほしい、つまり高額の給与で雇用してもらえるようになってほしいという願望の表れである。学校は労働力商品を育てているわけで、背後には親が労働現場で経験として獲得してきた企業からの要

請があり、それは「優秀」さは偏差値であったり、学歴であったり、創造性であったり、チャレンジ精神であったり、協調性であったりと、その時々の企業が求める労働能力であるのだ。その企業が求める人材層の中に「自然環境を守る人」というのは見当たらない。これはあくまで大学教員としての筆者の経験からの話に過ぎないが、つねに学生をどこへどれだけ就職させるかが学部教育の目的とされ、彼らを不本意ながらその方向へ導く手助けを、批判を述べながらも加担せざるをえなかった、という経験から言えるのである。

　フランスの食品大手会社ダノンは、2019 年に「使命を果たす会社」の上場企業となった。会長兼最高経営責任者（CEO）エマニュエル・ファーベル（Faber, Emmanuel）は、日本経済新聞（2024 年 11 月 23 日（土）朝刊 [7 面]）の取材で次のように述べている。「ビジネスは自然と切り離せず、自然の一部だと考えている。」「例えば、日本で販売するヨーグルト『ビオ』75 グラムの中には、長時間の発酵で約 100 億個の菌が生まれるという自然の営みがある。『ボルヴィック』や『エビアン』など天然水は、販売するボトルに注入されるまで 15 年、自然の中で浄化される。水流域が汚染されれば 15 年後の水が変わってしまう。生態系の保護は長期的にダノンの事業にとって重要だ」と。そして「『循環型』の『食品サイクル』に換えることが重要だ」と述べている。

　もはや循環型の経済への移行は、企業においても常識となってきている。自動車産業においても製品資源の循環型はすでに常識化している。トヨタ自動車では、1992 年に「トヨタ地球環境憲章」を策定し「トヨタ環境チャレンジ」として「気候変動、水不足、資源枯渇、生物多様性の損失といった地球環境の問題に対し、クルマの持つマイナス要因を限りなくゼロに近づけるとともに、社会にプラスをもたらすことを目指して、トヨタは、6 つのチャレンジに向けた取り組みを進めています」としている（トヨタ自動車株式会社公式企業サイト「環境への取り組み」より [注4]）。

## 5. エントロピー経済学

　エントロピー経済学の視点から中村修（1995）は「われわれが経済的に「生産」とみなしていることを注意深く観察すれば、それが単なる地球の資源の

第 16 章　多様性と持続可能性の視点で経営学を考える

「加工」にすぎないので物質的・エネルギー的には何も生みださず、「消費」しかしていないことに容易に気づくことができる」としている。つまり「経済的な価値は増加し「生産」されているのだが、その経済的「生産」のために自然のストック（資源、化石燃料）が消費されている、という奇妙な現象が起こっている。「奇妙な」というのは、われわれは自然を消費しているにもかかわらず、それを生産という言葉で表現しているからだ」（p.1）。

　エントロピー学派は、地球環境が太陽エネルギーの受容によって生物が変換活動をしており、それ以外のエネルギー消費は高エントロピー（ゴミ）を生み出しているだけで、現在は石油などの化石燃料エネルギーによって不足分を補って循環しているだけで、最終的に地球をゴミだらけにして人類は死滅するだろうと主張する学派である。このエントロピーは、近代経済学に欠けている視点であり重要視すべき点がある。エントロピー経済学について理解するには物理学の熱の第二法則を理解する必要があり、詳細は多くの文献があるのでそちらに譲りたい。ただ、岡敏弘（2006）が示す通り、エントロピー経済学の特徴は「人と人とが結ぶ社会的関係にはほとんど目を向けず、人間の生物としての側面、および物理的側面から、資源と環境の問題を統一的に捉えようとしている」（pp.68-69）と述べている。経済学に近代経済学が見落としたエネルギーの物理的法則を取り入れようとしている点を評価しつつも、「財の技術の物理的な性格によって決まるのではない」と指摘している。つまり経済活動は物質な部分だけでなく非物理的な、例えばサービスや労働行為などの要素も多いのである。持続可能な経済活動は、いずれ必ず太陽エネルギー（加えて地熱など）の範囲へ納めなければならなくなるだろう。だが、物理的法則で経済学を再構築しようとしたエントロピー経済学の経済法則は、人間の創造的サービス活動の拡大を経済法則として説明しきれないのである。

## 6.　定常経済論

　ハーマン・エドワード・デイリー（Daly, Herman Edward, 1996）は、地球上の資源が再生される範囲内で実現される経済を「定常状態（stationary state）」の経済と定義した。それは「経済のスループット（原料の投入に始まり、次い

で原料の財への転換が行われ、最後に廃棄物という産出に終わるフロー）が生態系の再生力と吸収力の範囲内に収まっている」(p.37) 経済である。

彼は、「経済成長を、量的・物理的な構成要素（資源スループットの成長）と、質的・非物理的な構成要素（資源の効率性の改善）とに分解する」(p.16) ことで、すでに自然から投入した物質を再利用することで、物的スループットの成長をゼロにしながら非物質なスループットを増やして、経済発展を実現することを提案している。

「スループットは商品の生産と消費という経済活動」であり「定常状態であれば、物質的総量は一定」である。「定常状態はけっして静態的ではない」。つまりそこでは、人間と「人工物の質的改善がある」物質の量的配分はパレート最適でおこなわれる。その「持続可能性についての生態学的な判断基準は、正義についての倫理的な判断基準と同様に、市場によっては提供されない。市場はもっぱら配分上の効率性に役立つことを目的としている。最適配分と最適規模は別の事柄だ」。「定常状態の経済において何が最大化されるのだろうか。基本的に、最大化されるのは生活だ」(pp.42-44)。

ハーマンは自然資源からの資源の採取による量的拡大を伴う生産活動を経済「成長」と定義し、物的増加ではなく物質の質的改善をおこなう生産活動を経済「発展」と定義している (p.1)。

「質的改善」とは、既存の生産物の維持、再生、つまり劣化した物質のパタンを当初の機能を復元するために投入された手間、すなわち労働を意味する。これを彼は非物質的なスループットと定義している。

どちらの経済においても、経済活動の基本は「付加価値の形成」であるとしているのだが、「付加価値について」経済学者マーシャルの次の文を引用している。

「人間は物質を創りだすことはできない。彼の欲求の充足によりうまくそれを適応させるために、彼が努力と犠牲を払った結果、物質の形態ないしは配列が変わる。彼の物的生産物の生産は実際のところそれに新しい効用を付与するために物質を再配列すること以上の何ものでもないのであり、そこでそれらの生産物の彼の消費もその効用を破壊すること以上の何ものでもない」(Marshall

第 16 章　多様性と持続可能性の視点で経営学を考える

1961, pp.63-64）[注5]（Herman, 1996, p.89）。つまり人間の生産物は物質そのものではなく物質の配列[注6]を変化させていると言うことである。生産と消費とは物質そのものを生み出したり消滅させたりすることではなく、その配列、パタンを変換していることにある。よって付加価値とはある配列、パタンをもった物質を人間に効用を与える配列、パタンへと変換することで生まれる。

　ハーマンは、既存の物質の変更、修正、再利用という生産活動によって生活の質の向上を可能とする技術、知識、知恵が持続可能性を実現できるとしているのである。

　また、自然資本スループット（物質経済）と人工資本スループット（情報経済）とを区別している点でエントロピー経済学と、付加価値の費用と便益の均衡という近代経済学に基礎を置いた概念とを包摂している点が特徴的である。

　エントロピー経済学派が物質の循環と太陽エネルギーの範囲内での経済の持続性を論じたのに対し、物質と非物質を分けて考えていることで持続可能性と「経済発展（成長ではない）」の実現性を示している。

　非物理的な経済を情報との関係で見た場合、ハーマンは「情報が物理的な脳、書籍、コンピュータと切り離しては存在しえない」ことを指摘している。とはいえ経済発展は「質的改善をより多くの情報を生産物の中に体化すること、と考えることは道理にかなったことだ」（p.60）として肯定しながら、「なぜ情報で止まってしまうのか。なぜ知識経済ではないのか」として「重要なステップは『知恵の経済』に進むことだ」（p.61）という点は注目に値する。

　さらに彼は「物質とエネルギーのバランスが生産を抑制する」のだが、「真の富は技術によって自然からもたらされる」とみなす。よって「適切で人間的な目標とは、天然資源を有益な商品に転換し、それらの商品をできるかぎり効率的に利用することによって、精神的な所得を最大化すること」である。それは「資源を精神的な所得に転換する効率性についての適切な尺度は人間の生活時間であり、それによる計算はまだ生まれない者にも拡張される」（p.62）としている。

　ハーマンの主張で検討しなければならない点は、自然資本が人間に与えてい

215

る便益を、人工資本（人工物）へ加工することで、自然から得ていた便益の一部を失っているということを計算したうえで、自然資本からの限界費用と人工資本からの限界便益が一致するところで均衡するはずであるとする点である。つまり自然資本からの便益を計算できることを前提とした均衡理論を主張している。これは、先に見た環境会計において限界があることが示されている。

　とはいえ注目すべきは、物質的経済は、人間に精神的な豊かさを与えるために人間の創造性（彼は知恵と言っているが）と、低エントロピーの物質によって付加価値を効率的に使用し、長寿命化（今日的には再利用することも含まれるだろう）にあると主張している点である。一方「天賦の自然資本は多かれ少なかれ一定であり、また、それは人間の労働と資本の産物ではない。この天賦の自然資本の一部は循環的で、各国間で分けることができない」（p.103）ことから、経済の発展は物質的な量の拡大ではなく、人間の精神的な豊かさの拡大なのである。この精神的な豊かさが貨幣に換算できなかったとしても、である。よって、それがGDPとして反映されていなくても豊かなのである。だが問題は、それをどう測定するのかである。

　ハーマンの「定常経済論」は、自然資本および精神的な豊かさがもたらす便益の測定方法が未解決である点を課題として残している。とはいえ、これは近代経済学からの特筆すべき前進である。環境問題、それは「環境劣化の主要な原因が実際には総スループットの成長にあること、他方、スループットの減少あるいは環境にやさしい生産物の組み合わせを可能にすることによる資源の効率性の改善が環境を救っている」（p.16）ということだ。つまり「経済発展」と「経済成長」を区別すれば、環境問題に対して科学者たちはおそらく「成長（資源のスループットの拡大）なき発展（資源効率性の改善）、つまり持続可能な発展を提唱することで意見の一致をみるだろう」と考えた。ハーマンはこれを「定常状態の経済学（SSE: stationary state economy）」と定義した。

## 7.　自然資源経済

　寺西俊一（2012）は「自然資源経済」という概念で、環境問題を解決する新しい経済制度へのアプローチを示している。寺西によると、それは必ずし

第16章　多様性と持続可能性の視点で経営学を考える

も一般的に通用している概念ではなく、仮に英語で表現するとすれば、Natural Resource-based Economies（NRE）となる。これは、「各種の自然資源を基礎とし、その上に成り立つ経済」という意味合いを込めたものである。また、ここでの「各種の自然資源」という表現も、様々な鉱物資源や生物資源など、狭い意味での自然資源のみでなく、太陽光や太陽熱、風力、地熱などの自然再生エネルギー（Natural Renewable Energies）、大気、水、土壌、さらには野生生物種などの生物多様性を育んできた「自然生態系」（Natural Ecosystems）の全体、そして、そこに人間の手が加わった「二次的自然」（Secondary Nature）としての「農業生態系」（Agricultural Ecosystems）や「林業生態系」（Forestry Ecosystems）等も含めて、非常に幅広い意味で用いている（pp.88-89）。

　私たちは、いわゆる「自然の恵み」として各種の鉱物資源や生物資源など、狭い意味での自然資源を採り出して利用している。さらに、それらを「私たち人間生活の必要（needs）に合わせて生産・流通（分配）・消費し、最終的に不要となった残余物（wastes）を自然生態系のなかに廃棄（処分）するという資源利用の繰り返し（資源循環）によって、日々の暮らしを経済的に成り立たせている。このような意味での経済的営みが長い人類史を通じて今日まで展開されてきたといってよい」（p.89）。

　寺西が提起した自然資源経済とは、こうした自然生態系を基盤とし、そこから提供される様々な生態系サービスの享受、および各種の自然資源の利用・管理・循環によって成り立っている私たち人間社会本来の経済的営みのことを指している（pp.90-91）。

　寺西の示す経済は、近代以前の農業経済へ回帰することではない。これは百瀬恵夫（1969）の指摘する風土との関係でいえば、地域外で発見された新しい知識や技術をそのまま模写するのではなく、風土と融合し持続可能性を維持することで、新しい知識や技術はその知己のオリジナルな財としての効用を生み出すのである。

　これまでの支配的な経済理論の体系では、「人間・自然・社会の関係性」という全体的な枠組みは理論的に捨象されており、そこでは自然資源経済という捉え方の重要性が必ずしも十分に認識されていない（寺西, 2012, p.91）。生

図表 16-5　人間・自然・社会の関係性

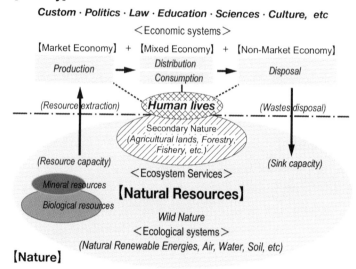

出所：寺西俊一（2012）「自然資源経済論の課題と射程―特集に寄せて―」『一橋経済学』第 5 巻第 2 号, p.90.

産・流通（分配）・消費・廃棄（処分）という四つの局面からなる広義の経済過程と、その土台に厳然として横たわっている自然との関係性（図表 16-5）、あるいは、そのなかで育まれてきた各種の自然資源やそれらを互いに密接に結びつけている生態系システムとの関係性などは、これまでの支配的な経済理論における理論的射程のなかに収められることはほとんどなかったといってよい。

　寺西（2012）らのプロジェクトが最終的にめざしていることは、各種の自然資源の持続可能な利用・保全・管理をめぐる「市場の失敗」（Market Failure）、「政府の失敗」（Government Failure）、「制度の失敗」（Institutional Failure）をどのように乗り越え、いわば「自然資源経済のサステイナブル・ガバナンス」（Sustainable Governance of the Natural Resource-based Economies）をいかにして構築していくか、という新たな理論課題への挑戦である（p.89）（安

藤，2021, pp.171-173 より抜粋）。

## 8. 自然資源を新規に投入しないリサイクルによる経済発展

　ジョン・グレイ（Gray, John, 1998）によると自由な市場経済は「自然」で
はなく、国家などの権力によって社会工学的に設計されたものにほかならな
い。つまり政府や地方などの権力が介入しない「自由市場」であっても「自
然」とは異なるのである。この制度の下では、「政府が愚か」であれば、その
規制は「自由市場」によるものよりも悪い結果をもたらす。つまり愚かな政
府は何もしない方がましなのである。だが、その逆で「政府が賢い」場合は、
「自由市場」よりも政府の規制の方が良い結果をもたらす。では政府が「賢い」
のか「愚か」なのかをどのように判断するのか、彼は述べていない。彼は、生
態系経済学者や生物学者の文献においてもその完全な貨幣換算は困難だとして
いる。ならば残念ながら自然体系全体を掌握しきれていない人類にその科学的
判定はできない。

　それでも多くの（更科功（2020）によると、生物の種の数でさえ解明され
たのは 1% にも満たない）先行研究と知識を活用することは当然として、まさ
にその自然環境の中で生きている地域住民の協働活動や協同組合による自然監
視活動、保護活動が既知の研究よりも優れてた知見を示していることは数多く
見られており、研究者もまたそこから新たな知見をみいだすことができるので
ある。

　世界規模では国連が掲げる SDGs（Sustainable Development Goals）の提唱が
あり、企業活動への投資としては ESG（Environment, Social, Governance）投資
もある。トヨタを例に出すまでもなく大企業は多くの地域資源、地域の社会制
度のサービスを受けた労働能力に依存して部品を生産し供給する中小企業に依
存している。中小企業と環境問題については拙著（2021）『多様性と持続可能
性の視点で考える中小企業論』を参照していただきたい。

　トヨタの「地球環境憲章」や日産自動車の「サステナビリティレポート」
など、様々な企業が環境問題を扱ってきている。すでに企業は持続可能性を目
的とした環境問題に対応しなければ、もはや消費者のニーズにこたえきれなく

なっている。消費者の意識の変化は、ひとえに環境問題に地道に取り組んできた人々や研究者の活動が多くの人々に受け入れ始めていることの証明であろう。

　デイリとエリソン（Dairy, Gretchen C. and Ellison, Katherine, 2002）は世界9か国、地域での生態系サービスを守る事例を紹介しながら生態系学者ボール・エーリック（Ehrlich, Paul Ralph）の言葉を引用して次のように締めくくっている。「生態系に閾値…（中略）…があるのとちょうど同じように、人間行動にも閾値があり、そこに至ると文化的変化の進行は予期せぬほど早いのです」。「機が熟せば社会は殆ど一夜にして変貌するのです。全般的に環境を扱う際の私たちのやり方、そして特に自然資本を取り扱う際の私たちのやり方にも、同じことが起こる可能性があります。今日の私たちの課題は、機を熟させる手立てを探し出すことなのです」（p.346）。

　自然環境の変化や自然生態系を保護しようという地域住民のニーズを、企業が市場のニーズと考える閾値に到達すると、企業行動は一気に変化せざるを得ない。一方そのニーズに対応しきれない企業は、一気に操業の危機に直面するだろう。環境保護に対応する先進的な取り組みは、資金が豊富にある大企業からとは必ずしも限らない。まず地域のニーズに敏感なのは地域に根差した中小企業であろう。中小企業からも、従業員の幸福を大切にする環境経営はみられる。

## 9. 多様性と持続可能性の経営

　すでに見てきたように、自然環境は人間の生活や企業の生産活動に多くのサービスを無料で提供している。その自然環境を破壊してきたということ、それが愚かな行為であったということに人類はようやく気づき始めている。だが人類は自然破壊の全貌を知るまでには至っていない。

　漠然と「自然」というが、そこには様々な定義がある。土壌、河川、化石燃料、空気、そして多様な生物である。ここで生物多様性の持続可能性の仕組みについてと、その企業経営との関係を考察する必要がある。この点について、環境経済学の研究者である岡敏弘（2006）による解説が簡潔でわかりやすい

第16章　多様性と持続可能性の視点で経営学を考える

ので、少し長いが引用する。


　生物多様性とは「すべての生物の間の変異性」を指す。最もわかりやすいのは、多様な種が存在するという事実である。これを種（species）の多様性と言う。種の中に多様な亜種があるのも多様性だし、その中にさらに異なった地域個体群（population）がいることも多様性である。見かけは似ていても、遺伝子を調べると、地域ごとに非常に異なった特有のグループが存在する。さらに、遺伝子（gene）そのものの多様性をとらえて言う場合もあり、また逆に、視点を広げて、多数の種からなる群衆（community）または生態系（ecosystem）の多様性を問題にする場合もある。

　こうした生物多様性は、非常に長い期間にわたる地球環境の変動に適応した進化を通じて獲得してきたものである。この地球環境の歴史遺産ともいえる生物多様性が人為によって破壊されているというのが、生物多様性減少問題である（pp.201-202）。


さらに岡（2006）は続いて、人間と生物多様性の関係を「生命の多様性」の研究者ウィルソン（Wilson, 1992, p.280, 邦訳, II pp.433-434）から要約している。


　人類がその個体数を増やすにつれて、人類と出会った多くの生物種が絶滅に追い込まれてきたが、産業革命以降の人類の活動の爆発的な拡大によって、その動きが加速された。人間は、他の生物の生息場所を破壊し、遠く離れた土地の生物を導入することによって在来の生物を駆逐し、人間にとって有益な種を乱獲し、有害な化学物質によってある種の生物の存在する力を弱めてきた。

　ある「控えめな」計算によると、雨林の破壊による影響だけ見ても、地球全体で、人為によって、1年あたり2万7,000種の生物が絶滅しており、これは、人為が介入する以前の絶滅速度を1,000倍から1万倍に増やしたことに相当するということである（p.202）。

生物学者の五箇公一（2020）も同様の指摘をしている。「「働かないアリにも意味がある」ことを発見された長谷川先生は、以下のようにも指摘している。生物の進化の背景には短期的・瞬間的な適応力の最大化という自然選択だけでなく、持続性という長期的な適応力も重要な要素として存在する」という。生物は遺伝子変異により変化を続け適応力の弱い変異は自然淘汰されて消滅する。だが、適応力は弱いけれど自然界の微妙なバランスの中で少数派として残る変異が生態系全体での持続性の力を作りだす。変異には「箸にも棒にもかからない変異が自然界ではぶらぶらとほっつき歩くこともある」が「自然界には様々な遺伝子の変異が蓄積され、いろいろな遺伝子からいろいろな種が生み出され、とてつもなく多くの種が豊かな生態系を作り、この地球には生物が織りなす多様な世界が展開されるように」なった。これが「生物多様性」である。「遺伝子、種、そして生態系というそれぞれのレベルでの多様性は過去から現在までの進化の賜物であるとともに、生物たちの未来に対する「備え」＝「希望」でもある」（p.53）と五箇は指摘している。

　環境学者と生物学者の指摘を参考にして、企業の生産活動と環境に応用してみよう。まず人間の生産活動が自然資源と生物多様性の循環の一環の中にある必要をみてきた。これは、企業も環境の変化とともに変化し続けなければならないということだ。例えば温室効果ガスが環境に影響しているとなれば、排気ガスを排出しない車を作ろうとする。発電から排出するガスを無くそうとすれば、再生可能エネルギーの新しい手法を作り出そうとする。人間は環境問題から多くのニーズを受けており、それに応えなければならないのである。その一つとして、企業を生き物に例えて考えることもできるだろう。そして企業は実際にその方向へむけて製品や生産方式を変革しつつある。

## 10.　自然の再生産機能への生産システムの適合

　環境へと順応した生産システムへの変更は、多くの歴史的文献が示しているように、社会全体の仕組みの再構築をデザインすることになる。経営学には人間と自然とのかかわりあいの本質的な生産関係を分析し、今日の環境問題の原因と対策を提示する試みが求められている。

第 16 章　多様性と持続可能性の視点で経営学を考える

　今日においても農業社会においては、人間が自然の恵みを中心に生活し、宗教や文化と一体化した社会は、それ自体が生産システムとして構築されているのである。日本において農耕が産業の中心だった時代には、田植えの時期には村民全員が協力して各家の圃場で田植えを行い、祭りや年始の豊作祈願など人と社会と自然の相互作用としての持続可能な関係を形成していた。

　細谷昴（1998）によると日本の農家の多くは、家族労働力を中軸とする小規模経営で担われてきており、そこにおいては生産と労働力の再生産とが一体に結び付いている点に特徴がある。「商家は、その本来の性格からして村あるいは村落を形成しない。これに対し、農家および魚家には、それぞれに対応して農村及び漁村という日本語がある。すなわち農家と魚家は、『土地』を基盤に家いえが結びつきあって、村あるいは村落を形成するのである」（1998, p.13））それはなぜか。農村、漁村は土地、用水路とその管理、労働力、祭りと地域全体が一つの生産システムになっているといえるからである。

　農業は森林を伐採し水田を作るという面では自然破壊であるが、同時に、「生育し実るのは生物自身であり、ただその生理、生態を学び取った人間が、そこに助力を与えるだけである」「という点では自然と深く結びついて」いる。「自然そのものではなく自然に人為を加えながら、しかも自然と相応しなければならない」「特有の人智が必要になってくる。むろんそれは人智であるから、絶えず方法改善による生産力発展を追求してきた。しかしそれは、自然を破壊しながらしかも自然と結びつくという、ぎりぎりのところでバランスを保ってきたのである」（細谷, 1998, p.14）。

　これからもわかるように、農業とは人間に必要な食物を生産するために自然を破壊していくのだが、その自然から恵みを受けつつ、自然を再生産し、その範囲でしか自然を破壊しない。というよりも最も自然が再生産しやすい方法を手探りで見つけ出すのである。山間地、中山間地、盆地、平野と様々な地形に住み続ける農村にとってそれは唯一無二の環境でありその多様な機構との格闘だからである。毎年同じように見えるが少しずつ異なっていく自然の仕組みに農村は集団で格闘していく（安藤, 2023, p.148）。

　農村社会の特徴は、小規模経営による小生産と、労働力の再生産としての

223

生活を行う家が、一戸だけ孤立してその生産と生活を成り立たせることができない（細谷，1998，p.13）ところにある。よってその補完を必要として他の家と協力し合う。それで「家いえの相互の結びつきも、生産と生活の両面にわたることになる。このように、小経営を営む家いえが、それらが占有する「土地」に即して、その生産と生活の諸契機ごとに結びあう。そのような諸関係の総体が、村あるいは村落を形成するのである」（細谷，1998，p.13）。つまり再生可能なエネルギー、再生可能な生物、再生可能な労働力と人間社会制度を一体化させたシステムのなかで、当たり前のことだが人間も自然の一部として、食物を摂取し排泄し、肥溜めを重要なエネルギー源として循環させているのである。

　だが「農が資本主義的産業としていとなまれるようになったら」「資本は絶えず剰余価値を…（中略）…利潤を追求し、拡大再生産に奔走する。そうなれば、自然とのバランスというぎりぎりの線など、簡単にこえられてしまうだろう」。「農である限りこれは自殺行為」であり「農の営みは資本の理論とは適合しない面を持つといわざるをえないのではなかろうか」（細谷，1998，p.15）。このことから細谷は、近代科学技術の農への適用で、いちじるしく生産力の発展が起きれば、「農業労働の性格変化をもたらし、……自然との結びつきのうえになりたつ農の在り方をゆがめ、人々の健康や環境にもかかわる問題をひきおこしている」（p.15）として指摘している。

　ここまで農村を中心とした農耕社会の生産システムを検討してきた。工業化社会では自然による制約から人間は解放され、まず土地にしがみ付く必要がなくなった。工業は自由に好きな場所に移動でき、安価の労働力を供給できる場所へと移動していくことができる。どこへ行っても同じ生産システムをコピーして活動をすることができる。よって自然とのバランスをとる必要がないように一見みえるし、そうしてきた。

　だが経営学は本質的に工業を分析するとき、人間が自然の一部であること、人間を再生産するための社会的システムが持続可能であること、この「環境」が企業にとっては必要不可欠であることへの分析を、おろそかにしてきたのではなかろうか。となれば経営学が「環境」問題について論じようとするとき

第16章　多様性と持続可能性の視点で経営学を考える

の、経営学からの分析用具の乏しさ、「成長」という概念に対する思考の視野の狭さ、企業内部での働き方を「環境問題」としてとらえようとする思考の欠如、労働者を自然の一部としての人間として考え「環境問題」へ取り組むべきところ、労働基準法の問題としてとらえる受動的態度が経営学における「環境問題」への研究の少なさがめだつ背景にあるのではないだろうか。

　本書では、経営学に必要なことは、ハーマンが主張した経済「成長」から経済「発展」への転換である。それは、人間が経済の質を高めていくことでもあった。よって自然の一部である人間が経済を「発展」させられるように人間の「能力」も発達させる必要がある。

## 11.　労働者の社会的費用

　環境問題と生物多様性の問題が重視される中、生物循環の中に存在している「人間」は重要な存在だ。環境問題は人間が引き起こしてきたことだが、同時に人間は生産活動に「要素」としてかかわりつつ、生態系の一部として環境にかかわってきている。よって企業は、そこで働く人間への扱いと人間の生活を通して、環境への影響と深くかかわっているはずだ。

　だが、意外とその点に関する研究はほとんど見られない。つまり、従業員の生活を通じて環境破壊が行われている事態に、企業はあまりにも無頓着ではなかろうか。例えば医療や救急、治安は当然だが、生産効率の観点で2交代制の操業をすると人間生活への影響による健康悪化、24時間営業のコンビニエンスストアなどの資源浪費型の経営スタイルである社会インフラに依存する生活休系への依存、そこからもたらされるエネルギーのムダ。このような問題について企業から聞かれることはない。それはあくまで個人の私的問題として、人々の社会生活の問題としてとらえられているし、研究されてしまう。

　また、企業での労働時間と労働内容の質についても重要である。労働者が帰宅して家庭での生活活動を行うための余力は残されているか。それは、労働者が翌日勤務するために体と心を回復させ再生産することができる状態か。また、その再生産は人間の発達に見合った文化的内容として実行できるだけのものだろうか、ということである。日本の家事育児労働が女性に偏っていること

は、ここであえてデータを示さなくとも読者は理解しているだろう。それは同時に男性が家事労働をするだけの訓練を受けてこなかったというだけでなく、家庭で家事労働をする体力・気力を持ち帰れなかったともいえる。休みには寝てばかりいるお父さんを公園に誘う子どもの姿は、日本の家庭の典型としてよく表現されていることである。

　子どもと遊ぶのは、親子の人間形成にとって重要な要素である。男女に関係なく家事を実行することは自己を再生産することであり、創造的な行動である。家事の質を高めていくことは、人間を発達させていくことである。

　メンバーシップ型雇用の日本ではインフォーマル組織が集団相互監視体制として機能しやすくなり、長時間労働、単純反復の超過密労働への自発的であるかのような参加、ガバナンスにおける自発的であるかのような逸脱などが起こりやすくなる。個人の私生活に干渉しない習慣を持つ欧米では考えもつかなかったことなのだろう。日本では人生を会社に預けるような、私生活をまるごと企業に委ねるがごとき忠誠心が働きやすかったのかもしれない（ただしそれは昭和時代の話になりつつあるが）。トヨタの集団相互監視体制はインフォーマル組織を企業がコントロールしているところが画期的なのである。トヨタ生産方式は全国のあらゆる産業・業種で導入が進んでいる。それは単なる「かんばん」による「ジャスト・イン・タイム」だけなのか、それとも改善を通じたインフォーマル組織をコントロールする自発的であるかのような（いわゆる空気を読む）集団相互監視体制まで踏み込むのか。それは企業によって様々だろう。だがトヨタ生産方式の競争力は、日本中の、世界中の企業に普及している今日、後者によって生み出されていると考えるのが合理的である。

　インフォーマル組織とは文字通り社会的なものである。それが社会に浸透していき本来の人間を軽視した標準作業表に従順に従うがごとき人間の生産を行っているとしたら、どうなるだろう。例えば、目的地に着くことを優先したスピード違反は、企業内で労働基準法に違反してサービス残業をおこなわせる精神と違わないのではないか。時短生活を優先して、川にプラスチックごみを捨てるのと変わらないではないか。そこまで企業の責任なのかという反発があるだろう。説得力のない例を持ち出した理屈だというかもしれない。では非常に

第16章 多様性と持続可能性の視点で経営学を考える

わかりやすい事例を紹介しよう。

　経営に携わる人であれば、おそらく知っているであろう経営の神様といわれた稲盛和夫が、1959年に京都セラミック（現在社名：京セラ）を創業した当時は、28名の従業員であった。稲盛は京セラの経営理念を「全従業員の物心両面の幸福を追求すると同時に、人類、社会の進歩発展に貢献すること」とした。その後「アメーバー経営」という独自の経営方式で成長していく。それは企業内を中小企業のように小さな会社のように分け、① 部門別採算性、② 経営者意識の育成、③ 全員参加の経営の実現を目的としている。この経営手法についてはぜひ考察したいが、この章の本筋ではないので別の機会に委ねたい。

　ただ一つだけ紹介しておきたいことは、稲盛が経営の中心に据え従業員に求めたものは「人として何が正しいか」ということであった。それは「公平、公正、正義、勇気、誠実、忍耐、努力、親切、思いやり、謙虚、博愛」という価値観を持った人間になることであった。この「アメーバー経営」は手法としてはトヨタ生産方式と非常に似ている。従業員参加、経営者意識の育成、職場単位での黒字化への取り組みなど、形は違えど、トヨタ生産方式と違わないといえる。だが本質的な違いはそこではない。人間をどう見ているかだ。トヨタは人間を信じていない。もっといえば「従業員を信じていない」。よって付加価値をつけることが人間性の尊重だと言い切る。人としての生き方をもとめてはいない。稲盛の経営は形式的には「アメーバー経営」だが、人としての正しい生き方がなければ機能しない。では「人としての正しい生き方」とはなにか。それは人間が社会制度を作って共同で生きていくときの道徳である。稲盛はそれを人間性として重視した。

　なぜそれが重要なのか。それは企業が付加価値形成の追求を目的とみるか手段とみるかの違いである。トヨタにとっては目的なのである。トヨタの「幸せ」とは何か。人間性を付加価値の形成に求めたとたん、「幸せ」とは付加価値を作ることであり「幸せの量産」とは付加価値の量産と読めてしまうのだ。稲盛の経営哲学は、企業として利益を求めつつそれは「人として正しいことをしているかどうか」を基準としている。稲盛経営の目的の第一は従業員の幸せ

227

であり、従業員が幸せでなければ顧客も幸せにできないという哲学だ。それとは逆にトヨタ経営の目的の第一は顧客の幸せである。顧客を幸せにできなければ従業員も幸せにできないという哲学である。

　現在京セラには、パートタイマー及び定年後再雇用者が従業員のうち 3% 程いるが期間工はいない。もちろんトヨタは組み立て工場で、京セラは装置産業という違いがある。だが利益を追求する企業としては同じであるにもかかわらず「人間」に対する考え方は全く異なっているように思える。トヨタ自動車の創業者である豊田喜一郎も当初は従業員の雇用と生活を第一に考えて経営していた。だが、倒産回避によって変わったように思える。それ以来、自発的な過酷なまでの労働を期間従業員に求め、雇用の調整弁として突き進んでいる。トヨタの哲学では、その期間工の労働と不安定な身分は、顧客を幸せにするために必要なことなのである。よって顧客が幸せになれたのならば、いかに過酷な労働で、不安定な身分であろうとも、期間工は幸せなのだという哲学なのである。

　稲盛は、トヨタとは逆の哲学で、アメーバー経営によって JAL を再建した。何人もの腕利きの経営者が政府から送り込まれたが再建に失敗し、もはや再建不可能とまでいわれた。しかし稲盛は JAL を倒産から 3 年以内に黒字化したのである。社内で求められる人間性が道徳的であるかどうか、環境に配慮しているかどうか、思いやりや謙虚さをもっているか。それは企業が社内で「生産」した労働者の生き方次第なのである。その労働者は社会に出てプラスの外部性を発揮するだろう。それが労働者の社会的費用である。

　スウェーデンのボルボ社は、人間的な作業を目指す生産システムを実現しようと試みた。それはリフレクティブ・プロダクションといい、ゲシュタルト心理学、認知科学を活用しながら本来人間に備わっている「生得的」能力を活かした生産システムである（野原, 2006, p.331）。「生得的」能力とは細部の知識、関係の知識、俯瞰の知識である。たとえば複数の部品をみるとき、作業順序はあらかじめ与えられているが、まず全体をみて、意味づけし、それぞれの関係を理解する能力である。作業員は自分で考えて作業をする。ベルト・コンベアは廃止して、ワーク・ステイションという場所で組み立て作業をする。こ

第16章　多様性と持続可能性の視点で経営学を考える

れは労働の人間化を追求し、労働の人間化とはどうすることなのかを具体化しようとした挑戦であった。だがこの方式は、システムを設計し運用するには不十分な知識しかなかったためにうまくいかなかったとされている（野原, 2006, p.380）。

　リフレクティブ・プロダクションは人間の能力を「発達」させるシステムだが、その分、付加価値を形成する時間が長くなる。それは生産費用を高める。それを上乗せすれば当然、市場競争力は低下するからである。

　つまりリフレクティブ・プロダクションの「人間化」は、労働者の多様な「能力発達費用」を内部化したために、トヨタ生産方式に対して価格競争力を持てなかったといえる。逆に言えばトヨタはその費用を外部化している、または無視しているのである。労働者の多様な「能力発達費用」を、もしその内部化を消費者が支持すれば、リフレクティブ・プロダクションは有機農法の野菜のように支持されるのではないか。能力が発達した労働者が生産した製品は、高品質となるはずだ。通常プラスの外部性は、その費用を負担した企業へ社会が支払うものである。

　環境の一部としての能力を発達させた人間が、消費者として市民として会社の内外でその能力を発揮して社会制度を維持発展させ、社会を豊かにすることができる。そのための社会的費用を内部化しているのである。これはプラスの外部性を内部化したこととなる。

## 12.　人間を幸福にする労働とは

　トヨタ生産方式は、大量生産による自然資源のムダを排除する点で非常に評価が高い。資源リサイクルへの取り組みもトップクラスの模範的活動を行っている。当然それらの活動は評価されるべきである。

　だが一方、「ジャスト・イン・システム」や「かんばん」方式が環境への配慮となっていると同時に、その超過密労働をおこなう人間を「自然界の生き物」として扱っているようには見えない。「トヨタでは人間性の尊重とはムダな作業を排して、人間のエネルギーを意味のある有効な作業に結び付けることにほかならない、と位置づけられている」（門田, 1983, p.232）（大野・門田,

1983, p.237）。第9章で述べたが、トヨタの「人間性の尊重」とは「ムダな作業」を排除することである。なぜならばトヨタでは「人間性とは生産物に付加価値を与える行動」だからである。よって付加価値を与えていない間の動きには人間性はないのであり、それを排除することで「人間性を尊重」することができる、という言い分になる。

　もしこれが正しい公理であるならば、非常におかしなことになることは誰でもわかるだろう。例えば、もしあなたが散歩に出かけたとしよう。それは誰かに付加価値を与えている行為だろうか。もしそうでなければ、あなたの散歩は「人間性を尊重して」いない行動となる。

　トヨタは反論するかもしれない。トヨタが示す「人間性の尊重」とは、勤務時間内における動作のことであると。では、トヨタの「人間性の尊重」が勤務時間外でもトヨタの社員が人間性を尊重して生きていくことをトヨタの労働規律が担保しているかどうか検討してみてほしい。人の人間性は時間によって変わるものではないだろう。

　ブレイヴァマン（Braverman, Harry, 1974）は労働が人間に苦痛を与える根源を、「構想と実行の分離」にあると指摘した。「構想」とは考えることであり「実行」とは行動に移す労働のことである。つまりテイラー以来、労働は「構想と実行」に分離され「構想する仕事」と「実行する仕事」に分業させられた。それぞれは専門家の労働となった。生産性は飛躍的に高まった。これは今日までの生産技術における科学的検証によっても立証されてきた事実であり、これを覆す反証はなされていない。ただし大量生産の場合においてはである。

　だが「構想と実行」を分離されては、残念ながら人間の「脳」は発達しない。それは脳科学から言える。脳科学者である茂木健一郎（2007）によると「特に、試行錯誤を経ることで脳内に強固なシナプスが形成され、やがてひとつの行動に練達」するという。これを「強化学習」といい、繰り返すことで人間の脳は年齢に関係なく強化されていく（pp.21-22）という。

　さらに茂木（2008）は脳には「感覚系の学習」と「運動系の学習」があり、「感覚系」は脳へのインプットを「運動系」は脳からのアウトプットを司っている。インプットがアウトプットに成功すると、ドーパミンが脳内に発生され

第 16 章　多様性と持続可能性の視点で経営学を考える

て「できた！」という喜びが得られる。だが「感覚系」と「運動系」は脳の中で直接つながっていない。「感覚系と運動系のコミュニケーションを行うためには、出力が欠かせません」。「感覚系回路からインプットした情報を運動系回路を通して一度外部に出力し、再び感覚系回路で入力する。このサイクルが成立して初めて、感覚系と運動系が同じ情報を共有できるわけです」(p.36)。

　脳科学を労働現場に応用してみよう。まず目的が与えられる。すると「感覚系」がそれを頭の中インプットし「構想」を描く。次に「運動系」が実行に移す。だが初期段階では「構想」と「実行」にはズレがある。そこで学習サイクルがまわり「できた！」を実感すると、ドーパミンが発生する。ドーパミンは達成感、幸福感を生み出す脳内物質である。よって簡潔にまとめると「構想」を「実行」に移し、試行錯誤の末に成功すると「幸福感」を得られるということだ。達成できると幸福だ。幸福感を得られるから再び挑戦するという好循環を生み出す。加えるとそこには試行錯誤が内在している。つまり答えを自分で導き出す困難さは試行錯誤の末、達成できた時、幸福感を得られるのである。

　トヨタに代表される改善運動は、テイラーやフォード生産方式を超越して「構想と実行を再結合した」と評価する文献も多くみられる。しかしその改善運動をよく見るとそれはインフォーマル組織の管理であることが実態であった。わずかながら改善になるような活動もあるが、それは次のようなものである。

　仕事外の時間に、ほとんどが仕事時間としては扱われず、自分の自主的な活動として、提案用紙を作成したりする。だが、それはすぐに実行されることはない。脳科学では「構想」と「実行」のサイクルは作業者個人の中に蓄積されるものだが、トヨタの改善活動にはそれがない。提案された作業表は生産技術や組長が精査し、ストップウォッチで作業者の動作を計測し、サイクルタイムを整えたうえで、標準作業表が書き換えられる。その標準作業表に従って皆が作業をする。

　ここには、個人の脳の発達とはかなりずれたサイクルが生まれている。「構想」と「実行」はサイクルとして強化されていかない。トヨタはそれを「構想と実行の結合」と言っているだけなのである。そこには人間発達の可能性はない。

　トヨタは、2020 年に「トヨタフィロソフィー」を「モノやサービスを提供

231

することで幸せを量産すること」とした。これをもとに「お客様をはじめとする世界中のステークホルダーの幸せに貢献する」とし、サステナビリティの基本方針として「社会・地球の持続可能な発展への貢献」として表明した。しかしこれはあくまでもお客様など社外の他者に対する方針である。内部ではこの「フィロソフィー」はまったく適用されていない。

　市場ニーズの変動に対応するために、期間従業員をその調整弁として活用してきた。彼らも同じ人間であり、生活があり、労働によって人間能力の発展の機会が保証されるべきである。トヨタの期間工は、契約期間が終了したときに何かしらの「能力」が発達できたようにプログラムされているだろうか。労働過程内で「社会で認めらえる資格のような、何かができるようになった」のであろうか。その「能力」をもって就労期間を終了し、その後の就職、労働に役に立つ能力がつき、それを証明する終了証が発行されているのか。

　また、人間は自然環境の生態系の一部を成しているのである。人間の自然的・生得的あり方を破壊すれば、その人間の自然的・生得的生活のリズムを破壊し、それが、自然的・生得的心身を破壊された人間を通じて社会の在り方を破壊し、自然環境を破壊することになる。

　だが、日本一の好業績をあげているトヨタの根幹にあるのは、一つに自然資源のムダの排除であり、もう一つに、超高速過密労働として人間の発達に寄与しない労働であり、それは期間工の人間発達を達成させないまま、彼・彼女らを使い捨てにしている実態だろう。これについては多くの研究論文が指摘してる。にもかかわらず、トヨタはこの期間工の雇用の安全弁としての性格を捨てることはできないだろう。なぜなら、それなくしてトヨタ生産方式が黒字を維持することはできないからだ。そうなればトヨタは倒産する。

　トヨタ生産方式を整理すると２点に分類できる。１点目は、トヨタ生産方式の資源のムダの排除やリサイクル活動は非常に高く評価されるべきである。黙っていても多くの企業が導入するほどの素晴らしいものである。だが、同時に２点目として、現場作業者の人間として発達を阻害している。しかもそのやり方なくしてはトヨタ生産方式は存続できないのである。

## 13. 人間と自然資本とロボットによる多様性と持続可能性

　この問題をどう解決していくか。経営学として、その可能性を検討するために内閣府が発表した図表 16-6 のデータから今後について現場労働の未来の姿を描いてみたい。この図表 16-6 は自動車産業と家電産業の労働生産性と従業員数の推移を表している。どちらにも黎明期があり、市場での普及期、飽和期がある。飽和期に到達した製品はコモディティ製品という。自動車がコモディティ化したときには、労働生産性が上昇しながら労働者数は減少する。データは「期間工」を含めたものかどうかは明示されていないのでわからない。だがトヨタの 2023 年度「有価証券報告書」でみれば、トヨタで働く人には正社員、臨時従業員（期間従業員、パートタイマーおよび派遣社員）がいる。自動車事業に限ると、連結会社も含めて従業員は 336,291 人、うち、臨時従業員は 84,449（25.1%）、トヨタ本体のみで従業員は 63,600 人、うち、臨時従業員は 11,820 人（18.5%）となる。よってグラフの従業員数に臨時従業員がもし含まれていないとしても、労働者数の減少傾向としては変わりがないといえる。これは市場競争がもたらす結果だが、それは一つめに現場作業の機械化、ロボット化である。プレス、溶接、塗装現場でのロボットの導入は目覚ましい。

　二つめに可能性として、もしトヨタが現場の作業をほとんど機械化したら、人間に残されている労働は生産技術の専門家の仕事となる。具体的には機械のメンテナンスと、現場作業の効率的な機械化としての改善であろう。どの企業も同様の機械を導入すれば、シュンペーターが示した通り企業競争は利益ゼロへ向かい、その時、企業が延命していくためにはイノベーションのための新製品開発の比重を高めるしかない。開発者も生産技術者も、必要とされるのは「感覚系」と「運動系」のサイクルを動員して創造的なアイデアを形にしていくことだ。もしそこに期間工を導入するとしても、彼らには開発者としての「能力」と「実績」が残る。そこでは脳科学が証明しているように現場で働く技術者たちの「幸せを量産」することができ、達成感に満ち溢れているはずである。

　さらに加えてそのとき企業が、従業員をも自然の一部とみなして道徳的に

図表 16-6　日本の自動車およびテレビの需要拡大期と飽和期

需要拡大期には雇用が増加し、需要飽和期には雇用は減少

(1) 自動車

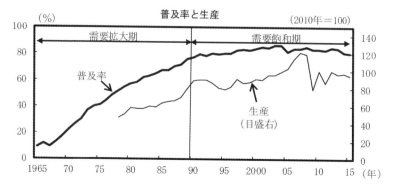

普及率と生産

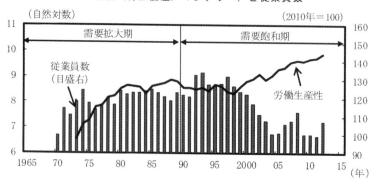

労働生産性（付加価値／マンアワー）と従業員数

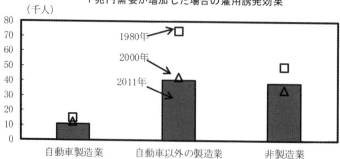

1兆円需要が増加した場合の雇用誘発効果

第 16 章　多様性と持続可能性の視点で経営学を考える

(2) テレビ

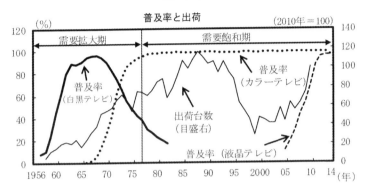
普及率と出荷

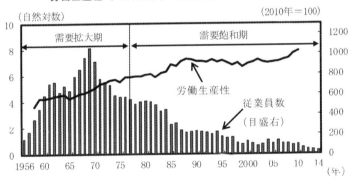
労働生産性（1人当たりの出荷台数）と従業員数

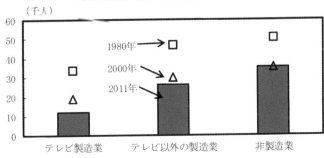
1兆円需要が増加した場合の雇用誘発効果

出所：内閣府政策統括官（経済財政分析担当）(2017)『日本経済 2016-2017』pp.87-88

環境問題に取り組む理念と哲学を示せるかどうかである。どれほどの大企業であろうと、経営幹部も家に帰れば普通の人であるはずだ。家に帰って寝るだけの人であればそこには社会性や人間としての発達は望めないだろう。知識基盤社会の創造性が企業競争を決する時代には、その様な帰って寝るだけの人が幹部の企業はいずれ自然淘汰されて消滅していくだろう。

　しかし、家に帰ればよき父でありよき母であり、協力して家事を創造していけば、子供たちの幸せも自然環境も保たれた社会制度を未来に残していけるだろう。その様な家庭で子供は育ち、孫が生まれ、人間は未来へと子孫を残していく。そうやって600万年前にチンパンジーからホモ（人）属が分岐し発展していったホモ・サピエンスは、持続的に発展して存続し続けることができたのである。

　ノーベル経済学賞受賞者アマルティア・セン（Sen, Amartya, 1992）は貧困とは、潜在能力が乏しく、選択肢が少ない状態のことであると厚生経済学の理論で示した。企業は労働者の労働能力が「発達」する潜在能力を与えているだろうか。その潜在能力によって人生の選択肢が増える状態を作っているだろうか。残業が多ければ生活経験から学ぶ機会を失い、人生の選択肢を狭めるだろう。

　トヨタ生産方式で世界一の工業大国になったなったにもかかわらず、日本は貧困率の高さでは世界4位の14.9（2008年OECD資料より）、つまり非常に貧困な国ということである。日本の一人当たりのGDPはIMF2024年調査では32位であった。

　他方、同じ資料でデンマークでは貧困率は最も低い5.3%で、一人当たりGDPは10位、さらに一人当たりの労働時間は1,400時間で週休3日制を実現している。ご存じのように環境対策先進国でもある。通勤では自転車を利用する人が多いので自転車専用の高速道路が整備されている。国民の環境問題への意識が高いのである。

　創造的で豊かな人間でなければ環境問題には取り組めない。SDGsにも含まれるように貧困問題は環境問題を解決するための最大の課題なのだ。労働者の社会的費用を内部化すること。それが、どれほど先になるかはわからないが、

第16章　多様性と持続可能性の視点で経営学を考える

そこでは人間と自然資本とロボットが融合した企業活動が、人間性と生産性を止揚した世界をつくれるであろう。

(注1) 温室効果ガスの気候変動への影響については「気候変動枠組条約（United Nations Framework Convention on Climate Change:UNFCCC)」により、地球温暖化の原因となる温室効果ガスの排出を抑え、気候変動の影響を軽減するために1992年に採択された国際的な気候変動対策の条約がある。

(注2)「電気・熱配分前排出量」と「電気・熱配分後排出量」の区別

国立環境研究所「FAQ6. エネルギー分野」『効果ガスインベントリオフィス』より

「電気・熱配分前排出量」も「電気・熱配分後排出量」も、化石燃料の燃焼による$CO_2$排出量を、エネルギー転換部門、産業部門、民生部門、運輸部門といった部門ごと（あるいはさらにその細分類ごと）に示すものです。両者の違いは、発電や熱の生産のための化石燃料の燃焼による排出量をどの部門に配分するか、という点にあります。

電気・熱配分前排出量は、発電や熱の生産に伴う排出量を、その電力や熱の生産者からの排出として計算したものです。電力会社の発電に伴う排出量はエネルギー転換部門の「事業用電力」に、熱供給事業者の熱生産による排出量はエネルギー転換部門の「地域熱供給」に、また、製造業の会社などによる自家用発電に伴う排出量はその会社が属する産業（産業部門の「鉄鋼」など）において計上されています。

一方、電気・熱配分後排出量は、発電や熱の生産に伴う排出量を、その電力や熱の消費者からの排出として計算したものです。それらの排出量は、電力及び熱消費量に応じて最終需要部門（電力や熱の使用者）に配分されます。例えば、家庭で電気を使用した場合、それに伴う排出量は家庭部門の電気・熱配分前排出量には含まれませんが、電気・熱配分後排出量には含まれることになります。

(注3)「コースの定理」は本文では非常に簡略化して示したが、実際はもう少し複雑である。コースの定理の解説書は多数あるので、そちらを参照されたい。

ここでは公害問題の「社会的費用の内部化」についてのみ説明する。

図16-3の需要線Dと供給線Sの交点が市場での均衡価格$P_1$である。内部化とは企業に環境税か公害防止装置の導入費用を負担させるので、企業はその分を販売価格に転嫁する。そのとき供給線は上方にシフトして$S^2$線となる（図表16-3）。するとD線との交点が新たな均衡価格$Ps2$となる。この時、消費者の購入価格は$Ps2$である。供給企業の手取りは内部化された社会的費用の支払をした後に残る$Ps1$となる。

図表16-4は、需要の価格弾力性が、大きい弾力的な場合$D_B$と小さい非弾力的な場合$D_A$を表している。$D_B$の場合の消費者余剰は$P_{SB}$線よりも上で$D_B$線と囲まれている部分となり、生産者余剰は$P_{DB}$線の下で$S_1$線と囲まれた部分となる。この時、費用の内部化前の価格$P_1$と$P_{SB}$との差が消費者負担の額であり、$P_1$と$P_{DB}$との差が供給企業負担の額となる。

237

内部化の負担割合についてみると需要曲線が $D_B$ の時、消費者負担は $(P_{SB} - P_I) \times xB$ となり、供給者負担は $(P_I - P_{DB}) \times xB$ となる。供給者よりも消費者の方が負担割合は小さい。

他方、弾力性が $D_A$ 線の場合、$S^2$ との交点が新しい均衡価格 $P_{SA}$ となる。よって消費者余剰は $P_{SA}$ よりも上で $D_A$ 線と囲まれた部分となり、供給者余剰は $P_{DA}$ より下で $S^1$ 線と囲まれた部分となる。需要曲線が $D_A$ の時の消費者負担は $(P_{SA} - P_I) \times xA$ となり、供給者負担は $(P_I - P_{DA}) \times xA$ となるので、供給者よりも消費者の方が負担割合は大きい。

これからもわかるように需要の価格弾力性によって消費者と供給企業との間での内部化費用の負担割合は異なってくる。

（注4）https://global.toyota/jp/sustainability/esg/environmental-policy/（アクセス日 2024 年 11 月 26 日）

（注5）この部分は、現在日本語訳の最新版 2024 年発行では、Marshall の原書の第 8 版の翻訳で、次のように記されている。

「人は物質を創造できない。精神的および道徳的な世界においては新たな考えを生み出せるが、人が物的な財を生産しているといっても、それはただ効用を生み出しているにすぎない。換言するならば、人の努力と犠牲は、欲求の満足によりよく適合するように物質の形状や配置を変えているだけなのである」(p.121)。Marshall, Alfred (1920) *Principles of Economics*. An introductory volume, 8th edition, Macmillan, London. 西沢保［訳］(2024)『経済学原理　第 1 巻』岩波書店、Kindle 版

（注6）配列とは物質のパタンである。これを吉田民人（1990）は「情報」と定義している。

サイバネテックという研究分野を確立したノーベル・ウィーナー（Wiener, Norbert）は人が機械に命令を与える時の通信情報と、人が他人に命令を与える時の通信情報は、本質的に同じであるとしている。さらに「通報はそれ自体はパタンと組織性との一形態である」としている。

生産からみた広義の情報の定義を、野口悠紀雄（1974）は「（微少のエネルギーで）同一のものを複製することが可能であり、かつ、複製されたのちにおいても元のものがそのまま残って」いるものとしている。

本書では経済学が対象とするものは、生産においてコストを必要とする情報であり、複製または伝達においてコストが必要な場合である。ゆえに、経済学の対象とする情報は、価値のある情報であることに加え、情報の生産において費用が発生する、もしくは、情報の伝達・複製のために費用が発生する場合となる。

# 資 料 編

## 資料1　生産性 (p.15, p.31)

　生産性という用語は、会計学、経営学、統計経済学など様々な分野で使われているが、それぞれの分野、また論者でも微妙に異なっている。ここでは、「ある一定期間に生み出された生産量と、生産に使用した労働や機械設備（資本）などの投入量の比率で、生産活動の効率性を示す指標」（松浦寿幸, 2016）を生産性とする。

　生産性とは、産出量／生産要素の投入量であるが、一般的に生産要素は大別して設備投資と人件費とその他の三つに分けられる。一つめの機械装置・建屋等による生産性を「資本生産性（Capital Productivity, CP）」といい、二つめの人間の労働による生産性を「労働生産性（Labor Productivity, LP)」という。さらに設備装置や労働能力が同じでも分業の在り方や情報技術との組み合わせによる組織全体のパフォーマンスや市場でのブランド効果によって差が出るため、生産性の合計は資本生産性＋労働生産性＋$\alpha$となる。この$\alpha$の部分が三つめのその他であり、「全要素生産性（Total Factor Productivity, TFP）」という。

　様々な生産要素は、投入単位（個、Kg、リットル等々）も様々であるため全要素生産性の測定は困難となる。よって様々な生産要素財の変化率を測定することで単位を一元化できる。

TFP 変化率＝生産量変化率－労働分配率×労働投入量の変化率－資本分配率×資本投入量の変化率－中間投入量分配率×中間投入量

(宮川努, 2018, p.36)

ここでの「中間投入量」は原材料のことを指している。投入原材料を仕入れと考え、その限界費用がゼロ（すなわち数量によって変化しない）とみなせるので、付加価値率は、労働生産性と資本生産性によってのみ構成されるとみなせる。それら両生産性のシナジー効果を

TFP変化率とみると

TFP変化率＝付加価値量の変化率－（労働分配率×労働投入量の変化率）
　　　　　　－（資本分配率×資本投入量の変化率）

となる。


# 資料2 (p.60)

**京城日報（大正13年9月9日）記事全文**

　近来我国の総ゆる階級を通じてエフシェンシー（能率増進）の研究が盛になり之れに依って新局面を展開せんとする機運に向って来た事は誠に喜ばしい現象である。

　目下の我国は総てに於て行詰って居る、思想界、政治界、教育界実業界、殊に産業界や経済界はお話しにならぬ状態に置かれてある。

　此行詰りの状態から救い出す途は能率増進只一つ有るのみである今日は非能率が国民を亡ぼすか、国民が非能率を破壊するか、我国民は正に生死の厳頭に立って居ると云うても決して過言でない『能率が上らねば国家が滅びる』とは皆がよく云う事だが、之は其通り少しも間違いの無い話である、故に能率問題は世界での八ヶ間しいものと成っている、新物好きな日本人が何でも此う云う事をのがそう筈がない。

　然し此大思想を誘導する責任のある我国の学者の態度は遺憾ながら余りに抽象的であり、非実際的である為め折角の此問題も日本では単に一種の流行と云うに止まり一向吾人の生活に深入りせず、人間味に近づかない社会の能率仕事の能率事務の能率と只口に能率を上げろ上げろと云うて見た所で社会の単位仕事の単位である人間の個性が非能率ではいつまで経って

資 料 編

も作業や事務の能率はあがる筈がない。即ち人間の個性を能率化する事が先決問題である単なる遊技にも能率はある、

　個人能率増進法とは何ぞや＝即ち人生各般の要望を達成する為に最良最易、最速の道を発見し且之を実行する精神的並に肉体的の能力である人生各般の要望とは即ち金持ちになりたい、名を成したい名誉を得たい、発明をしたい、勲章が欲しい、と云う風に各々の期待、希望、抱負または大望を成しとげるには此最良、最易、最速の道即ち科学的の近道を見出さなければならぬ、夫れには原則がある、此原則に依らなければならぬ、個人能率増進法の原則とは

　（記録）（計画）（時間割）（急速処理）（標準状態）（標準方法）（標準実行指図書）此の七ツの実際的原則と（理想）（常識）（助言）（鍛錬）（公平配分）（砲率報酬）の倫理的六ツの原則つまり十三原則が夫れである

　物の原則とは人間が勝手に作った物でも無く、世に時めく偉い人の言葉でもない真理である、天然の法則である恰も地球の引力や成長法則の如く確定不動のものである、故に此原則に調和して生または活動しない限りは成功は出来ない飛行機の発明者ライト兄弟が飛行の術を会得する迄は幾年間の時日と財を犠牲にしたか一度飛行の原則を発見してからは僅々数週間で飛行家としての必用な教育を人々に授け得た彼の英雄ナポレオンボナパーとも『先ず物の原則を究めよ後は単に手続きのみ』であると云うて居る、此個人能率増進法の原則を咀嚼し応用し実行し『能率を我物』とし後に之を自己の家庭に及ぼし仕事に及ぼし事業に及ぼし得る事に依って真の能率増進と云い得るのである（京鉄社友会での講演要領）

データ作成：2010.3 神戸大学附属図書館

# 参考文献

Abegglen, James Christian（1958）*The Japanese factory : aspects of its social organization*, 占部都美 [監訳]（1958）『日本の経営』ダイヤモンド社.

Adams, J. Stacy（1965）'Inequity In Social Exchange' *Advances in Experimental Social Psychology*, Volume 2, pp.267-299.

Alder, Ken（1997）*Engineering the Revolution: Arms and Enlightenment in France 1763-1815*, Princeton, N.J., Princeton University Press.

Ansoff, H. I.（1965）*Corporate Strategy*, McGraw-Hill, 広田寿亮 [訳]（1969）『企業戦略論』産業能率大学出版部.

Babbage, Charles（1832）*On the Economy of Machinery and Manufactures*. Reprinted in 2022, Classical Prints.

Barnard, Chester I.（1938）*The Functions of the Executive*, Harvard University Press. 山本安次郎・田杉競・飯野春樹 [訳]（1986）『新訳 経営者の役割』ダイヤモンド社.

Barney, Jay B.（2002），*Gaining and Sustaining Competitive Advantage. 2nd Edition*, PRENTICE HALL, INC. 岡田正大 [訳]（2003）『企業戦略論（上）』,『企業戦略論（中）』,『企業戦略論（下）』ダイヤモンド社.

Berggren, Christian（1992）*Alternatives to Lean Production*: Work Organization in Swedish Auto Industry, Cornell University. 丸山恵也・黒川文子 [訳]（平成 9 年）『ボルボの経験：リーン生産方式のオルタナティブ』中央経済社.

Boldrin, Michele and Levine, David K.,（2009）"A Model of Discovery", *American Economic Review*, Vol.99. No. 2, pp.337-342.

Braverman, Harry（1974）*Labor and Monopoly Capital*, Monthly Review Press. 富沢賢治 [訳]（1978）『労働と独占資本』岩波書店.

Brooks Jr., Frederick P.（1996）*The Mythical Man-Month, The Essays on Software Engineering, Anniversary Edition, 2nd Edition*. 滝沢徹・牧野祐子・富澤昇 [訳]（平成 26 年）『人月の神話』丸善出版.

Chandler, Jr. Alfred D.（1962）*Strategy and Structure*, Massachusetts Institute of Technology. 有賀裕子 [訳]（2004）『組織は戦略に従う』ダイヤモンド社.

Chandler, Jr. Alfred D.（1978）"The United States : Evolution of Enterprise", in Peter Mathias and M. M. Postan（eds.），*The Cambridge Economic History of Europe*, Vol. 7, Cambridge Univ. pr., 1978., 丸山恵也 [訳]（1986）『アメリカ経営史』亜紀書房.

Christensen, Clayton M.（1997）*The Innovator's Dilemma*, 伊豆原弓 [訳]（2000）『イノベーションのジレンマ』翔泳社.

Coriat, Benjamin（1991）*Penser a l'envers -Travail et Organisation dans l'Entreprise japonaise*, Christian Bourgois Editerur. 花田昌宣・斉藤悦則 [訳]『逆転の思考』藤原書店.

Daily, Gretchen C.& Ellison, Katherine（2002）THE NEW ECONOMY OF NATURE The Quest to Make Conservation Profitable, Island Press. 藤岡伸子・谷口義則・宗宮弘明（2010）『生態系サービスという挑戦』名古屋大学出版会.

Daly, Herman Edward（1996）*BEYOND GROWTH The Ecollolnics of Sustainable Development*,

Beacon Press. 新田功・藏本忍・大森正之 [訳] (2005)『持続可能な発展の経済学』みすず書房.

Daly, Herman Edward (2014). [聞き手] 枝廣淳子『「定常経済」は可能だ !』〈岩波ブックレット〉岩波書店.

Durukheim, Emile (1893) *De la division du tracail social*. 井伊玄太郎 [訳] (1989)『社会分業論 (上)、(下)』講談社学術文庫.

Ford, Henry (1922) *My life and work*, William Heinemann Ltd, London. 豊土栄 [訳] (2000)「私の人生と事業」『ヘンリー・フォード著作集』創英社・三省堂書店.

Gaillard, John, (1934) *Industrial Standardization – Its Principles and Application*, Wilson Company.1934.

Georgescu-Roegen, Nicholas. (1971) *Entropy Law and the Economic Process*, Harvard University Press. 高橋正立・神里公・寺本英・小出厚之助・岡敏弘・新宮晋・中釜浩一 [訳] (1993)『エントロピー法則と経済過程』みすず書房.

Georgescu-Roegen, Nicholas (1981) *Economics of natural resources : myths and fact*. (日本語版原稿のため原文未出版) 小出厚之助・室田武・鹿島信吾 [訳] (1981)『経済学の神話—エネルギー、資源、環境に関する真実』東洋経済新報社

Graham, Pauline Rosabeth , Kanter, Moss and Drucker, Peter F. (1995) *MARY PARKER FORET – PROPHET OF MANAGEMENT*, Harvard College., 三戸公・坂井正廣 [監訳]『M・P・フォレット管理の予言者』文眞堂.

Gray, John (1998) False Dawn: *The Delusion of Global Capitalism*, Granta Publication. 石塚雅彦 [訳] (1999)『グローバリズムという妄想』日本経済新聞社.

Hackman, J.R. and L.W. Porter [1968]. "Expectancy Theory Predictions of Work Effectiveness," *Organizational Behavior and Human Performance*, 3.

Hamel, G. & Prahalad, C.K. (1990) "The Core Competence of the Corporation", *Harvard Business Review*, May–June.

Harari, Yuval Noah (2011) SAPIENS: *A Brief History of Humankind*, Vintage 柴田裕之 [訳] (2016)『サピエンス全史—文明の構造と人類の幸福』河出書房新社.

Henderson, Bruce Doolin (1979) *Henderson on corporate strategy*, Harper Collins. 土岐坤 [訳] (1981)『経営戦略の核心』ダイヤモンド社.

Herzberg, Frederick (1966) *Work and the Nature of Man*, Ty Crowell Co. 北野利信 [訳] (1968)『仕事と人間性』東洋経済新報社.

Krugman, Paul and Wells, Robin (2013) *Economics, Third Edition*, Worth Publishers, New York. 大山道広・石橋孝次・塩澤修平・白井義昌・大東一郎・玉田康成・蓬田守弘 [訳] (2017)『クルーグマン ミクロ経済学 (第2版)』東洋経済新報社.

Lawler, E E. (1971). *Play and Organizational Effectiveness* : A Psychological View, McGraw-Hill. 安藤瑞夫 [訳] (1972)『給与と組織効率』ダイヤモンド社)

Lawrence, P.R. and Lorsch, J.W. (with the research assistance of Garrison, J. S.) (1967) *Organization and Environment: Managing Differentiation and Integration*, Boston: Division of Research Graduate School of Business Administration, Harvard University. 吉田博 [訳] (1977)『組織の条件適応理論—コンティンジェンシー・セオリー』産業能率短期大学出版部.

243

Mankiw, N. Gregory（2004）*Principles of Economics*, Third Edition, South-Western. 邦訳, 足立英之・石川城太・小川英治・地主敏樹・中馬宏之・柳川隆 [訳]（2005）『マンキュー経済学 I ミクロ編（第 2 版）』東洋経済新報社.

March, J.G. and Simon, H.A.（1958）*Organizations*, 土屋守章訳（1977）『オーガニゼーションズ』ダイヤモンド社.

Marshall, Alfred（1920）*Principles of Economics. An introductory volume, 8th edition*, Macmillan, London. 西沢保 [訳]（2024）『経済学原理　第 1 巻』岩波書店. Kindle 版.

Marx, Karl H.（1859）*Kritik der Politischen Ökonomie*, 武田 隆夫, 遠藤 湘吉, 大内 力, 加藤俊彦 [訳]（1956）『経済学批判』岩波書店.

Marx, Karl H.（1867）DAS KAPITAL, エンゲルス [編] 向坂逸郎 [訳]（1969）『資本論』（全 9 巻）, 岩波書店.

Merrill, H.F.（1960）"Classics in Management", *the American Management Association*, Inc.（ハワード・F・メリル）上野一郎 [監訳]（1968）『経営思想変遷史：ロバート・オーエンからエルトン・メーヨーまで』産業能率短期大学出版部.

Moxter, nA., *Methodologische Grundfragen der Betriebswietschaftslehre*, 1957, S. 56.（池内・鈴木共 [訳]（1971）『経営経済学の基本問題』森山書店.

Porter, Michael E.（1982）*Competitive Strategy*, The Free Presss, 土岐坤・中辻萬治・服部照夫 [訳]（1985）『競争の戦略』ダイヤモンド社.

Porter, Michael E.（1998）*On Competition*, Harvard Business School Press, 竹内弘高 [訳]（1999）『競争戦略論 I』『競争戦略論 II』ダイヤモンド社.

Ricardo, David（1852）*PRINCIPLES OF POLITICAL ECONOMY AND TAXATION*. 羽鳥 卓也・吉沢 芳樹 [訳]（1987）『経済学および課税の原理 (上・下巻)』岩波文庫.

Rogers, Everett M.（2003）*Diffusion of Innovations Fifth Edition*, Free Press. 三藤利雄 [訳]（2022）『イノベーションの普及』翔泳社.

Schrodinger, Erwin（1944）*WHAT IS LIFE? The Physical Aspect of the Living Cell*, Cambridge University Press. 岡小天・鎮目恭夫 [訳]（2008）『生命とは何か 物理的にみた生細胞』岩波文庫.

Schumpeter, Joseph A.（1926）*Theorie der wirtschaftlichen Entwicklung*, 塩野谷祐一・中山伊知郎・東畑精一 [訳]（1977）『経済発展の理論―企業者利潤・資本・信用・利子および景気の回転に関する一研究〈上〉』岩波文庫.

Sen, Amartya（1992）*INEQUALITY REEXAMINED*, Oxford University Press. 池本幸生・野上裕生・佐藤仁 [訳]（2018）『不平等の再検討―潜在能力と自由』岩波書店.

Simon, H. A.（1976）*Administrative Behavior 3rd Edi.titm*, 松田武彦・高柳暁・二村敏子 [訳]（1989）『経営行動』ダイヤモンド社.

Smith, Adam（1776）*An Inquiry into the Nature and Causes of the Wealth of Nations*. 山岡洋一 [訳]（2007）『国富論：国の豊かさの本質と原因についての研究』日本経済新聞出版社.

Stalk Jr., George. Evans, Philip and Shulman, Lawrence E.（1992）*Competing on Capabilities: The New Rules of Corporate Strategy*, Harvard Business Review, May-June 1990.

Taylor, Frederick W.（1911）*The Principles of Scientific Management*, 上野陽一 [訳]（昭和 45 年）『科学的管理法』産業能率短期大学出版部.

――― 有賀裕子 [訳] (2009)『新訳　科学的管理法－マネジメントの原点』ダイヤモンド社 (邦訳版は COSIMO CLASSICS, Cosimo, Inc. 2006 年発行による).

Thompson, James D. (1967) *Organizations in Action*, NcGraw-Hill Companies, Inc. 鎌田伸一・二宮豊志・新田義則・高宮晋 [訳] (昭和 62)『オーガニゼーション・イン・アクション』同文館.

――― 大月博司・廣田敏郎 (平成 24 年)『行為する組織―組織と管理の理論についての社会科学的基盤―』同文館.

Vroom, V.H. (1964). *Work and Motivation*, John Wiley & Son. 坂下昭宣・榊原清則・小松陽一・城戸康彰 [訳] (1982)『仕事とモティベーション』千倉書房.

Weber, Max (1920) *Die protestantische Ethik und der 'Geist' des Kapitalismus.* 大塚久雄 [訳] (2012)『プロテスタンティズムの倫理と資本主義の精神 (電子版)』岩波書店.

Wild, Ray (1975) "On the Selection of Mass Production System," *International Journal of Production Research*, American Institute of Industrial Engineers, Vol.13, No.5, pp.443-461.

Wilson, E.O. (1992) *The Diversity of Life*, Harvard University Press. 大貫昌子・牧野俊一 [訳] (1995)『生命の多様性　I，II』岩波書店.

Womack, James P. & Jones, Daniel T. (2003) *Lean Thinking: Banish Waste and Create Wealth in Your Corporation [2nd]*, Free Press. 沢田博 [訳] (1990)『リーン生産方式が、世界の自動車産業をこう変える。―最強の日本車メーカーを欧米が追い越す日』経済界.


青島矢一・榊原清則 (2022)『経営学入門』東洋経済新報社.

安藤信雄 (2003)『スタンダーディゼーションと企業間ネットワークに関する研究』博士学位論文, 明治大学大学院.

安藤信雄 (2021)『多様性と持続可能性の視点で考える中小企業論』同友館.

五十嵐瞭「コストハーフを実現する混流生産」『工場管理』Vol.41, No.11, 日刊工業新聞社, 1995, pp.18-24.

伊丹敬之 (2023)『経営学とはなにか』日本経済新聞出版, 日経 BP. Kindle 版.

伊丹敬之・加護野忠男 (2003)『ゼミナール経営学入門 [第 3 版]』日本経済新聞社.

伊原亮司 (2007)「トヨタの労働現場の変容と現場管理の本質」『現代思想』7 Vol,35-8.

伊原亮司 (2003)『トヨタの労働現場　ダイナミズムとコンテクスト』桜井書店.

井原久光 (2008)『テキスト経営学 [第 3 版]：基礎から最新の理論まで』ミネルヴァ書房.

今井斉 (2012 [平成 24 年])「第 2 章 体系的管理と科学的管理」中川誠士 [編] 経営史学会監修『テイラー』文眞堂, pp.65-98.

宇沢弘文 (1994)『宇沢弘文 著作集 I ―新しい経済学を求めて―社会的共通資本と社会的費用』岩波書店.

宇沢弘文 (1998)『経済に人間らしさを―社会的共通資本と協同セクター (かもがわブックレット 120)』かもがわ出版.

宇沢弘文 (2000)『社会的共通資本』岩波書店.

歌代豊 (2006)「戦略論」『経営学への扉 [第 3 版] ―フレッシュマンのためのガイドブック―』明治大学経営学研究会. pp.63-79.

榎本世彦 (2016)「フォレットのケース・ワーク活動の意味―社会哲学の基礎としてのフォ

レット理論―」『思想と文化』岩手大学人文社会科学部, pp.627-643.

大野耐一（1978）『トヨタ生産方式―脱規模の経営をめざして―』ダイヤモンド社.

大野耐一［監修］門田安弘［編著］（1983）『トヨタ生産方式の新展開』所収 日本能率協会.

大野威（2003）『リーン生産方式の労働 自動車工場の参与観察にもとづいて』御茶の水書房.

岡敏弘（2006）『環境経済学』岩波書店.

岡敏弘（2014）「エントロピー経済学の成果と限界」『經濟學論叢』65（3）同志社大學經濟學會.

岡崎哲二（1993）「企業システム」奥野（藤原）正寛・岡崎哲二［編］『現代日本経済システムの源流』日本経済新聞社.

岡崎哲二・奥野（藤原）正寛（1993）「現代日本の経済システムとその歴史的源流」奥野（藤原）正寛・岡崎哲二［編］『現代日本経済システムの源流』日本経済新聞社.

奥林康司（1991）『増補 労働の人間化 その世界的動向』有斐閣.

尾崎良輔・森田知義（1983）「トヨタの QC サークル」大野耐一監修 門田安弘［編著］『トヨタ生産方式の新展開』日本能率協会, pp.247-259.

尾高煌之助（1993）「「日本的」労使関係」奥野（藤原）正寛・岡崎哲二［編］『現代日本経済システムの源流』日本経済新聞社.

加護野忠男・吉村典久（2006）『1 からの経営学』中央経済社.

加護野忠男・野中郁次郎・榊原清則・奥村昭博（2018）『日米企業の経営比較―戦略的環境適応の理論』電子書籍データ版, 日本経済新聞出版社.

金子郁容・松岡正剛・下河辺淳［編］（1998）『ボランタリー経済の誕生』実業之日本社.

岸田民樹［編］（2005）『現代経営組織論』有斐閣.

岸田民樹・田中政光（2009）『経営学説史 ［有斐閣アルマ］』有斐閣.

國部克彦（2011）「環境経営意思決定と会計システム」『環境経営意思決定を支援する会計システム』中央経済社.

黒田又吉（大正 13 年 9 月 9 日）「個人能率増進法」『京城日報』神戸大学附属図書館 新聞記事文庫 https://hdl.handle.net/20.500.14094/0100286973 （アクセス日 2024 年 11 月 19 日）

桑田耕太郎・田尾雅夫（2010）『組織論 補訂版 有斐閣アルマ』有斐閣.

経営学検定試験協議会［監修者］（2013）『経営学検定試験公式テキスト①経営学の基本［第 4 版］』中央経済社.

五箇公一（2020）『これからの時代を生き抜くための生物学入門』辰巳出版.

小松章（2016）『基礎コース 経営学［第 3 版］』新世社.

小山陽一［編］（1985）『巨大企業体制と労働者 ―トヨタの事例―』御茶の水書房.

佐々木宏夫（1991）『情報の経済学：不確実性と不完全情報』日本評論社.

更科功（2020）『生物の謎は「何パーセント」明らかになったのか？【出口治明×更科功】「若い読者に贈る美しい生物学講義」対談（第 3 回）』DIAMOND online, https://diamond.jp/articles/-/252871（アクセス日 2024 年 11 月 24 日）

塩次喜代明・高橋伸夫・小林敏男（1999）『経営管理 有斐閣アルマ』有斐閣.

島田晴雄（1988）『ヒューマンウェアの経済学―アメリカのなかの日本企業』岩波書店.

新宅純二郎 (2000)「先端技術産業における競争戦略」新宅純二郎・許斐義信・柴田高 [編]『デファクト・スタンダードの本質』有斐閣.

鈴木雄三 (1983)「多能工化とジョブローテーションによる柔軟な職場づくり」大野耐一 [監修] 門田安弘 [編著]『トヨタ生産方式の新展開』所収 日本能率協会, pp.219-232.

関根憲一 (1997)「特集　一人生産方式はなぜ儲かるのか」『工場管理』Vol.43, No.4, 日刊工業新聞社, pp.19-22.

高橋伸夫 (2007)「経営のリーダーシップ」『経営管理論　有斐閣アルマ』有斐閣.

田中耕治 [編] (2009)『よくわかる教育課程』ミネルヴァ書房.

田中辰雄 (2001)「ネットワーク外部性の実証方法について」『公正取引』No.606, 4, 公正取引協会, pp.28-37.

田中照純 (1998)『経営学の方法と歴史』ミネルヴァ書房.

田中政光 (2009)「創発する戦略行動」岸田民樹・田中政光 (2009)『経営学説史 [有斐閣アルマ]』有斐閣, pp.291-328.

玉野井芳郎 (1978)『エコノミーとエコロジー』みすず書房.

趙偉 (2005)「作業組織論と作業組織の変遷」岸田民樹 [編]『現代経営組織論』有斐閣.

辻勝次 (2002)「自動車工場の職場革新と新労働組織—トヨタの職場, 20 年の変遷—」『立命館産業社会論集』(第 38 巻第 1 号) pp.91-109.

槌田敦 (1978)「資源物理学の試み」『科学』第 48 巻, pp.76-82, pp.176-182, pp.303-310.

寺西俊一 (2012)「自然資源経済論の課題と射程—特集に寄せて—」『一橋経済学』第 5 巻第 2 号, pp.87-96.

トヨタ自動車株式会社 (昭和 62 年)『創造限りなく　トヨタ自動車 50 年史』.

トヨタ自動車株式会社 (2024)『有価証券報告書』.

内閣府政策統括官 (経済財政分析担当) (平成 29 年、2017)『日本経済 2016-2017』pp.87-88.

中川誠士 (1993)『テイラー主義生成史論』森山書店.

中村修 (1995)『なぜ経済学は自然を無限ととらえたか』日本経済評論社.

那須野公人 (2001)「セル生産方式起源とその評価」『創価経営論集』第 26 巻第 1 号, pp.131-140.

名和小太郎 (1990)『技術標準対知的所有権：技術開発と市場競争を支えるもの』中央公論社.

名和小太郎 (2000)『変わりゆく情報基盤：走る技術・追う制度』関西大学出版部.

西本直人 (2006)「3 章 経営管理論 —人を管理するということ」明治大学経営学研究会 [編] (2006)『経営学への扉 [第 3 版]』白桃書房, pp.39-62.

日本経営協会 [監修者] (2015)『経営学検定試験公式テキスト①経営学の基本 [第 5 版]』中央経済社.

日本経済新聞 2013 年 3 月 27 日 (木) 朝刊 [46 面].

日本経済新聞 2024 年 5 月 24 日 (金) 朝刊 [46 面].

野口悠紀雄 (1974)『情報の理論』東洋経済新報社.

野中郁次郎 (2002)『企業進化論—情報創造のマネジメント』日本経済新聞社.

野村正實 (1993)『トヨティズム —日本型生産システムの成熟と変容』ミネルヴァ書房.

橋本毅彦（2002）『標準化の哲学：スタンダードテクノロジーの 300 年』講談社選書メチ
　エ.

濱口桂一郎（2022）『ジョブ型雇用社会とは何か　正社員体制の矛盾と転機』岩波書店.
　Kindle 版.

藤本隆宏（1993）「経営組織と新製品開発」伊丹敬之・加護野忠男・伊藤元重 [編]『日本
　の企業システム第 2 巻：組織と戦略』有斐閣, pp.218-263.

藤本隆宏・安本雅典 [共編著]（2000）『成功する製品開発』有斐閣.

藤本隆宏・武石彰・青島矢一（2001）『ビジネス・アーキテクチャ　製品・組織・プロセス
　の戦略的設計』有斐閣.

藤原貞雄（1973）「プロダクト・サイクル論と対外直接投資　— R. ヴァーノンの理論を中
　心に—」『経済論叢』第 111 巻 第 4 号, pp.297-317, 京都大学.

古川光・田中宏・藤田董・森秀太郎・吉村浩（1989）『経営工学シリーズ 12　標準化 [改訂
　版]』日本規格協会.

前田淳（2009）「トヨタシステムの構築とその意義 (1)」『三田商学研究』慶應義塾大学出
　版会.

前田淳（2010）「トヨタシステムの構築とその意義 (2)」『三田商学研究』慶應義塾大学出
　版会.

松浦寿幸（2016）「生産性とはなんですか？」『生産性 Q&A』独立行政法人経済産業研究所.
　https://www.rieti.go.jp/jp/database/d05_ans.html

松山一紀（2010）「行動科学とマズロー」田尾雅夫 [編著]『よくわかる組織論（やわらかア
　カデミズム・〈わかるシリーズ〉』ミネルヴァ書房.

松山一紀（2010）「課程理論」田尾雅夫 [編著]『よくわかる組織論（やわらかアカデミズ
　ム・〈わかるシリーズ〉』ミネルヴァ書房.

眞野脩（1990）「バーナードとサイモンの組織均衡論：サイモンの誤謬」『経済學研究』39
　(4), 北海道大学, pp.1-10.

丸山惠也（2002）『ボルボ・システム—人間と労働のあり方』多賀出版.

水越豊（2003）『BCG 戦略コンセプト　—競争優位の原理—』ダイヤモンド社.

三戸公（1994）『随伴的結果—管理の革命—』文眞堂.

宮川努（2018）『生産性とは何か：日本経済の活力を問いなおす』筑摩書房, Kindle 版.

宮崎茂次（1996）「トヨタ生産方式と JIT」日本生産管理学会 [編]『トヨタ生産方式』日刊
　工業新聞社.

宮本光晴（1991）『企業と組織の経済学』新世社.

室田武（1979）『エネルギーとエントロピーの経済学』東洋経済新報社.

茂木健一郎（2007）『脳を活かす勉強法　奇跡の「強化学習」』PHP 研究所.

茂木健一郎（2008）『脳を活かす仕事術　「わかる」を「できる」に変える』PHP 研究所.

百瀬恵夫（1969）（昭和 43 年）『日本的風土における中小企業論』白桃書房.

森下敏行・三宅久裕（1997）「電線製造ラインでの小ロット 1 個流し生産」『工場管理』
　Vol.34, 日刊工業新聞, pp.49-55

門田安弘（1983）「改善活動のためのかんばん方式と提案制度」大野耐一監修 門田安弘 [編
　著]『トヨタ生産方式の新展開』日本能率協会.

参考文献

文部科学省（平成 20 年）「序「学問」について」『資料 2 「人文学及び社会科学の振興に関する委員会」における主な意見（案）—「人文学」関係—』文部科学省 HP, https://www.mext.go.jp/b_menu/shingi/gijyutu/gijyutu4/015/siryo/attach/1343350.htm（アクセス日 2023 年 10 月 9 日）.

文部科学省「学習指導要領とは何か？」https://www.mext.go.jp/a_menu/shotou/new-cs/idea/1304372.htm （アクセス日 2023 年 10 月 9 日）.

文部科学省「大学における教育内容・方法の改善について」 https://www.mext.go.jp/a_menu/koutou/daigaku/index.htm（アクセス日 2023 年 10 月 9 日）.

文部科学省『高等学校学習指導要領（平成 30 年告示）解説』p.18.

山田英夫（1997）『デファクト・スタンダード：市場を制覇する規格戦略』日本経済新聞社.

山田善教（1988）「1 個づくり 1 個送り生産システム開発」『工場管理』Vol.34, No.2, 日刊工業新聞社, pp.29-40.

湯元健治・パーソル総合研究所（2021）『日本的ジョブ型雇用』日本経済新聞出版.

吉田謙太郎（2013）『生物多様性と生態系サービスの経済学』昭和堂.

吉田民人（1990）『情報と自己組織性の理論』東京大学出版.

若林直樹（2010）「技術と組織」田尾雅夫 [編著]（2010）『よくわかる組織論』ミネルヴァ書房.

## あとがき

　私事で恐縮だが、本年3月をもって現職を定年退職する。研究は、不本意ながら途上という思いでいるが、どこかで一つの区切りをつけるとしたら、この時期であると思われた。そこで今年に向けて今までの研究をまとめようと目論んでいたが、課題を解決したかに思えると、次の課題が現れてきて、なかなか完成に到達できない。

　「小説丸」というWebサイトでの対談で出口治明先生と宇宙物理学者の吉田直紀先生が対談をしている。吉田氏によると、138億年の宇宙の歴史でわかっていることは17％ほどだそうだ。しかし今後、研究が進んで1％解っても謎の総量が5％くらい増えて、結局17％ぐらいのままでいるかもしれないという。更科功先生が生物の種を解明できたのは1％ぐらいだというのだから、物理よりも地球上の生物の解明は謎の割合が多いことになる。それも1％解明できても謎は増えるかもしれない。つまり私ごときが定年までに自然の一部である人間が幸福になる労働の在り方に答えを出そうと思うことは、無謀なことだったといわざるをえない。おそらく宇宙物理学者も生物学者も経営学者も、現在の課題を解明することは非常に困難なことなのだろう。それでも人類は様々な分野で研究を続けていくのはなぜなのだろうか。

　その答えを考えてみた。それは、人間には現状に満足せず、課題を解決したいという欲求があるからではないだろうか。スマホなどのアプリゲームは時々バージョンアップがされており進化し続けている。つまりそれは完成品ではないのだ。逆に言えば、ゲームは未完成品が提供されているのだ。不具合があれば修正を依頼できるようだが、修正するかどうかはゲーム生産者の側の都合による。身の回りのものはなんでもそうなのだが、完成品といっても、それは現時点での暫定的な完成に過ぎない。不具合や使いにくさがあればその課題を解決した新製品が現れる。その永遠の繰り返しによって、人類社会は変化してきたのだし、これからも変化していくのだろう。

　先ほどの出口氏のWebサイトのタイトルは「死ぬまで勉強」であった。一

人の人間にとって研究は、死ぬまで勉強である。だが、課題の解決は世代を超えて永遠に続いていくことになる。その対談で吉田直紀氏は研究者の資質として、優れた研究者は、無駄なこと、余計なことをたくさんしているという。「これを観測するぞ」と目標を定めて見つけたケースより、とりあえず観測したら想像していなかったものが見つかったほうが多いのだそうだ。私が優れた研究者であるとは思えないが、確かに研究では、後から振り返って無駄だったこと、余計だったことばかりである。そうであってもそれが必要なことだと思えば、本書の執筆も必要なことなのである。この本が何かしらの進歩に役立てば大変うれしい。

　最後になるが現代図書で本書を担当された飛山恭子氏には校正で大変お世話になったことを感謝したい。また妻の恵子は本書の執筆時間を確保するために、本来の私の家事を肩代わりしてくれたり、原稿に目を通してアドバイスや校正をしてくれたりした。心から感謝したい。

2025 年 2 月 16 日　岐阜の自宅にて　安藤信雄

## ■著者紹介

安藤 信雄（あんどう のぶお）
Nobuo ANDO

中部学院大学　教授 博士（経済学）

　1959 年生まれ。明治大学政治経済学部卒、明治大学大学院・政治経済学研究科経済学専攻（博士後期課程）修了、2003 年度学位取得。

主著：

『中小企業論新講』白桃書房（共著：百瀬恵夫［編］）2000 年

『観光と地域再生』海文堂出版（共著：大薮多可志［編］）2010 年

『現代スポーツマネジメント論』三恵社（共著：大野貴司［編］）2020 年

『多様性と持続可能性の視点で考える中小企業論』同友館（単著）2021 年

翻訳書：

『ハンドブック組織ディスコース研究』同文館出版（共訳：高橋正泰［訳編］）2012 年

職歴：

　星稜女子短期大学准教授、中部学院大学経営学部教授を経て 2020 年より現職。

　その間、富山大学非常勤講師、金沢星稜大学非常勤講師、岐阜経済大学（現・岐阜協立大学）および大学院非常勤講師を兼任。

社会貢献：

　学会活動として日本協同組合学会理事、日本中小企業学会会員、日本経営学会会員、経営情報学会会員、組織学会会員、実践経営学会会員、日本体育・スポーツ経営学会会員。

　地域活動としてコープぎふ理事、地域と協同の研究センター理事、岐阜県各務原市まちづくり活動助成金審査委員（座長、至 2020 年）、岐阜県岐阜市中央卸売市場取引委員会（会長）、岐阜県可児市まちづくり助成事業審査委員を歴任。

---

基礎経営学　―多様性と持続可能性の視点で考える―

2025 年 3 月 26 日 初版第 1 刷発行

著　者　安藤 信雄
発行者　池田 廣子
発行所　株式会社現代図書
　　　　〒 252-0333　神奈川県相模原市南区東大沼 2-21-4
　　　　TEL　042-765-6462　FAX　042-765-6465
　　　　振替　00200-4-5262
　　　　https://www.gendaitosho.co.jp/
発売元　株式会社星雲社（共同出版社・流通責任出版社）
　　　　〒 112-0005　東京都文京区水道 1-3-30
　　　　TEL　03-3868-3275　FAX　03-3868-6588
印刷・製本　株式会社丸井工文社

落丁・乱丁本はお取り替えいたします。本書の一部または全部について、無断で複写、複製することは著作権法上の例外を除き禁じられております。
©2025 Nobuo Ando
ISBN978-4-434-35428-1　C3034
Printed in Japan